2026年度版

東京都の
保健体育科

参 考 書

協同教育研究会 編

協同出版

はじめに～「参考書」シリーズ利用に際して～

　教育を取り巻く環境は変化しつつあり，日本の公教育そのものも，教員免許更新制の廃止や GIGA スクール構想の実現などの改革が進められています。また，現行の学習指導要領では「主体的・対話的で深い学び」を実現するため，指導方法や指導体制の工夫改善により，「個に応じた指導」の充実を図るとともに，コンピュータや情報通信ネットワーク等の情報手段を活用するために必要な環境を整えることが示されています。

　一方で，いじめや体罰，不登校，暴力行為など，教育現場の問題もあいかわらず取り沙汰されており，教員に求められるスキルは，今後さらに高いものになっていくことが予想されます。

　本書は，教員採用試験を受験する人が，より効率よく学習できるように構成されています。本書の基本構成としては，各自治体の過去問を徹底分析した上で，巻頭に，各自治体の出題傾向と学習法，出題例，類題等を作成・掲載しております。第1章以降では，各自治体の出題傾向に基づいて，頻出の項目を精選して掲載しております。ページ数やその他編集上の都合により，掲載しきれず，割愛している内容もありますので，あらかじめご了承ください。なお本書は，2024年度（2023年夏実施）の試験を基に編集しています。最新の情報につきましては，各自治体が公表している募集要項や Web サイト等をよくご確認ください。

　最後に，この「参考書」シリーズは，「過去問」シリーズとの併用を前提に編集されております。参考書で要点整理を行い，過去問で実力試しを行う，セットでの活用をおすすめいたします。

　みなさまが，この書籍を徹底的に活用し，難関試験である教員採用試験の合格を勝ち取って，教壇に立っていただければ，それはわたくしたちにとって最上の喜びです。

協同教育研究会

教員採用試験「参考書」シリーズ

東京都の保健体育科 参考書

CONTENTS

東京都の
保健体育科
出題傾向と学習法

効率よく試験対策を進めるために

1　ポイントを確実に理解して例題を解く

　教員採用試験の専門教養の筆記試験対策として最重要なのは，受験する自治体の出題形式や傾向に合った学習法を知ることである。本書は過去問を分析し頻出分野を中心に構成されている。各節の冒頭で学習のポイントを示し，例題を解きながら知識を身につけるようになっている。したがって，まず，各節のポイントを確実に理解するようにしよう。

　専門教養とはいえ，学習指導要領の内容から大きく離れた「難問」が出題されることはほとんどない。志望する学校種の問題レベルを把握し，十分に対応できるまでの知識を身につけることが求められる。試験対策としては，苦手な分野や触れたことのない内容を残さないようにすることも大切だが，まずは本書の例題や過去問などに積極的に取り組んで，頻出分野の知識を身につけてほしい。

2　出題傾向から効率よい学習法を導き出す

　東京都の保健体育科では，中高共通問題が出題される。2024年度の大問数は5題であり，これは前年度と変わりがない。ただし，「体育」の大問には8もの小問があり，「保健」の大問は6つの小問で構成されている。

　また，出題内容は，「体育・スポーツに関する問題」「事故防止及び安全管理に関する問題」「体育に関する問題」「保健に関する問題」「学習指導要領に関する問題」となっており，これも例年と同じパターンである。

　また，過去問を見ると，頻出分野だけでなく解答形式にも特徴がうかがえる。東京都の場合，解答形式はすべて選択式で，正誤を問う問題も複数含まれている。問題のレベルは，「体育に関する問題」の一部を除き，標準的で基本的な事柄が多い。したがって，高い得点が求められることから，ケアレスミスなどによる取りこぼしが合否を左右するといえよう。

　いわば，これらの分野・内容が東京都の保健体育科の特徴といえる。こうした分野・内容については本書を中心に学習し，過去問等から類題を多く解き，確実に得点できるようにしよう。

ここでは，実際に出題された問題を，いくつか示す(出題例参照)。

東京都の保健体育科では，例年，様々な報告書をもとに出題される。2024年度は，文部科学省から示されている「スポーツ基本計画」，東京都教育委員会の「TOKYO ACTIVE PLAN for students」から出題された。また，部活動の地域移行について改革が進められていることから，スポーツ庁のホームページの「運動部活動改革」について目を通し，最新の情報を入手しておきたい。過去には，「全国体力運動能力，運動習慣等調査報告書」からの出題が見られるので，こちらについても，注視しておきたい。

「運動種目」については，実際の授業を想定した問題，各種目の競技規則からの問題などが多い。2024年度は，武道において，剣道の対人的技能のある技の説明から技の名称，またフォークダンスの説明からその名称が問われた。これらについては，文部科学省発行の「学校体育実技指導資料」(文部科学省)などを熟読しておく必要がある。

「体育理論」については，出題数は多くないが毎年出題されている。2024年度は，「体育」に関する問題の中で，トレーニングの方法や技能の向上に関する問題が1題出題された。東京五輪は終わったが，今後も，JOCやJPCのホームページを活用するなどして，オリパラに関する最新の情報を得ておきたい。また，2022年度から5か年計画で第3期スポーツ基本計画が施行されているため，概要や学校体育に関する部分に目を通しておくことをお勧めしたい。

「学習指導要領」に関しては，例年通り中学校，高等学校ともに小問1題ずつの出題である。これまで出題されていない箇所に着目しながら学習指導要領・同解説を読み込む必要がある。特に，「教科の目標」「各分野の目標及び内容」「指導計画の作成と内容の取扱い」などは，しっかりと確認しておきたい。

「保健分野」に関連する出題については，毎年幅広いジャンルから出題されている。2024年度は，性感染症，がんの罹患数と死亡数，ICTを利用する際の健康面への配慮，薬物乱用，スポーツ障害，健康と環境について問われた。また，以前には，がんの罹患者数，国民生活基礎調査などからも出題されている。近年の出題傾向としては，時事的な問題，授

業を想定した問題が増えている。この対策としては，教科書だけでなく，関連資料や関係省庁のホームページなどにも目を通し，最新のデータと状況を把握しておく必要がある。

　2023年度の「事故防止及び安全管理に関する問題」では，心臓検診での既往症，熱中症，体育活動での事故防止，食物アレルギーに関する事故防止，また水泳の安全管理などについて問われた。これらは，頻出問題といってよい。熱中症予防や対処の仕方については，環境省や厚生労働省，日本スポーツ振興センター，各種競技団体など様々なところから資料が示されている。また，2022年度の出典にあったように，プールについては「学校環境衛生管理マニュアル」(文部科学省)，心肺蘇生法については「JRC蘇生ガイドライン」(日本蘇生協議会)が参考になる。過去には，体育活動におけるけがや病気の防止・対処方法についても出題されているので，「学校体育実技指導資料」(文部科学省)等も含めて幅広く情報収集しておきたい。

3　過去問題集との併用等で実践力をつける

　以上のように，本書の使い方としては，効率的に試験対策を進めるために頻出分野のポイントを押さえ，例題を通して解法を理解していくことになるが，本試験でその学習成果が発揮できるかどうかは，実践的な問題をどれだけ解いているかが重要である。その対策として，一通り基礎の確認ができたら時間を計って各年度の過去問を解くこと，模試を活用するといったことが考えられる。そこで不正解だった問題については，本書の該当箇所を参照して，繰り返し学んでほしい。そうすることで，出題傾向に合わせた実践的な力が必ず身につくはずである。

まずは出題例を見ていこう！

本自治体の出題例：始めにチャレンジ！① (2024年度実施問題改)

　球技の成り立ちと発展に関する記述として適切なものは，次の1〜4のうちのどれか。

1　バスケットボールは，大森兵蔵が冬季に室内で行えるスポーツとして考案したのが始まりである。当初は桃のかごを体育館の手すりに打ち付けて行った。現在，国際バスケットボール連盟(FIBA)には，210以上の加盟国がある。

2　サッカーは，12世紀頃イギリスで行われていたフットボールが起源といわれる。その後，イギリスのパブリックスクールで盛んに行われるようになり，1877年にはウィンブルドン選手権が創設され，世界的な広がりを見せている。

3　バレーボールは，アメリカのウィリアム・G・モーガンにより，テニスとバスケットボールを参考に考案され，6人制は1964年のオリンピック東京大会で正式種目となった。

4　ソフトボールは，7人制についてはデンマークのホルガー・ニールセンによって始められ，11人制はドイツでトーアバルという球技をもとに，教育的価値を考えて，男女ともに楽しめるように改良されたものである。

解答：3

次の図ア〜ウは，柔道の固め技について示したものである。また，A〜Cは，これらの固め技に対する応じ方の指導に関する記述である。ア〜ウと，A〜Cとの組合せとして適切なものは，後の1〜6のうちのどれか。ただし，図中の㋣は「技をかける人」，㋤は「技を受ける人」を示している。

ア

イ

ウ

A　制されている脚を外して，技をかける人の脚をからめるよう指導する。

B　技をかける人の帯を持ってブリッジで返すよう指導する。

C　両手を技をかける人の肩や体側に当て，突き放しながら体をひねってうつ伏せになるよう指導する。

1　ア−A　　イ−B　　ウ−C

2　ア−A　　イ−C　　ウ−B

3　ア−B　　イ−A　　ウ−C

4　ア−B　　イ−C　　ウ−A

5　ア−C　　イ−A　　ウ−B

6　ア−C　　イ−B　　ウ−A

解答：4

本自治体の出題例：始めにチャレンジ！③ (2023年度実施問題改)

中学校第1学年及び第2学年の「体育理論」における「運動やスポーツの学び方」に関する記述として適切なものは，次の1～4のうちのどれか。

1　運動やスポーツの課題を解決するための合理的な体の動かし方を技能といい，陸上競技におけるクラウチングスタートの方法が当てはまる。

2　合理的な練習によって能力が身に付いた状態であることを技術といい，技術は個人の体力と関連している。

3　技術を選択する際の方針を戦術といい，スポーツの試合におけるパスかシュートかを選択することが例として挙げられる。

4　自分やチームの力，体調，試合日程に応じて合理的な練習計画を立てることを作戦といい，個人やチームの技能に応じて作戦を立てることが有効である。

解答：3

本自治体の出題例：始めにチャレンジ！④ (2024年度実施問題)

　次の図は，我が国の性感染症報告数の年次推移を示したものである。図中のア・イ及び以下の記述A・Bには，それぞれ梅毒又は性器クラミジア感染症のいずれかが当てはまる。梅毒に当てはまるものの組合せとして適切なものは，あとの1〜4のうちのどれか。

図

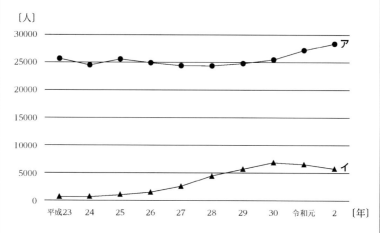

(厚生労働省「感染症発生動向調査」から作成)

A　症状と特徴は経過期間によって異なり，しこりやリンパ節の腫れ，全身の赤い発疹などが出る。妊娠中の場合，胎児に感染することがある。

B　男女とも自覚症状がない場合が多い。男性は，排尿時に軽い痛みがある。女性は，不妊症の原因となる。

　　1　ア−A　　2　ア−B　　3　イ−A　　4　イ−B

解答：3

12

本自治体の出題例：始めにチャレンジ！⑤（2023年度実施問題改）

「保健」に関する次の各問に答えよ。

問1　次の図は，我が国の主な死因別の死亡率の年次推移を示したものである。図中のア～ウは，悪性新生物(腫瘍)，心疾患(高血圧性を除く)，脳血管疾患のいずれかが当てはまる。ア～ウと，死因との組合せとして適切なものは，以下の1～6のうちのどれか。

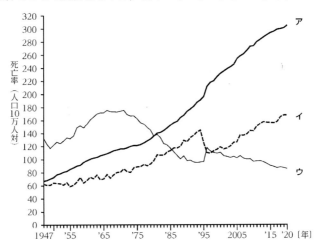

※　心疾患(高血圧性を除く)は，1994年までは心疾患であり，それ以降は高血圧性を除く。

(厚生労働省　「令和2年(2020)人口動態統計月報年計(概数)の概況」から作成)

	ア	イ	ウ
1	悪性新生物(腫瘍)	心疾患(高血圧性を除く)	脳血管疾患
2	悪性新生物(腫瘍)	脳血管疾患	心疾患(高血圧性を除く)
3	心疾患(高血圧性を除く)	悪性新生物(腫瘍)	脳血管疾患
4	心疾患(高血圧性を除く)	脳血管疾患	悪性新生物(腫瘍)
5	脳血管疾患	悪性新生物(腫瘍)	心疾患(高血圧性を除く)
6	脳血管疾患	心疾患(高血圧性を除く)	悪性新生物(腫瘍)

問2　次の表は，我が国の薬物乱用による少年の検挙人員の推移を示
　　したものであり，表中のア〜ウは，大麻，覚醒剤，危険ドラッグの
　　いずれかが当てはまる。また，A〜Cはそれぞれの薬物に関する記
　　述である。ア〜ウと，A〜Cとの組合せとして適切なものは，後の
　　1〜6のうちのどれか。

〔人〕

	平成28年	平成29年	平成30年	令和元年	令和2年
ア	136	93	98	97	99
イ	211	301	434	615	899
ウ	14	2	1	2	2

（警察庁、厚生労働省、海上保安庁（厚生労働省集計）調べ
「『第五次薬物乱用防止五か年戦略』フォローアップ」から作成）

A　乱用される薬物に化学構造を似せて作られた物質などが添加さ
　　れた薬物で，どんな影響が身体に出るのか分からず，乱用による
　　健康被害が発生している。

B　ゲートオブドラッグと言われる薬物であり，気分，情動，感覚，
　　知覚，思考の変化が表れ，日常の自分とは異なった主観的な体験
　　をすることとなる。

C　麻黄という植物から抽出された成分を原料とし，幻覚や妄想が
　　現れ，精神や行動に異変を起こす中毒性精神病になりやすい薬物
　　で，使用を止めても何かの刺激によって幻覚や妄想などが再び起
　　こる。

　　1　ア−A　　イ−B　　ウ−C
　　2　ア−A　　イ−C　　ウ−B
　　3　ア−B　　イ−A　　ウ−C
　　4　ア−B　　イ−C　　ウ−A
　　5　ア−C　　イ−A　　ウ−B
　　6　ア−C　　イ−B　　ウ−A

解答：問1　1　　問2　6

過去3カ年の出題傾向分析

　ここでは，過去3カ年で出題された分類と主な出題事項を表にまとめている。学習する前に，大まかな傾向をつかんでおこう。

年度	分類	主な出題事項
2024年度	小学学習指導要領	体育科の目標及び内容
	中学学習指導要領	保健体育科の目標及び内容
	高校学習指導要領	保健体育科の目標及び内容
	運動種目	体つくり運動，器械運動，陸上競技，水泳，球技，武道，ダンス，体育理論
	中学保健	健康な生活と疾病の予防，健康と環境
	高校保健	現代社会と健康
	その他	地域問題，スポーツや健康に関わる時事的な問題，事故防止及び安全管理
2023年度	小学学習指導要領	
	中学学習指導要領	保健体育科の目標及び内容
	高校学習指導要領	保健体育科の目標及び内容
	運動種目	体つくり運動，器械運動，陸上競技，水泳，球技，武道，ダンス，体育理論
	中学保健	健康な生活と疾病の予防，心身の機能の発達と心の健康，傷害の防止，健康と環境
	高校保健	現代社会と健康，安全な社会生活，生涯を通じる健康，健康を支える環境づくり
	その他	体力・運動能力テスト，スポーツや健康に関わる時事的な問題
2022年度	小学学習指導要領	
	中学学習指導要領	保健体育科の目標及び内容
	高校学習指導要領	保健体育科の目標及び内容

年度	分類	主な出題事項
	運動種目	器械運動, 陸上競技, 水泳, 球技, 武道, ダンス, 体育理論
	中学保健	健康な生活と疾病の予防, 傷害の防止, 健康と環境
	高校保健	現代社会と健康, 安全な社会生活, 健康を支える環境づくり
	その他	体力・運動能力テスト, スポーツや健康に関わる時事的な問題

※「分類」「主な出題事項」は, 過去問シリーズに掲載されている出題傾向分析に該当する。

　次に, ここで紹介した分類の類題を掲載しておくので, 学習の第一歩としてほしい。

類題を解いてみよう！

類題で問題演習の幅を広げよう！①

　次のA〜Dの各文は, スポーツにおける技術と戦術及びルールの変容について述べたものである。正しいものを○, 誤っているものを×としたとき, 正しい組合せを選びなさい。

A　陸上競技, 水泳(競泳), 体操競技など, 競争する相手から直接影響を受けることが少ない環境の中で用いられる技能をオープンスキルという。

B　球技や武道などのスポーツでは, 相手や周りの状況に応じて最適な技術を選択したり, 技術と技術を組み合わせたりすることが不可欠であり, そのための合理的な方法のことを戦術という。

C　2008年のオリンピック北京大会の競泳では, イギリスのメーカーが開発した競泳用水着「レーザーレーサー」を着用した選手たちが次々と世界記録やオリンピック記録を更新した。国際水泳連盟は, 競技の公平性を損なうものではないと判断し, 現在も「レーザーレーサー」の着用を認めている。

D　近年では，スポーツを報道するメディア側の要求により，スポーツのルールが変更となる状況がみられる。

	A	B	C	D
①	○	○	○	×
②	×	○	×	○
③	○	×	○	○
④	×	×	○	○
⑤	×	○	×	×

解答：②

類題で問題演習の幅を広げよう！②

　次は，中学校学習指導要領（平成29年告示）解説　保健体育編「第2章　保健体育科の目標及び内容　第2節　各分野の目標及び内容　〔体育分野〕　2　内容　F　武道　[第1学年及び第2学年]　(1)　知識及び技能　○　技能　ア　柔道」に示されている基本となる技の〈例示〉にある技の1つを一連の動きとして図で示したものです。[A]が行う技の名称を，以下の1～4の中から1つ選びなさい。

1　体落とし　　2　大腰　　3　釣り込み腰　　4　背負い投げ

解答：2

類題で問題演習の幅を広げよう！③

　次の　　　　の中の文は，「中学校学習指導要領(平成29年告示)解説保健体育編」(平成29年7月　文部科学省)の「第2章　保健体育科の目標及び内容　第2節　各分野の目標及び内容　[体育分野]　2　内容　H　体育理論〔第1学年及び第2学年〕　○　運動やスポーツの意義や効果と学び方や安全な行い方　ア　知識」を抜粋したものである。文中の(①)～(⑤)に当てはまる語句の組み合わせとして適切なものを，以下のa～eの中から一つ選びなさい。ただし，( )の同じ番号には，同じ語句が入るものとする。

（イ）　運動やスポーツの学び方

　　運動やスポーツの課題を解決するための合理的な体の動かし方などを(①)といい，(②)とは，合理的な練習によって身に付けた状態であること，(②)は個人の(③)と関連していることについて理解できるようにする。

　　各種の運動の(②)を効果的に獲得するためには，その領域や種目に応じて，よい動き方を見付けること，合理的な練習の目標や計画を立てること，実行した(①)や(④)，表現がうまくできたかを確認すること，新たな課題を設定することなどの運動の課題を合理的に解決する学び方があることを理解できるようにする。

　　その際，特に競技などの対戦相手との競争において，(②)の程度に応じた(④)や(⑤)を立てることが有効であることを理解できるようにする。なお，(④)は(①)を選択する際の方針であり，(⑤)は試合を行う際の方針であることについても，触れるようにする。

---

	①	②	③	④	⑤
a	技術	技能	体力	作戦	戦術
b	技能	技術	体力	作戦	戦術
c	技術	技能	意欲	戦術	作戦
d	技能	技術	意欲	作戦	戦術
e	技術	技能	体力	戦術	作戦

解答：e

類題で問題演習の幅を広げよう！④

　次の表は，主な性感染症の潜伏期間と症状についてまとめたものである。表中の（　①　）～（　⑤　）に当てはまる語句の組合せとして適切なものを，以下のa～eの中から一つ選びなさい。

病名	潜伏期間	症状
性器（　①　）感染症	1～3週間	女性：多少おりものが増える程度で，自覚症状がないことが多い。放置すると，（　②　）の原因になることがある。
淋菌感染症	（　③　）	男性：尿道からの膿，排尿時の痛みなどがある。
性器（　④　）感染症	2～10日	性器やその周辺に痛みをともなう（　⑤　）ができる。症状が出ないことも多い。再発しやすい。

	①	②	③	④	⑤
a	ヘルペスウイルス	無月経	2～3週間	クラミジア	内出血
b	ヘルペスウイルス	不妊	2～9日	クラミジア	水ぶくれ
c	クラミジア	無月経	2～3週間	ヘルペスウイルス	内出血
d	クラミジア	不妊	2～9日	ヘルペスウイルス	水ぶくれ
e	ヘルペスウイルス	無月経	2～9日	クラミジア	内出血

解答：d

類題で問題演習の幅を広げよう！⑤

1　次の文は，すべての人が健康で安全に暮らすための取り組みについて述べたものである。正しくないものを，次のa～eから一つ選びなさい。

a　介護を必要とする状態になった場合には，機能の回復や社会復帰をめざし，なるべく早い時期からリハビリテーションを活用し，可能なかぎりの自立と社会参加によって生活の質を維持していくことが重要である。

b　高齢者が転倒し骨折した場合，病院で骨折の治療を受けるだけでなく，通所リハビリや，再発防止をめざした転倒予防教室など，保健・医療・福祉の連携が進められている。

19

　　c　すべての人が，年齢や障がいの有無にかかわらず，平等に通常の
　　　日常生活や社会活動を営むことを可能にするために社会を改善し
　　　ていこうという理念を，ワーク・ライフ・バランスという。
　　d　高齢者や障がいがある人の日常生活の妨げとなるバリア(障壁)
　　　をなくしていこうとする考え方をバリアフリーという。
　　e　施設や製品等について新しいバリアが生じないよう誰にとっても
　　　利用しやすくデザインするという考え方をユニバーサルデザイン
　　　という。
2　次の文は，感染症の予防について述べたものである。正しくないも
　のの組み合わせを，次のa～eから一つ選びなさい。
　①　感染症を予防するためには，感染源，感染経路，体の抵抗力の
　　　うち，いずれか一つを選び，対策を立てることが有効である。
　②　感染源についての対策は，患者の早期発見・早期治療，消毒や
　　　滅菌などである。
　③　感染経路についての対策は，手洗い，うがい，換気，マスク，
　　　人混みを避けるなどである。
　④　体の抵抗力についての対策は，食事，運動，休養・睡眠，予防
　　　接種などである。
　⑤　予防接種は，免疫の仕組みを応用したものであり，病原体と闘
　　　う抗原をつくっておき，実際の病原体の侵入に備えておく方法で
　　　ある。
　　a　①・②　　　b　③・④　　　c　②・③　　　d　④・⑤
　　e　①・⑤

　　　　　　　　　　　　　　　　　　　　解答：1　c　　　2　e

第 1 章

器械運動

保健体育科 器械運動

ポイント

　器械運動は，マット運動，鉄棒運動，平均台運動及び跳び箱運動で構成され，器械の特性に応じて多くの「技」がある。これらの技に挑戦し，その技ができる楽しさや喜びを味わうことのできる運動である。

　小学校では，技ができることや技を繰り返したり組み合わせたりすることを学習しており，中学校では，これらの学習を受けて，技がよりよくできることや自己に適した技で演技することが求められる。したがって，第1学年及び第2学年では，技ができる楽しさや喜びを味わい，器械運動の特性や成り立ち，技の名称や行い方，その運動に関連して高まる体力などを理解するとともに，技がよりよくできるようにする。その際，技などの自己の課題を発見し，合理的な解決に向けて運動の取り組み方を工夫するとともに，自己の考えたことを他者に伝えることができるようにすることが大切である。

　高等学校では，中学校までの学習を踏まえて，技がよりよくできたり自己や仲間の課題を解決したりするなどの多様な楽しさや喜びを味わい，「自己に適した技で演技する」ことなどが求められている。したがって，入学年次では，技ができる楽しさや喜びを味わい，運動観察の方法や体力の高め方などを理解するとともに，自己に適した技で演技することができるようにする。その際，技などの自己や仲間の課題を発見し，合理的な解決に向けて運動の取り組み方を工夫するとともに，自己の考えたことを他者に伝えることができるようにすることが大切である。また，器械運動の学習に自主的に取り組み，よい演技を讃えることや一人一人の違いに応じた課題や挑戦を大切にすることなどに意欲をもち，健康や安全を確保することができるようにすることが大切である。

器械運動の特性

●器械運動の内容

　器械運動には，マット，鉄棒，平均台，跳び箱などの器械・器具を使った運動種目があり，それぞれの運動種目は器械・器具の特徴を生かした「技」で構成されている。この運動領域では，自己の能力に応じた各種の技に挑戦し，「技を習得する」，「技がよりよくできる」，「技が円滑にできる」ことを主なねらいとし，様々な運動課題に取り組み，体の動かし方や練習の仕方を工夫することによって，ねらいの達成やできばえに楽しさや喜びを味わうことのできる運動である。

●器械運動のねらい

　器械運動では，自己に合った運動種目や技の選択をしたり，技の習得や向上を図ったり，演技の構成や発表をしたりするための課題を見つけ，その解決にあたっては，自ら考え，工夫できるようにするとともに，技の達成や演技のできばえに楽しさや喜びを味わうことができるようにすることが大切である。

●技能の内容

　技がよりよくできる楽しさや喜びを味わい，自己に適した技を高めて，演技することができるようにする。

① 　マット運動

　　回転系や巧技系の基本的な技を滑らかに安定して行うこと，条件を変えた技，発展技を滑らかに行うこと，それらを構成し演技すること。

② 　鉄棒運動

　　支持系や懸垂系の基本的な技を滑らかに安定して行うこと，条件を変えた技，発展技を滑らかに行うこと，それらを構成し演技すること。

③ 　平均台運動

　　体操系やバランス系の基本的な技を滑らかに安定して行うこと，条件を変えた技，発展技を滑らかに行うこと，それらを構成し演技すること。

④ 跳び箱運動

　切り返し系や回転系の基本的な技を滑らかに安定して行うこと，条件を変えた技，発展技を行うこと。

●技の分類

　器械運動の各種目には多くの技があることから，それらの技を系，技群，グループの視点によって分類した。系とは各種目の特性を踏まえて技の**運動課題**の視点から大きく分類したものである。技群とは**類似**の運動課題や運動技術の視点から分類したものである。

―――――――――――――― 例題 1 ――――――――――――――

　次の文(1)，(2)は，「器械運動」に関して述べたものである。文中の(ア)〜(エ)に適する語句を答えよ。

(1) マット運動は回転系と(ア)系に分けられ，さらに回転系は前転・後転などの(イ)技群と側方倒立回転などのほん転技群とに分けられる。

(2) 跳び箱運動は開脚跳びなどの(ウ)系と頭はね跳びなどの(エ)系とに分けられる。

解答 ア 巧技　イ 接転　ウ 切り返し　エ 回転

解説 器械運動の系，技群，グループと基本技，発展技に関する問題は頻出なので，学習指導要領解説などにある，表を参考にして整理してほしい。その際，表は「主に入学年次」と「主に入学年次の次の年次以降」に分かれており，基本技，発展技が異なること，平均台と跳び箱については技群がないこと等に注意しながら学習すること。

―――――――――――――― 例題 2 ――――――――――――――

　次の文章は，器械運動指導の手引(平成27年3月　文部科学省)の内容の一部である。文中の各空欄に適する語句をあとのa〜fから1つずつ選び，記号で答えよ。

(1) マット運動の技は，大きく回転系と巧技系に分けられ，学校体育で

は回転系では(ア)技群とほん転技群，巧技系では平均立ち技群が
取り上げられる。

(2) 平均台運動の技は，「体操系」と「(イ)系」に大別される。

(3) 跳び箱運動の技は，(ウ)系と回転系に大別される。

　a　跳躍　　　　b　支持回転　　c　切り返し　　d　接転

　e　バランス　　　f　倒立

解答　ア　d　イ　e　ウ　c

解説　「学校体育実技指導資料　第10集　器械運動指導の手引(平成27年
3月　文部科学省)　第3章　技の指導の要点」からの出題である。
器械運動の技は，系，技群，グループという視点によって分類され
ている。系とは各種目の特性を踏まえて技の運動課題の視点から大
きく分類したものである。技群とは，類似の運動課題や運動技術の
視点から，そしてグループとは，運動の方向や経過，更には技の系
統性や発展性も考慮して分類したものである。マット運動の技は，
大きく回転系と巧技系に分けられ，学校体育では回転系では接転技
群とほん転技群，巧技系では平均立ち技群が取り上げられる。平均
台運動の技は，「体操系」と「バランス系」に大別される。体操系には，
移動形式として運動を主とする「歩走グループ」と，台上で飛び上
がって着台する，またフロアから台上へ飛び上がったり，台上から
跳び下りたりする技を含む「跳躍グループ」がある。一方，「バラン
ス系」には，台上で様々なポーズを示して安定を保ったり静止した
りする「ポーズグループ」，そして台上で両足，あるいは片足上で体
の向きを変える「ターングループ」がある。跳び箱運動の技は，切り
返し系と回転系に大別される。切り返し系の技では，足で踏み切っ
て着手するまでの回転方向が，着手後に逆方向に切り返し安全に着
地する。回転系の技では，足で踏み切った後，着地するまで同じ方
向に回転して着地する。

━━━━━━━━━━━━━ **例題 3** ━━━━━━━━━━━━━

器械運動が不得意な生徒に対する指導上の留意点を2つあげよ。

解答　・「できる」「できない」という個人差の顕著に現れる種目であるために，個人に応じた指導を心がけること。　・個々の技がある程度できるようになったら，その技の繰り返しや組み合わせに進むようにすること。　・練習は恐怖感・危険性を感じさせないように段階的に指導すること。　・器械器具の安全に十分留意させること。・補助の仕方も指導し，お互いに協力しながら練習させること。などから2つ

解説　器械運動の特性を理解し，自分の能力に応じた技を練習し，できる喜びを味わうことをねらいとし，技能については基本的な運動を行ない体を慣らし，できる技を練習するようにする。

━━━━━━━━━━━━━ **例題 4** ━━━━━━━━━━━━━

中学校学習指導要領解説保健体育編の第3学年の内容を踏まえ，自己観察や他者観察のねらいを1つ書け。

解答　自己の取り組むべき技術的な課題が明確になり，学習の成果を高められること

解説　自己観察や他者観察では，仲間の演技からよい動き方を見つけたり，ICT機器を活用し映像を通して自己の演技と仲間の演技の違いを比較したりすることで，自己の取り組むべき技術的な課題が明確になり，学習の成果を高められる。

マット運動

●マット運動の内容

① 中学校

　マット運動では，自己の能力に応じて技を選択，習得し，それらの技を組み合わせて「はじめ－なか－おわり」という連続した技がよりよくできるようにするとともに，演技を発表できるようにする。また，技を改善したり，新たに技を加えたりして，演技の内容を豊かにすることができるようにする。

② 高等学校

　マット運動では，基本的な技，条件を変えた技，発展技の中から，技の静止や組合せの流れに着目して「はじめ－なか－おわり」に用いる技を構成し，演技できるようにするとともに，演技を発表できるようにする。また，自己に適した技を選び，挑戦するようにすることが大切である。

●マット運動の主な技の例示

マット運動には，回転系と巧技系がある。

① 回転系

〈接転技群(背中をマットに接して回転)〉

　　前転グループ：前転，開脚前転，伸膝前転，倒立前転，跳び前転
　　　　　　　　　など

　　後転グループ：後転，開脚後転，伸膝後転，後転倒立　など

〈ほん転技群(手や足の支えで回転)〉

　　倒立回転・倒立回転跳びグループ：

　　　側方倒立回転，側方倒立回転跳び$\frac{1}{4}$ひねり(ロンダート)・倒立ブリッジ，前方倒立回転，前方倒立回転跳び　など

　　はねおきグループ：首はねおき，頭はねおき　など

② 巧技系

〈平均立ち技群(バランスをとりながら静止する技)〉

　　片足平均立ちグループ：片足正面水平立ち，片足側面水平立ち，Ｙ字
　　　　　　　　　　　　　　　　バランス　　など

　　倒立グループ：頭倒立，倒立，倒立ひねり　　など

マット運動の主な技の例(高等学校・入学年次の次の年次以降)

系	技群	グループ	基本的な技 (主に中3までに例示)	発展技
回転系	接転	前転	開脚前転　　　　　　　　　　　　　　　　→	伸膝前転 → 倒立伸膝前転
			→ 倒立前転	
			→ 跳び前転	
		後転	開脚後転　　　　→ 伸膝後転　　　→	後転倒立
	ほん転	倒立回転・倒立回転跳び	側方倒立回転 → 側方倒立回転跳び $\frac{1}{4}$ひねり（ロンダート）	
			倒立ブリッジ → 前方倒立回転　　　→	前方倒立回転跳び
		はねおき	頭はねおき	
巧技系	平均立ち	片足平均立ち	片足正面水平立ち　　　　　　　　　→ Ｙ字バランス	片足側面水平立ち
		倒立	倒立　　　　　　　　　　　　　　　　→	倒立ひねり

●マット運動の学習の要点

　マット運動の指導においては，各種の回転運動や姿勢保持の運動の技能を高め，跳躍力，支持力，身体支配の能力の向上を図ることが大切である。技能の向上は，すでに習得している運動をベースに段階的・系統的に発展させ，それらの連続を工夫することによって図ることができる。また，効果的に学習活動を展開するためには，補助や幇助を積極的に取り入れたり，学習者が相互に観察や助言をし合うこと，組み合わせを工夫させることなど，自己や仲間の安全に留意して運動ができるようにすることが必要である。

■■■■■ 例題 1 ■■■■■

　次の文章は，器械運動の「マット運動」における技を実施するときの注意点を説明したものである。(　①　)〜(　③　)について当てはまる語句を語群a〜fから1つずつ選び，記号で答えよ。
(1) 伸膝前転
　ア　マットに(　①　)が触れる瞬間に(　②　)を一気に前屈して手を着く。
　イ　手は腰と(　③　)の中間くらいに着き，強くマットを押しながら前屈をする。
(2) 倒立前転
　ア　倒立で，(　①　)を前にゆっくりはずし，前転に入るタイミングをつかむ。
　イ　(　②　)が着くまで(　③　)と膝に力を入れ，(　②　)からスムーズに転がる。
(3) 前方倒立回転跳び
　ア　ホップして体の前傾を作り着手の準備をする。
　イ　着手は肩角を十分に開いたままで，(　①　)を前に倒して行う。
　ウ　着手と同時に振り上げ足を一気に振り上げる。
　エ　(　②　)の前方への回転スピードを止めないで，(　③　)の突き放しとともに体を反らす。
語群
　a　手　　b　足　　c　膝　　d　後頭部　　e　腰　　f　上体

解答　(1)　①　b　　②　f　　③　c　　(2)　①　b　　②　d　　③　e
　　　(3)　①　f　　②　b　　③　a
解説　(1)　前方に足を投げ出し，マットに足が触れる瞬間に上体を一気に前屈して手を着く。手は腰と膝の中間くらいに着き，強くマットを押しながら前屈する。　(2)　倒立で，足を前にゆっくりはずし，前転に入るタイミングをつかむ。後頭部が着くまで腰と膝に力を入れ，後頭部からスムーズに転がる。　(3)　ホップして体の前傾を作り着

手の準備をする。着手は肩角を十分に開いたままで，上体を前に倒して行う。着手と同時に振り上げ足を一気に振り上げる。足の前方への回転スピードを止めないで，手の突き放しとともに体を反らす。

―――――――――――― 例題 2 ――――――――――――

体育分野の領域「器械運動」の「マット運動」について，次の1～3に答えよ。

1 マット運動の技を構成し演技させるためには，どのようなことに留意する必要があるか。簡潔に書け。

2 次の図は，前方倒立回転跳びの連続する動作を，①～⑤の5つに分けて示したものである。一連の動きを滑らかにして回転するための技能の要点を，①～⑤について，それぞれ簡潔に書け。

3 マット運動における補助を活用した学習の意義を，簡潔に3つ書け。

解答 1 同じグループや異なるグループの基本的な技，条件を変えた技，発展技の中から，技の組み合わせの流れや技の静止に着目して「はじめ－なか－おわり」に構成し演技させること。 2 ① 両腕を振り上げながらホップする(はずむ)。 ② 振り上げ足を勢いよく振り上げながら両手をマットに着手する。 ③ 倒立の姿勢から手でマットを突き放して体を反らす。 ④ 両足を揃えながら空中で体を反らして伸身の姿勢をとる。 ⑤ 膝を伸ばして柔らかく着地する。 3 ・運動経過を安全に経験させることができる。 ・正しい技のイメージを早くつかませることができる。 ・技の癖をなくし，技術内容を改善向上させることができる。 ・動きの感じや動きのコツをつかませることができる。 ・補助者にも技の性質や

コツをつかませることができる。　・好ましい信頼関係で，仲間との教え合いを理解させることができる。　などから3つ

解説　器械運動は，マット運動，鉄棒運動，平均台運動，跳び箱運動で構成され，器械の特性に応じて多くの「技」がある。これらの技に挑戦し，その技ができる楽しさや喜びを味わい，その技がよりよくできるようにする (1・2年)・自己に適した技で演技することができるようにする (3年)。マット運動では，回転系や巧技系の基本的な技を滑らかに安定して行うこと，条件を変えた技，発展技を行うこと，それらを構成し演技したりすることが求められている。なお，解答は内容を正しく捉えていれば，表現は異なってもよい。

例題 3

　次の文章は，『中学校学習指導要領(平成29年告示)解説　第2章　第2節　各分野の目標及び内容』からの一部抜粋である。(A)～(E)に適する語句を以下の語群から選び，記号で答えよ。

2　内容　　B. 器械運動　[第3学年]　ア　マット運動

系	技群	グループ	基本的な技 (主に中1・2で例示)		発展技	
回転系	接転	前転	開脚前転　→		伸膝前転	
				→　倒立前転	跳び前転	
		後転	開脚後転		伸膝後転　　　　→　　　後転倒立	
	ほん転	倒立回転・倒立回転跳び	側方倒立回転		側方倒立回転跳び$\frac{1}{4}$ひねり（ロンダート）	
		倒立ブリッジ			前方倒立回転　→　前方倒立回転跳び	
		はねおき	頭はねおき			
〜A〜系	平均立ち	片足平均立ち	片足正面水平立ち		片足側面水平立ち，(B)バランス	
	倒立	倒立	倒立　→		倒立ひねり	

＜回転系の例示＞

○　接転技群(背中をマットに接して回転する)
　・体をマットに順々に(C)させて回転するための動き方，回転力を高めるための動き方で，基本的な技の一連の動きを(D)に安定させて回ること。
　・開始姿勢や終末姿勢，組合せの動きや支持の仕方などの条件を変えて回ること。

・学習した基本的な技を発展させて，一連の動きで回ること。
○　ほん転技群(手や足の支えで回転する)
　・(E)を支えたり，突き放したりするための着手の仕方，回転力を高めるための動き方，起き上がりやすくするための動き方で，基本的な技の一連の動きを(D)に安定させて回転すること。
　・開始姿勢や終末姿勢，支持の仕方や組合せの動きなどの条件を変えて回転すること。
　・学習した基本約な技を発展させて，一連の動きで回転すること。

《語群》
ア　体操　　イ　屈伸　　　ウ　巧技　　　エ　支持　　オ　Y字
カ　V字　　キ　リズミカル　ク　滑らか　　ケ　姿勢　　コ　維持
サ　接触　　シ　静止　　　ス　全身　　　セ　確実
ソ　伸身跳び

解答　A　ウ　　B　オ　　C　サ　　D　ク　　E　ス
解説　A　マット運動の技は，大きく回転系と巧技系に分けられ，回転系には接転技群とほん転技群，巧技系には平均立ち技群がある。
　　　B　片足で立ち，もう一方の足を持ち上げて，上げた足と同じ側の手で足首をつかみ，空いている腕は上方に伸ばし，体全体がYの字の形になるポーズ。　　C　接点技は，背中をマットに接して回転する技で，体をマットに順々に接触させて回転することが求められる。
　　　D　「滑らかに行う」とは，その技に求められる動きが途切れずに続けてできること。　　E　ほん転技は，手や足の支えで回転する技で，着手の仕方には技によって全身を支える着手と，手でジャンプするように突き放す着手がある。

例題 4

器械運動のマット運動について，次の(1)～(3)の各問いに答えよ。
(1)　マット運動の回転系の「接転技」と「ほん転技」の違いについて説明せよ。

(2) 次のア〜エは倒立前転の一連の流れにおける指導上の留意点である。誤っているものを2つ選び，記号で答えよ。

　ア　足を前後に開いて，後ろ足を大きく振り上げるとともに，前足で蹴って倒立する。

　イ　倒立時には，ほぼ肩幅に手を開いてつき，あごを引き体を反らす。

　ウ　倒立後，肘を曲げ，重心を徐々に背面側に移動し，頭部がマットに触れないように，肩・背中・腰の順にマットにつきながら転がる。

　エ　回転の後半にひざを曲げて足を引きつけ，そのスピードを利用して立つ。

(3) 前方倒立回転跳びにおいて，ダイナミックな回転となるための指導上の留意点を，足，手・肩，頭の3点について述べよ。

解答　(1)　体をマットに順々に接触させて回転する技が接転技である。一方，ほん転技は手や足で全身を支えたり，突き放したりして回転する技である。　(2)　イ，ウ　(3)　足：着手と同時に足を勢いよく振り上げて回転力をつくる。　手・肩：上体の前倒しに合わせて素早く着手する。着手時に肩が前に出ないようにし，手を突き放す。頭：空中で頭を背屈させ，体の反りによる回転力をつくり出す。

解説　(1)　接転技群：マットに体の部分を順番に接触させながら回転する運動で，前方に頭→首→背→腰の順に接触させて回転する場合を前転(前方回転)，その逆が後転になる。基本技術には，スムーズに回転する順次接触技術と回転力を生み出す回転加速技術が求められる。　ほん転技群：手(頭・首)と足の支えによって回転する運動で，回転経過中に体の曲げ伸ばしの動作が見られるが，伸身体勢が特徴になる。はねおきは，屈伸動作と手の押し放しで回転力を生み出す。回転倒立は，手足のどちらかが床を支えて回転する運動で，側方を除いては後屈の柔軟性によって回転する。倒立回転跳びは足での踏み切りと手での突き放しによって，空中に浮く局面をもっている。　(2)　・倒立で，足を前にゆっくりはずし，前転に入るタイミングをつかませる。　・後頭部が着くまで腰と膝に力を入れ，後頭部からスムーズに転がる。　(3)　・ホップして体の前傾を作り着手

の準備をする。　・着手は角度を十分に開いたままで，上体を前に倒して行う。

・着手と同時に振り上げ足を一気に振り上げる。　・足の前方への回転スピードを止めないで，手の突き放しとともに体を反らす。

━━━━━━━━━━━ **例題 5** ━━━━━━━━━━━

中学校第1学年の「マット運動」の学習について，次の(1)〜(3)の各問いに答えよ。

(1) 「伸膝後転」で起き上がれない生徒に対して，起き上がる感覚を実感させるためのマットを使った場の設定を，設定理由を含め，具体的に書け。

(2) 「倒立」の練習において，二人組をつくり，一人が壁を利用して倒立を行い，もう一人が教師の用意したポイントを示した資料と比較して，倒立の形をアドバイスする時間を設定した。生徒に示す体の使い方に着目したアドバイスを，具体的に書け。

(3) 「側方倒立回転」において，腰や脚が上がらない生徒に対して，腰や脚が上がっていくことを実感させるような用具を用いた練習の工夫を，具体的に書け。

解答 (1)　マットを重ねて段差をつけ，着地を低くすることで，重心が下がり起き上がりやすくなる。　(2)　肘や膝の関節をしっかり伸ばそう。　(3)　脚を伸ばすと届く位置にゴムひもや風船などを準備し，蹴る意識をもち，脚を上げる練習。

解説 (1)　回転のスピードを速くすることで勢いが出る。マットの下に踏切板を敷いて傾斜をつくってもよい。　(2)　他には，肩の上に重心が来るようにする。また，手先は指を開いて前に向け，指をやや曲げて，指先でマットをおさえるように力を入れて前に倒れないようにする，なども有効である。　(3)　壁倒立から側方に下りる練習や，目印のライン上に手足をついて回転する練習もあげられる。

鉄棒運動

●鉄棒運動の内容

　鉄棒運動では，自己の能力に応じて技を選択，習得し，個々の技ができるようにするとともに，それらの技を組み合わせて「上がる―回る―下りる」といった連続した技がよりよくできるようにするとともに，**技能を高め，演技を発表できる**ようにする。

　特に，できない技を習得しようとするときには，その技の**基礎的な運動**や動きが類似した運動を経験したり，**補助や補助用具**の用い方を工夫したりする。また，1つの技がある程度できるようになったら，正しい振動や**支持の仕方**，回転の仕方や力を入れるタイミングなどを工夫して技がよりよく繰り返しできるようにする。

　なお，技の組み合わせを考える場合には，「上がる―回る―下りる」をどんな技で組み合わせれば円滑な技になるかを考え，はじめは既習の技で工夫し，さらに**新しい技**を加えながら組み合わせを発展できるようにする。また，上がりの部分は「足かけ上がり」，「逆上がり」，「け上がり」などから自己の能力に適した運動を選んだり，下りる部分では安全な**着地体勢**がとれるようにする。

●鉄棒運動の主な技の例示

　鉄棒運動には，支持系と懸垂系がある。

①　支持系

〈前方支持回転技群〉（支持体勢から前方に回転する）

　　前転グループ：前方かかえ込み回り，前方支持回転，前方伸膝支持回
　　　　　　　　　転，転向前下り，踏み越し下り，支持跳び越し下り
　　　　　　　　　など

　　前方足掛け回転グループ：膝掛け振り上がり，前方膝掛け回転，前方
　　　　　　　　　　　　　　もも掛け回転，膝掛け上がり，もも掛け上
　　　　　　　　　　　　　　がり，け上がり　など

〈後方支持回転技群〉（支持体勢から後方に回転する）

　　後転グループ：逆上がり，後方支持回転，後方伸膝支持回転，後方

　　　　　　浮き支持回転，棒下振り出し下り，後ろ振り跳びひね
　　　　　　り下り　　など
　　後方足掛け回転グループ：膝掛け振り逆上がり，後方膝掛け回転，後
　　　　　　　　　　方もも掛け回転　　など

② 懸垂系

〈懸垂技群〉(懸垂体勢で行う)
　　懸垂グループ：懸垂振動(順手・片逆手)，後ろ振り跳び下り，懸垂振
　　　　　　　　　動ひねり，前振り跳び下り　　など

鉄棒運動の主な技の例(高等学校・入学年次の次の年次以降)

系	技群	グループ	基本的な技 (主に中3までに例示)	発展技
支持系	前方支持回転	前転	前方支持回転 →　　　　　　　　　　→ 踏み越し下り → 支持跳び越し下り	前方伸膝支持回転 → 伸膝支持跳び越し下り
		前方足掛け回転	前方膝掛け回転 → 前方もも掛け回転 膝掛け上がり → もも掛け上がり	前方両膝掛け回転 → け上がり
	後方支持回転	後転	後方支持回転 → 後方伸膝支持回転 　　　　　　　→ 棒下振り出し下り 後ろ振り跳びひねり下り	後方浮き支持回転 足裏支持棒下振り出し下り
		後方足掛け回転	後方膝掛け回転 → 後方もも掛け回転	後方両膝掛け回転 → 背面後方け上がり
懸垂系	懸垂	懸垂	懸垂振動 → 後ろ振り跳び下り (順手・片逆手) → 懸垂振動ひねり 　　　　　　→ 前振り跳び下り	後方後ろ振り上がり

●鉄棒運動の学習の要点

　鉄棒運動は，鉄棒を軸として支持や懸垂の運動因子からなる各種の回
転や振動の運動であるので，支持や懸垂の能力を高めるとともに，支持
回転や懸垂振動の技能を養い，空間での身体支配の能力を高めるよう指
導する。

　さらに，鉄棒運動では，落下や手の損傷などに対する対策として，補
助や滑り止め，手の保護手段などを講じること，あるいは生徒自身，自
己や仲間の安全に留意して学習する態度を形成するよう指導することが
望まれる。

━━━━━━━━━━ 例題 1 ━━━━━━━━━━

鉄棒運動の技を次の図のように分類した。以下の各問いに答えよ。

(1) ①～③に当てはまる語句を書け。

(2) 前方支持回転技群の技を3つ書け。

解答 (1) ① 支持 ② 懸垂(または懸垂振動) ③ 後方支持回転
(2) 前方支持回転, け上がり, 転向前下り, 踏み越し下り, 前方膝
掛け回転, 前方もも掛け回転, 膝掛け上がり, もも掛け上がり, な
どから3つ

解説 器械運動は, マット, 鉄棒, 平均台, 跳び箱を使った「技」によっ
て構成されている運動で, 各運動種目には多くの技があることから,
それらの技を系, 技群, グループの視点によって分類されている。
なお, 平均台運動と跳び箱運動については, 技の数が少ないことか
ら技群とグループの視点をまとめてグループのみで分類している。
学習指導要領解説―保健体育編―に, 自己の能力に適した(応じた)
技を習得したり, 技の組み合わせ(演技)を構成したりする際に技を
選ぶための目安として, 技能の内容に技が例示されているので, 各
運動種目ごとにまとめて正しく理解しておきたい。

━━━━━━━━━━ 例題 2 ━━━━━━━━━━

鉄棒運動について, 次の(1), (2)に答えよ。
(1) 転向前下りで, 軸腕の鉄棒の握り方は, どのようになるか, 書け。
(2) 前方支持回転の回り始めと起き上がりがうまくできない生徒に対
し, どのように指導するか, 書け。

解答 (1) 逆手　　(2) 回り始め：腕を伸ばし，胸を起こして，前方に上体を投げ出すように回る。　起き上がり：手首を返して，肘を伸ばし，背を丸めるようにして起き上がる。

解説 (2) ①　両腕を伸ばし，腰角を広げながら，肩を遠くにまわすように上体を前方に倒す。　②　回転の後半でバーを腰で挟むように鋭く前屈する。　③　手でバーを下に押さえながら手を握り替える。

━━━━━━━━ **例題 3** ━━━━━━━━

鉄棒運動の後方支持回転の指導について，次の各問いに答えよ。
(1) 段階的に指導するため，まず後方膝掛け回転の練習を行わせた。その意図を書け。
(2) 後方支持回転の初歩の段階では，身近な用具を活用することで，生徒の練習の補助をすることができる。その用具と活用例を書け。
(3) 後方支持回転を指導する際の足の振り込み方に関わる技術的なポイントを書け。

解答 (1) 回転軸が固定しやすいため，後方支持回転に類似した感覚を味わうことができる。　(2) 用具…チューブ　活用例…鉄棒と体が離れないように腰のあたりを鉄棒と結びつける。　(3) 鉄棒に腰を巻きつけるように，足を振り込む。

解説 (1) 後方膝掛け回転は，鉄棒にももを掛けた状態から膝裏に移して，上体を一気に倒して回転に勢いを付け，体を起こす際には手首の返しが重要となる。　(2) 柔道着の帯なども活用できる。　(3) 鉄棒に足を巻き込むようにして足を振り込み，その後，膝を曲げて鉄棒を引き寄せ回転し，腰を伸ばして手首を返す。

平均台運動

●平均台運動の内容

　平均台運動には，歩走・跳躍などの**体操系**の技，ポーズ，ターンなどの**バランス系**の技がある。

　平均台運動では，自己の能力に応じて技を選択，習得し，個々の技ができるようにするとともに，それらの技を組み合わせて，「上がる―移動・バランス・ターン―下りる」といった連続した技がよりよくできるようにするとともに，技能を高め，演技を発表できるようにする。

　1つの技を習得するためには，床の上や**低い台**など工夫した場で動き方ができるようにし，次に平均台でバランスを崩さないように**バランス**を高めてできるようにする。

　なお，組み合わせを工夫する場合には，いろいろな形態で**移動・バランス・ターン**などを組み合わせることができるようにし，さらに「上がる―移動・バランス・ターン―下りる」という連続した技ができるようにするとともに，演技を発表できるようにする。また，技を改善したり，新たに技を加えたりして，演技の内容を豊かにすることができるようにする。

●平均台運動の主な技の例示

　平均台運動には，歩走，跳躍などの体操系，ポーズ，ターンなどのバランス系などの技がある。

① 体操系

　歩走グループ：前方歩，前方ツーステップ，前方走，後方歩，後方ツー
　　　　　　　　　ステップ　など

　跳躍グループ：伸身跳び(両足踏切)，かかえ込み跳び，開脚跳び下り，
　　　　　　　　　かかえ込み跳び下り，開脚跳び(片足踏切)，前後開脚
　　　　　　　　　跳び，片足踏み切り跳び上がり　など

② バランス系

　ポーズグループ：立ちポーズ(両足・片足)，片足水平バランス，座臥・
　　　　　　　　　　支持ポーズ，V字ポーズ，片膝立ち水平支持ポーズ

　　　　　　　　　など
　　　ターングループ：両足ターン，片足ターン(振り上げ型，回し型)
　　　　　　　　　など

平均台運動の主な技の例(高等学校・入学年次の次の年次以降)

系	グループ	基本的な技 (主に中3までに例示)	発展技
体操系	歩走	前方歩 ──→ 前方ツーステップ，前方走 ─────→ 後方歩 ───────────────────→	ギャロップ，スキップ 後方ツーステップ
	跳躍	伸身跳び（両足踏切）──→ かかえ込み跳び 　　　　　　　　　　　開脚跳び下り，かかえ込み跳び下り 　　　　　　　　　　　支持跳び上がりしゃがみ立ち ──→ 開脚跳び（片足踏切）──→ 前後開脚跳び ──→ 　　　片足踏み切り 　　　跳び上がり	──→ 伸身跳び $\frac{1}{2}$ ひねり 支持跳び上がり開脚立ち 交差跳び
バランス系	ポーズ	片足水平バランス V字ポーズ，片膝立ち水平支持ポーズ ───────→	Y字バランス 脚前挙支持（開脚・閉脚）
	ターン	両足ターン　片足ターン（振り上げ型，回し型）────→	片足1回ひねりターン

●平均台運動の学習の要点

　平均台運動は，幅の狭い，高さのある場所的に限定された局限面での巧ち性の運動で，歩走や回転，跳躍や支持の運動因子で構成される平均や姿勢保持の運動である。そのため，台上ではより多くの移動方法，バランス，柔軟性を必要とし，それらの能力の向上を図るとともに，高さに対する適応を図ることである。

　したがって，平均台運動では，各種の移動方法，バランスなどの技能を養い，いろいろな運動の連続を工夫して台上を往復することができるよう指導する必要がある。

■■■ **例題 1** ■■■

「平均台運動」について，次の各問いに答えよ。

問1　平均台運動の技の分類を示した次の　①　～　③　に当てはまる語句をそれぞれ書け。

問2　平均台上の歩行をスムーズに行うための指導のポイントを1つ書け。

問3　平均台の高さに対する不安感や恐怖心を取り除くための練習方法の工夫を1つ書け。

解答　問1　①　バランス　②　跳躍　③　ポーズ　問2　足の内側で平均台の側面に触れながら振り出し，足先から台上に重心を移すようにして歩く。この時，支持足は小指・薬指で平均台の縁を押さえる。　問3　平均台の上にロングマットをかぶせ，平均台の下には安全マットを置く。

解説　問2・問3　平均台運動は，支持面が局限化された場所で行うという運動特性があるので，段階的な指導が非常に大切になる。少しずつ支持面に幅の制限を加えたり，また少しずつ高さを作り出したりなど，不安感を少しずつなくしていく配慮が必要である。

▰▰▰▰▰▰ **例題 2** ▰▰▰▰▰▰

平均台運動について，次の各問いに答えよ。

1　次の表は，平均台運動の主な技の例示である。表中の（　①　）（　②　）に当てはまる語句を書け。

系	グループ	基本的な技	発展技
（①）系	歩走	前方歩 ――――――――→ 後方歩 ――――――――→	前方ツーステップ，前方走 後方ツーステップ
	跳躍	伸身跳び（両足踏切） 開脚跳び（片足踏切）	かかえ込み跳び 開脚跳び下り，かかえ込み跳び下り （　③　） 片手支持跳び上がり
（②）系	ポーズ	立ちポーズ ―――――→ （両足・片足） 座臥・支持ポーズ ――――→	（　④　） V字ポーズ，片膝立ち水平支持ポーズ
	ターン	両足ターン ―――――→	片足ターン（振り上げ型，回し型）

2　次の図は，上の表中の（　③　）（　④　）に該当する技である。それぞれの技の名称を書け。

（　③　）

（　④　）

3　次の文の（　A　）（　B　）に当てはまる語句を書け。
　学習した技の中から，いくつかの技を，「（　A　）-（　B　）-下りる」に構成して演技できるようにする。

解答　1　①　体操　　②　バランス　　2　③　前後開脚跳び
　　　④　片足水平バランス　　3　A　上がる　　B　なかの技

解説　①・②　平均台運動の技は，「体操系」と「バランス系」に大別される。体操系には，台上を歩いたり走ったりして移動する「歩走グループ」と，台上で跳び上がって着台する，フロアから台上へ跳び上がったり，台上から跳び下りたりする「跳躍グループ」がある。「バラン

ス系」には，台上でポーズを示して安定を保ったり静止したりする「ポーズグループ」と，台上で両足，あるいは片足で体の向きを変える「ターングループ」がある。　2　③「前後開脚跳び」は，前方歩から膝を伸ばして脚を上げながら大きく振り出し，もう片方の足で上方向に踏み切って空中で前後開脚姿勢を示し，振り出した足で安定した着台を行う技である。　④「片足水平バランス」は，直立位から片足を後ろに上げ，上体を前に傾けていき，上げた脚と上体が水平になるようにして，バランスが崩れないように姿勢を保持し，両腕は横か後ろに上げる技である。　3　A・B　平均台運動の「いくつかの技を，構成して演技する」とは，同じグループや異なるグループの基本的な技，条件を変えた技，発展技の中から，技の組合せの流れや技の静止に着目して「上がる―なかの技―下りる」に構成し演技すること。

跳び箱運動

　跳び箱は足による跳躍と腕の支えによるジャンプ(腕のジャンプ運動)とからなる**支持跳躍運動**である。各種の跳び方は共通して次のような経過をとる。

　跳び方の種類は，第1局面(助走→踏切り・空中局面・着手)で前方へ回転したものが，第2局面(着手・空中局面・着地)では反対方向にきりかえられる，**切り返し系**の跳び方と，同じ方向に回転していく**回転系**の運動に大別できる。

　跳び箱運動とは，言い換えれば支持跳躍運動であることから，その技のできばえは，着手後の**第2空中局面**で雄大に飛躍し，しかも安定した動作で跳び，安定した姿勢で着地することに着目する必要がある。そのため，できない跳び方を習得しようとするときには，代替できる器具(例えばロールマットなど)を用いる，場を工夫する，友達同士で**補助の仕方**を工夫するなどしてできるようにする。また，ある程度跳べるようになったら，手の突き放しや空中フォームに意識をもたせ，安定して跳べるようにしたり，演技を発表できるようにする。その際には，跳び箱を踏切板との距離，助走・着手・着地の仕方などを考え，工夫することができるようにする。

●跳び箱運動の主な技の例示

　跳び箱運動には，切り返し系と回転系がある。

① 切り返し系

　切り返し跳びグループ：開脚跳び，開脚伸身跳び，かかえ込み跳び，
　　　　　　　　　　　　屈身跳び　など

② 回転系

　回転跳びグループ：頭はね跳び，前方屈腕倒立回転跳び，前方倒立回
　　　　　　　　　　転跳び，側方倒立回転跳び　など

跳び箱運動の主な技の例(高等学校・入学年次の次の年次以降)

系	グループ	基本的な技 (主に中3までに例示)	発展技
切り返し系	切り返し跳び	開脚跳び ───→ 開脚伸身跳び ───→ かかえ込み跳び ──────────────→	開脚伸身跳び(手前着手) 屈身跳び
回転系	回転跳び	前方屈腕倒立 ──→ 前方倒立回転跳び ──→ 回転跳び ╲──→ 側方倒立回転跳び ──→	前方倒立回転跳び$\frac{1}{2}$ひねり 側方倒立回転跳び$\frac{1}{4}$ひねり

●跳び箱運動の学習の要点

　助走から着地までの一連の動作が安定して円滑にできるようにすることをねらいに置き，自己の技能の程度に応じて跳び箱の高さを変えたり，踏切りや手の着手位置を変えるなど跳び方を工夫することによって，いろいろな跳び越しの技能を養い，跳躍力を高めるとともに，脚－腕の協応性や身体支配の能力を高めるよう指導することである。

例題 1

「学校体育実技指導資料『器械運動の手引(平成27年3月　文部科学省)』第3章技の指導の要点」に示されている内容について，次の(1)，(2)の問いに答えよ。

(1)　跳び箱運動について，助走距離，踏切板と跳び箱の距離について，技の学習の初期段階に行う内容として適切なものを，次のア～エから全て選び記号で答えよ。

　ア　短い助走から両足踏み切りへとスムースに行えるよう注意する。

　イ　どちらの足で踏み込む(両足踏み切りの一歩手前)のがやりやすいのかを確認する。

　ウ　跳び箱と踏切板の距離が近すぎると，第一空中局面，あるいは運動全体が窮屈になることがある。

　エ　跳び箱と踏切板の距離は，近い方が技を実施しやすく感じられる場合が多い。

(2)　跳び箱運動で台上前転を行う際，実施する生徒が恐怖心や痛さを訴える場合の対処法を，場の工夫の視点から1つ答えよ。

解答 (1) ア，エ　　(2)　跳び箱上にマットをかぶせる。　・跳び箱の下(横)にマットを敷く。　から1つ

解説 (1)　イ　初期段階ではなく，学習の進行につれて指導が必要となる内容である。学習が進行するにつれて，助走の開始位置と踏切板までの距離(助走距離)，どちらの足から助走を開始するか，どちらの足で踏み込む(両足踏み切りの一歩手前)のがやりやすいのかを確認する指導が必要となる。　ウ　初期段階ではなく，学習が進行した段階における状況である。学習が進行して，助走や踏み切りの勢いが増してくることで，この距離が近すぎると第一空中局面，あるいは運動全体が窮屈になる。　(2)　落下の心配がある台上前転の指導では，跳び箱の両側にマットを敷いたり，補助の仲間を配置したりする。また，着地に柔らかいマットを準備しておくことも，安心して取り組むことに役立つ。

━━━━━━━━━ **例題 2** ━━━━━━━━━

次の①〜⑤は跳び箱運動の技の説明である。当てはまるものを以下のア〜クから選び，その記号を書け。

①　踏み切って，できるだけ前方に着手し，肩が手の真上にきたとき，力強く突き放し，上体を起こして跳びだし，着地体勢に入る。手の突き放しが重要である。

②　片足で踏み切り，からだをＶ字型にして前に跳び越す。

③　腰を落とさないようにして踏み切り，腰を高くあげる。肩を後ろに引き，腰をすばやく折る。力強く手を突き放すと同時に，腰を伸ばす。からだを伸ばして着地する。

④　強く高く踏み切り，腕を伸ばしたまま手をつき，腰を高くして，跳び箱を突き放す。胸を十分に反らせて回転し，着地する。

⑤　腰を浮かして，両足で踏み切る。両手を肩幅に平行にし，しっかり台上につく。後頭部を両手の間にすばやく入れて，背中を丸める。膝を抱え込むように前に回転して下りる。

　　ア　頭はね跳び　　　　　　イ　開脚跳び

ウ　台上前転　　　　エ　仰向け跳び
オ　屈身跳び　　　　カ　前方倒立回転跳び
キ　側方倒立回転跳び　　ク　かかえ込み跳び

解答　①　イ　　②　エ　　③　オ　　④　カ　　⑤　ウ

解説　前方倒立回転跳び　1. 強くロイター板を踏み切り，腕を振り上げて高くジャンプする。　2. 着手位置をよく見ながら，腰を曲げないようにして，脚を強く振り上げる。　3. 着手位置を見ながら，身体を伸ばしたまま強く手で跳び箱を突き放す。　4. マットを見て着地までの距離を確認し，着地準備を行う。　屈身跳び　1. 脚をあまり振り上げない。　2. 腰と背中を上に引き上げ，強く手で跳び箱を突き放す。　3. 手で掻き込むように突き放し，前を見ながら脚を前に振り込んで屈身する。　4. 着地位置付近を見ながら身体を伸ばして上体を起こし，着地準備を行う。

例題 3

跳び箱運動について，次の問いに答えよ。
問1　跳び箱運動の技の運動経過を「助走から踏み切り → 第1空中局面 → 着手 → 第2空中局面 → 着地」と捉えた場合に，次の(1)～(3)に答えよ。
(1)　「助走から踏み切り」について，基本となる動きとして，最初の段階の指導において考えられる手立てを記せ。
(2)　切り返し系の技の「着手」については，手で突き放すような動き方のベースとなる能力が大切である。そのための基本となる動きとして，考えられる手立てを記せ。
(3)　「着地」を怖がる生徒に対して，考えられる手立てを記せ。
問2　跳び箱運動の回転系の技の指導について，次の(1), (2)に答えよ。
(1)　台上前転の動き方のポイントを記せ。
(2)　台上前転でのつまずきへの対応や安全確保の方法を記せ。

解答 問1 (1) 助走距離を長くしないで，2〜3歩踏み出して，踏切板を両足で踏み切り，踏切板の前に置いたマットに着地する。

(2) 腕立て伏臥姿勢でジャンプする。(両手両足を同時に地面から離し，同時に着地する。) (3) 肋木などからセーフティマット上に自由に，かつ安全に跳び下りる経験を積ませる。その後，跳び箱からいろいろなポーズで，または，ねらった所へ，あるいは遠くに，安全に柔らかく両足着地できるようにする。 問2 (1) 両足で踏み切って腰を引き上げ，しっかり手で支えて頭(後頭部)を着く。

(2) 踏み切りや腰の引き上げが不十分な場合，跳び箱を少し低くして，踏み切り後にしっかりと腰を引き上げてスムーズに前転できるようにする。(補助者をつけてもよい。)

解説 学校体育実技指導資料第10集「器械運動指導の手引」(平成27年3月)からの出題である。 (1) 助走から踏切の初期の指導として他には，踏切板を壁の手前に置いて，両足踏み切りから壁に両手を着いてから着地するようにする。助走から両足踏み切りがうまくできない場合には，フープなどをおいて，片足跳びや両足跳びを組み合わせて行うようにすることも考えられる。 (2) 切り返し系の技の着手のための手立てとして他には，腕立て伏臥姿勢で手を突き放して前に移動したり，上体を起こし足だけで着地したりすることも考えられる。切り返し系の技の着手では腕で体を支える支持感覚と突き放す動きが重要となる。 (3) 着地について他には体育館のステージを活用したり，適切な高さの跳び箱や台から跳び降りたりする経験を積ませることで恐怖心を取り除いてあげるところから始めることが大切である。 問2 (1) 台上前転のポイントとして他には，背中を丸くして滑らかに台上を転がること，転がるスペースが確保できるよう，着手する位置を調節することなどがあげられる。 (2) 初期の段階では，着地の際に顔を膝にぶつけないよう，脚を少し開いて着地するなどして，安全に注意して行う。また，恐怖心や痛さを訴える場合は，跳び箱上にマットをかぶせる，跳び箱の下(横)にマットを敷くなどの配慮が必要で，基本となる動きや予備的な動きが安心して十分に行えるようにする。

▨▨▨▨▨▨▨▨▨▨▨ 例題 4 ▨▨▨▨▨▨▨▨▨▨▨

次の図は，跳び箱運動の技の1つを，連続する動作に分けて示したものである。各問いに答えよ。

(1) この技の正式な名称を書け。

(2) (1)の技の着手の仕方について，簡潔に述べよ。

(3) 跳び箱運動において，生徒が新しい技に挑戦しようとする際に生じる恐怖感を取り除くために，指導者としてどのような工夫をするか書け。

解答 (1) 側方倒立回転跳び　(2) 着手の際に，側方回転となるよう手を前後に跳び箱上に着く。　(3) ・低い跳び箱で跳ぶ　・助走路を長くしない　・補助をつける　・怖さを感じない高さから始める

解説 (1) 側方倒立回転跳びは，回転系の技であり，前方屈腕倒立回転跳び→前方倒立回転跳び→側方倒立回転跳びと発展していく。

(2)，(3) 跳び箱運動とは，言い換えれば支持跳躍運動(腕のジャンプ運動)であることから，その技のできばえは，着手後に大きくしかも安定した動作で跳べることに着目する必要がある。そのため，自己の能力に応じた技を習得したり，演技を発表したりする際には跳び箱の高さ，跳び箱と踏み切り板との距離，助走・着手・着地の仕方などを考え，工夫することができるようにする。

第2章

陸上競技

保健体育科 陸上競技

ポイント

　陸上競技は，「走る」「跳ぶ」「投げる」などの運動で構成され，記録に挑戦したり，相手と競争したりする楽しさや喜びを味わうことのできる運動である。

　中学校では，小学校での学習を受けて，陸上競技に求められる基本的な動きや効率のよい動きを発展させて，各種目特有の技能を身に付けることができるようにすることが求められる。したがって，第1学年及び第2学年では，記録の向上や競争の楽しさや喜びを味わい，技術の名称や行い方などを理解し，基本的な動きや効率のよい動きを身に付けること，第3学年では，第1，2学年で学習したことを踏まえ，各種目特有の技能を身に付けることを学習のねらいとしている。その際，動きなどの自己の課題を発見し，合理的な解決に向けて運動の取り組み方を工夫するとともに，自己の考えたことを他者に伝えることができるようにすること等が求められる。また，陸上競技の学習に積極的に取り組み，ルールやマナーを守ることや一人一人の違いに応じた課題や挑戦を認めることなどに意欲をもち，健康や安全に気を配ることができるようにすることも大切である。

　高等学校では，中学校までの学習を踏まえて，記録の向上や競争及び自己や仲間の課題を解決するなどの多様な楽しさや喜びを味わい，「各種目特有の技能を身に付ける」ことなどができるようにすることが求められる。したがって，記録の向上や競争の楽しさや喜びを味わい，体力の高め方や運動観察の方法などを理解するとともに，各種目特有の技能を身に付けること等ができるようにする。その際，動きなどの自己や仲間の課題を発見し，合理的な解決に向けて運動の取り組み方を工夫するとともに，自己の考えたことを他者に伝えることができるようにする。

陸上競技の特性

●陸上競技の内容

　陸上競技は，走，跳，投などの運動で，より速く走る(走る速さ)，より遠くへあるいは高く跳ぶ(跳ぶ高さや距離)，より遠くへ投げる(投げる距離)ことなどをねらいとし，**自己の能力に適した課題の解決に取り組み，自己の記録を高めたり，定められたルールや条件のもとで時間や距離，高さを他人と競争するところに楽しさや喜びを味わうことのできる運動である。**

●陸上競技のねらい

　自己の記録を向上するための各種の**技能を高め，記録の向上や記録に挑戦する喜びや競争の楽しさを味わうことができるようにする。**
① 　今の自分の力に合った競技の仕方で，いろいろな人と競争し合ったり，記録やタイムに挑戦したりする。
② 　高まった力に合わせて競技の仕方を新しく決めて，競争し合ったり記録やタイムに挑戦したりする。

●技能の内容

　陸上競技は，競走としての短距離走・リレー，長距離走及びハードル走，跳躍としての走り幅跳び，走り高跳び及び三段跳び，投てきとしての砲丸投げ及びやり投げを示している(中学校では，三段跳びと投てきを除いて構成している)。
〈中学校第1学年及び第2学年の技能の内容〉
① 　短距離走・リレー
　短距離走・リレーでは，自己の最大スピードを高めたり，バトンの受渡しでタイミングを合わせたりして，個人やチームのタイムを短縮したり，競走したりできるようにする。
② 　長距離走
　長距離走では，自己のスピードを維持できるフォームでペースを守りながら，一定の距離を走り通し，タイムを短縮したり競走したりできる

ようにする。

③　ハードル走

　ハードル走では，ハードルを越えながらインターバルを**一定のリズム**で走り，タイムを短縮したり，競走したりできるようにする。

④　走り幅跳び

　走り幅跳びでは，助走スピードを生かして素早く踏み切り，より遠くへ跳んだり，競争したりできるようにする。

⑤　走り高跳び

　走り高跳びは，リズミカルな助走から力強く踏み切り，より高いバーを越えたり，競争したりできるようにする。

●陸上競技の学習法

①　記録をつけたり，今までの自分の記録を参考にしたりして，自分の技能を把握し，自分に適した目標を決める。

②　先生や友人に見てもらったり，ビデオを使ったりして，練習の課題を決める。

③　誰もが楽しめるように練習の仕方を工夫する。

④　練習の成果を確かめ，目標を決め直したり，練習の仕方を工夫する。

●陸上競技の学習の要点

①　短距離走

　スタートダッシュ(スタート後約15〜30mぐらいの間に最高スピードに達し，その後20mから30mぐらいは維持することができる)の方法や疾走のフォームを形式的に身に付けるのではなく，**より速く走る**ための手段として理解し，実践を通してしっかり身に付けることである。

　また，スタートについては，最高に加速することができるように，スタートの構え，合図後の膝の引き付け，腕の振りなど**疾走フォームへのスムーズな移り方の学習が必要**であり，スタートダッシュと上体の前傾を何回も繰り返し学習するのが効果的である。

　最高スピードに達した後の中間疾走の仕方としては，身体の前傾，力強い腕の振り，膝の引き付けなどにより**ストライドを伸ばし**，最高スピー

ドを少しでも長く維持し続けるための練習が必要であり，**ある程度長い距離を70〜80％の力で走り**，スピードを持続するように学習を進めることが効果的である。

② リレー

走りながらバトンを確実にパスできるように，渡す者のバトンの持ち方や渡し方および受け取る者の**スタートの仕方や受け取り方**を練習し，最高に近いスピードで両者の呼吸がうまく合うようにすることである。

③ 長距離走

生徒が自己の能力に適した距離を走り通すことに学習の重点を置き，次第に速く走れるようにすることである。

④ ハードル走

低めのハードルを2〜3台置き，ハードル間も最初は短めにして**ハードリングとインターバルの走り方を組み合わせて3歩のリズムで走る**ことを練習し，次第にハードルの高さや台数あるいは**インターバルの距離**を増やして速く走ることができるようにすることである。なお，ハードルの高さは，生徒の能力に適した60〜100cmを3レーンくらい設定する。

⑤ 走り幅跳び

踏切りでスピードに乗った強い**跳躍力**を生み出せるようにすること。そのためには，はじめから助走距離を長くしたり，助走のスピードを速くしないで助走のスピードを踏切りに生かせる練習に重点を置くことである。また，スピードに乗った跳躍がある程度できるようになったら，その力を遠くへ伸ばすための空間動作や着地の技能を随時加えた練習をすることが大切である。

⑥ 走り高跳び

はじめから高さを競わせるのではなく，楽に跳べる高さで**踏切り**とバーの越し方に学習の重点を置き，助走→踏切り→空間動作→着地の一連のリズムを身に付けるようにする。ある程度この感じがつかめた段階で次第に高さを増して跳べるように学習を進めることである。

⑦ 砲丸投げ

はじめから重い砲丸で距離を競わせるのではなく，各自に合った軽い重さの砲丸で，持ち方，突き出しの構え→グライド(横または後ろ)→突き

出し→脚の反動動作→リバースの仕方の学習に重点を置き，この一連の動作(リズム)を身に付けるようにする。ある程度この感じがつかめた段階で次第に重い砲丸で投てきできるように学習を進めることである。

▼陸上運動・陸上競技の動きの例

種目	小学校 5・6年生	中学校 1・2年生	中学校3年生 高校入学年次	高校 入学年次の次の年次以降
短距離走・リレー	・スタンディングスタートから，素早く走り始める ・体を軽く前傾させて全力で走る ・テークオーバーゾーン内で，減速の少ないバトンの受渡しをする	・クラウチングスタートから徐々に上体を起こしていき加速すること ・自己に合ったピッチとストライドで速く走ること ・リレーでは，次走者がスタートするタイミングやバトンを受け渡すタイミングを合わせること	・スタートダッシュでは地面を力強くキックして，徐々に上体を起こしていき加速すること ・後半でスピードが著しく低下しないよう，力みのないリズミカルな動きで走ること ・リレーでは，次走者はスタートを切った後スムーズに加速して，スピードを十分に高めること	・高いスピードを維持して走る中間走では，体の真下近くに足を接地したり，キックした足を素早く前に運んだりするなどの動きで走ること ・最も速く走ることのできるペース配分に応じて動きを切り替えて走ること ・リレーでは，大きな利得距離を得るために，両走者がスピードにのり，十分に腕を伸ばした状態でバトンを渡す
長距離走		・腕に余分な力を入れないで，リラックスして走ること ・自己に合ったピッチとストライドで，上下動の少ない動きで走ること ・ペースを一定にして走ること	・リズミカルに腕を振り，力みのないフォームで軽快に走ること ・呼吸を楽にしたり，走りのリズムを作ったりする呼吸法を取り入れて走ること ・自己の体力や技能の程度に合ったペースを維持して走ること	・自分で設定したペースの変化や仲間のペースに応じて，ストライドやピッチを切り替えて走ること
ハードル走	・第1ハードルを決めた足で踏み切って走り越える ・スタートから最後まで，体のバランスをとりながら真っ直ぐ走る ・インターバルを3歩又は5歩で走る	・遠くから踏み切り，勢いよくハードルを走り越すこと ・抜き脚の膝を折りたたんで前に運ぶなどの動作でハードルを越すこと ・インターバルを3又は5歩でリズミカルに走ること	・スタートダッシュから1台目のハードルを勢いよく走り越すこと ・遠くから踏み切り，振り上げ脚をまっすぐに振り出し，ハードルを低く走り越すこと ・インターバルは，3又は5歩のリズムを最後のハードルまで維持して走ること	・ハードリングでは，振り上げ脚を振り下ろしながら，反対の脚(抜き脚)を素早く前に引き出すこと ・インターバルで力強く腕を振って走ること ・インターバルでは，3歩のリズムを最後まで維持して走ること ・ハードリングとインターバルの走りを滑らかにつなぐこと
走り幅跳び	・7〜9歩程度のリズミカルな助走をする ・幅30〜40cm程度の踏み切りゾーンで力強く踏み切る ・かがみ跳びなどで両足で着地する	・自己に適した距離，又は歩数の助走をすること ・踏切線に足を合わせて踏み切ること ・かがみ跳びなどの空間動作からの流れの中で着地すること	・踏み切り前3〜4歩からリズムアップして踏み切りに移ること ・踏み切りでは上体を起こして，地面を踏みつけるようにキックし，振り上げ脚を素早く引き上げること ・かがみ跳びやそり跳びなどの空間動作からの流れの中で，脚を前に投げ出す着地動作をとること	・加速に十分な距離をとり，高いスピードで踏み切りに移ること ・タイミングよく腕・肩を引き上げ，力強く踏み切ること
走り高跳び	・5〜7歩程度のリズミカルな助走をする ・上体を起こして力強く踏み切る ・はさみ跳びで，足から着地する	・リズミカルな助走から力強い踏み切りに移ること ・跳躍の頂点とバーの位置が合うように，自己に合った踏切位置で踏み切ること ・脚と腕のタイミングを合わせて踏み切り，大きなはさみ動作で跳ぶこと	・リズミカルな助走から真上に伸び上がるように踏み切り，はさみ跳びや背面跳びなどの空間動作で跳ぶこと ・背面跳びでは踏み切り前の3〜5歩で弧を描くように走り，体を内側に倒す姿勢を取るようにして踏み切りに移ること	・助走では，リズムを保ちながらスピードを高め踏み切りに移ること ・踏み切りでは，振り上げ脚の引き上げと両腕の引き上げをタイミングよく行うこと ・背面跳びでは，バーの上で上体を反らせるクリアーの姿勢をとった後，腹側に体を曲げて，背中でマットに着地すること

━━━━━━━ **例題 1** ━━━━━━━

　次の文章は，中学校学習指導要領解説保健体育編(平成29年7月　文部科学省)に示されている，〔体育分野〕「内容C　陸上競技」の一部である。文中の(①)～(⑤)に当てはまる語句を書け。ただし，同じ問いの空欄には，同じ解答が入るものとする。

[第1学年及び第2学年]
　　陸上競技は，「走る」，「跳ぶ」及び「投げる」などの運動で構成され，(①)に挑戦したり，相手と(②)したりする楽しさや喜びを味わうことのできる運動である。〜以下省略〜
○　技能
イ　長距離走
　長距離走では，自己の(③)を維持できるフォームで(④)を守りながら，一定の距離を走り通し，タイムを短縮したり，競走したりできるようにする。
オ　走り高跳び
　走り高跳びは，(⑤)な助走から力強く踏み切り，より高いバーを越えたり，(②)したりできるようにする。

解答　①　記録　　②　競争　　③　スピード　　④　ペース
　　　　⑤　リズミカル

解説　「陸上競技」領域については，「ア　短距離走・リレー」，「ウ　ハードル走」，「エ　走り幅跳び」の技能内容も学習指導要領解説で学習しておこう。また，第3学年では「各種目特有の技能を身に付ける」ことを学習のねらいとしているので，それぞれの技能内容についても調べておくようにする。

短距離走・リレー

●短距離走・リレーの内容

　短距離走は，ある特定の距離を自分の**最大スピード**を高め，相手より速く走ることや記録を高めることがねらい(課題)である。そのため，20～40mの距離で必要なスピードに達するための**スタート**とスタートダッシュの技能と，そのスピードを保つための**中間疾走**やフィニッシュの技能を身に付けることが必要である。

　短距離走のスタートには**クラウチングスタート**が用いられる。このスタートの構えは各人の能力と体型に合ったスタートの構え方で，体重を両腕と前脚に70％，後ろ脚に30％の割合で配分する。両腕は肩幅に構え，視線は自然に前方にやる。1歩目の動作は深い前傾を保ちながら，後ろ脚はすばやく着地するとともに，**前脚は瞬発的に強くブロックを押す**。前に振られた腕を前方に大きく振り，一直線上を進む。前に振られた腕は地面と平行になるようにする。**中間疾走**では，上体を15～20度前傾させ，腕を高く保ってももを高く上げ，足先で地面を強くキックする。肩に力を入れずに，腕を前後に強く振る。

　リレーではバトンパスの技能が重要であり，バトンを渡す者と受け取る者とが共に**スピード**に乗った状態で，受け渡しが確実にできるようにすることが大切である。

　短距離走とリレーは，それぞれ別々に学習することも可能であるが，両種目を関連させて学習できるようにする方が，**短距離走**についての自己の特徴が明確になるとともに，次走者に引き継ぐために最後まで頑張る態度などを身に付けることもできることから，より**効果的**である。また，走る距離は，短距離走は50～100m，リレーでは一人50～100mが目安になるが，生徒の能力やトラックの大きさ等に応じて弾力的に取り扱うとよい。

●短距離走の競技規則

① 400mまでのレースにおいて，各競技者は幅50mmの白色のラインで区切られた，右側のライン幅を含む最大幅1m220(±10mm)のレー

ンを走らなければならない。

② スタートについては,「位置について(On your marks)」の合図の後,競技者は自分の割り当てられたレーン内のスタートラインの後方の位置につく。両手と少なくとも片膝がグラウンドに, 両足はスターティング・ブロックのフットプレートと接触していなければならない。「用意(Set)」の合図で競技者は速やかに最終のスタート体勢に構えなければならない。

スターターは, 競技者が下記の行為をしたと判断した場合, スタートを中止しなければならない。この場合, 当該競技者に対して審判長は警告を与えることができ, 同じ競技会の中で2度の規則違反があった場合は失格となる。

(a)「位置について」または「用意」の合図の後, 信号器発射の前に正当な理由もなく手を挙げたり, クラウチングの姿勢から立ち上がったりした場合。

(b)「位置について」または「用意」の合図に従わない, あるいは遅れることなく速やかに最終の用意の位置につかなかったとスターターが判断したとき。

(c)「位置について」または「用意」の合図の後, 音声や動作, その他の方法で, 他の競技者の妨害をしたとき。

③ 競技者は, 最終の用意の姿勢をとった後, 信号器の発射音を聞くまでスタート動作を開始してはならない。競技者が少しでも早く動作を開始したとスターターが判断したときは不正スタートとなる。ただし, 立位(スタンディング・ポジション)でスタートする場合において, 競技者が偶発的に動いてしまったと考えられる場合は「ふらつき」と見なされ, 不正スタートの対象にはならない。

不正スタートは混成競技を除き, 1度で失格となる。

④ レーンで行うレースでは, 各競技者はスタートからフィニッシュまで, 自分に割り当てられたレーンを走らなければならず, 違反した場合は失格となる。ただし, 以下の場合は失格にならない。

(a) レース中に, 他の競技者や何らかの物によって押されたり, 妨害されたりしたために, 自分のレーン外, 縁石やラインの上あるいは

　　　内側に足が入ったり走ったりした場合。

　(b)　直走路で自分のレーン外を踏んだり走ったりした場合。または曲走路で自分のレーンの外側のラインを踏んだり，外側のレーンを走ったりした場合。

⑤　競技者の順位は，競技者の胴体(トルソー：頭，首，腕，脚，手，足を含まない部分)のいずれかの部分がフィニッシュラインのスタートラインに近い方の端の垂直面に到達したことで決める。

●リレー走でのバトンパス

①　バトンは競走中，手で持ち運ばなければならない。競技者は，バトンを受け取りやすくする目的で手袋をはめたり，所定以外のものを手に付けたりすることはできない。もしバトンを落とした場合，その競技者がバトンを拾って継続しなければならない。この場合，競技者は距離が短くならないことを条件にバトンを拾うために自分のレーンから離れてもよい。レーンから離れて拾い上げた後は，競技者はバトンを落とした地点に戻ってレースを再開しなければならない。これらの手続きが適正とみなされ，他の競技者を妨害しない限りは，バトンを落としても失格とはならない。

②　バトンは，テイク・オーバー・ゾーン内で受け渡されなければならない。バトンのパスは，受け取る競技者がバトンに触れた時点に始まり，受け取る競技者の手の中に完全に渡り，唯一のバトン保持者となった瞬間に成立する。それはあくまでもテイク・オーバー・ゾーン内でのバトンの位置のみが決定的なものであり，競技者の身体の位置ではない。

　　バトンパスが開始され，完了していない状態でバトンを落とした場合，バトンは渡し手(前走者)が拾う。バトンパスが完了し，受け手(後走者)が唯一の保持者となった後にバトンを落とした場合，バトンは受け手が拾う。

③　バトンを受ける前の競技者は自分のレーンまたはゾーンにとどまる。バトンを渡し終えた競技者は，他の競技者への妨害を避けるため，走路が空くまで自分のレーンまたはゾーンにとどまる。

▼バトンパスのやり方

リレー競技においては，30mのテイク・オーバー・ゾーンの中で次走者はスタートを切り，かつバトンの受け渡しを完了しなければならない。

28～30cm

30m

■ テイク・オーバー・ゾーン
バトンパスはテイク・オーバー・ゾーン内で行う。

テイク・オーバー・ゾーン外でバトンを受け渡した場合	テイク・オーバー・ゾーンに入る前に次走者がバトンに触れたら，そのチームは失格となる。あるいはゾーンを出てから完了する場合，または完了せずにバトンがゾーンを過ぎてしまった場合も，そのチームは失格となる。
バトンが次走者の手に触れることなく，落下し次走者が拾ってそのまま走った場合	この場合は，次走者の手に触れていない，すなわちバトンパスは開始されていない。したがって，次走者が拾ってそのまま競走を継続した場合は失格となる。

●短距離走・リレーの指導の要点

　短距離走・リレーでは，自己の最大スピードを高めたり，バトンの受渡しでタイミングを合わせたりして，個人やチームのタイムを短縮したり，競走したりできるようにする。

　「滑らかな動き」とは，腕振りと脚の動きを調和させた全身の動きである。

　指導に際しては，走る距離は，短距離走では50～200m程度，リレーでは1人50～100m程度を目安とするが，生徒の体力や技能の程度やグラウンドの大きさに応じて弾力的に扱うようにする。

〈中学校例示〉

[第1学年及び第2学年]

・クラウチングスタートから徐々に上体を起こしていき加速すること。

・自己に合ったピッチとストライドで速く走ること。

・リレーでは，次走者がスタートするタイミングやバトンを受け渡すタイミングを合わせること。

[第3学年] (高等学校の[入学年次]に同じ)

〈高等学校例示〉

[入学年次]

・スタートダッシュでは地面を力強くキックして，徐々に上体を起こしていき加速すること。

・後半でスピードが著しく低下しないよう，力みのないリズミカルな動きで走ること。

・リレーでは，次走者はスタートを切った後スムーズに加速して，スピードを十分に高めること。

[入学年次の次の年次以降]

・高いスピードを維持して走る中間走では，体の真下近くに足を接地したり，キックした足を素早く前に運んだりするなどの動きで走ること。

・最も速く走ることのできるペース配分に応じて動きを切り替えて走ること。

・リレーでは，大きな利得距離を得るために，両走者がスピードにのり，十分に腕を伸ばした状態でバトンを渡すこと。

例題 1

次の文章は，陸上競技の短距離走について述べたものである。文中の①・②に当てはまる適当な語を答えよ。ただし，同じ問いの空欄には，同じ解答が入るものとする。

疾走スピードを高めるには，(①)を速くして(②)を大きくすればよい。しかし，(①)を速くしようとすれば，(②)は小さくなり，逆に，(②)を大きくすれば，(①)は遅くなる関係にある。自然な

疾走フォームの中で，両者のバランスを見つけ出すことが大切である。

解答 ① ピッチ（足の回転） ② ストライド（歩幅）

解説 ①，② 自分にあったピッチとストライドで，後半スピードがいちじるしく低下しないよう，力みのないリズミカルな動きで走ることが大切である。

━━━━━━━━━ **例題 2** ━━━━━━━━━

陸上競技「リレー」の学習について，次の(1)，(2)の問いに答えよ。

(1) 400mトラックで行う4×100mリレーにおいて，バトンを持ちかえないでバトンパスを行う場合，レーンの特性から第1走者は，どちらの手にバトンを持ってスタートすることがよいか。また，このような方法がよいとされる理由を書け。

(2) バトンパスを行う場所を何と言うか。また，スピードにのった状態で上から渡すバトンパスを行う際のバトンを渡す者と受け取る者に対する指導のポイントをそれぞれ2つずつ書け。

解答 (1) 第1走者のバトンを持つ手…第1走者は，右手にバトンを持って走る など 理由…400mトラックでの4×100mリレーでは，第1走者と第3走者は曲走路でバトンパスをするのでレーンの内側を走る方が距離が短くなり有利なため など (2) バトンパスを行う場所…テイク・オーバー・ゾーン（テークオーバーゾーン）
渡す者に対する指導のポイント…・スピードを落とさないでテイク・オーバー・ゾーン（テークオーバーゾーン）に入る ・全力疾走で次走者の手のひらに押しつけるように素早くバトンを渡す など
受け取る者に対する指導のポイント…・前走者の「ハイ」の合図で受け取る腕を後ろにあげる ・振り向かないで全力疾走でバトンをもらう など

解説 (2) リレー競技においては，30mのテイク・オーバー・ゾーンの中でバトンの受け渡しを完了しなければならない。もしバトンを落とした場合，その競技者がバトンを拾って継続してもよい。このとき，

他の競技者を妨害しなければ、自分のレーンから離れて拾ってもよい。

━━━━━ 例題 3 ━━━━━

次の図は、陸上競技「短距離走・リレー」の授業で、あるチームが4×100mリレーを行ったときのスピード曲線を表したものである。下の問いに答えよ。

(1) このチームは、一人一人がチームに貢献できるように、自分たちのチームの特徴に応じた作戦を考えた。この作戦のねらいを1つ答えよ。

(2) AさんとBさんはスピードに乗った状態でバトンをもらえるよう、バトンを渡す際に「ハイ」と声をかけてBさんに渡していた。しかし、共にスピードに乗った状態での受け渡しがうまくいかない。この課題を解決するための練習方法を答えよ。

(3) BさんとCさんのバトンパス練習で、2人が留意しなければならないことをあげよ。

解答 (1) (例) 走力のあるものがバトンを持ってより長い距離を走るチームの作戦。 (2) (例) ダッシュマークを置き、スタートするタイミングをつかませる。 (3) (例) テイク・オーバー・ゾーンに気をつける。走力に違いがあるため、2人がぶつからないように気をつける。

解説 (1) 図より，チーム内ではCさんの走力があまり高くないことが分かる。Bさんがテイクオーバーゾーン

解説 (1) 図より，チーム内ではCさんの走力があまり高くないことが分かる。Bさんがテイク・オーバー・ゾーンの終盤でCさんにバトンパスをし，Dさんはテイク・オーバー・ゾーンの前半でバトンパスを受け，走力の高い2人がCさんの走る距離を短くして補っている。
(2) Bさんがスタートして加速し，スピードに乗れた時点でAさんとバトンパスができるよう，Bさんのスタートするタイミングをうまく計らせる工夫が必要となる。 (3) 図より，2人の走力に差があることや，Cさんがテイク・オーバー・ゾーン終盤でバトンパスを受けていることから考えられる。

━━━━━━━━ 例題 4 ━━━━━━━━

陸上競技のリレーを題材とした授業において，生徒に対しバトン受け渡しについて説明をする際，「テイク・オーバー・ゾーン」の効果的な使い方で，特に強調しなければならないことを書け。

解答 次走者のスピードが十分に高まったところでバトンの受け渡しをすること。

解説 テイク・オーバー・ゾーンは30mあり，バトンのパスはこのゾーンの中で行わなければならない。この30mを効果的に使えるよう指導することが求められる。

長距離走・ハードル走

●長距離走の内容

　　長距離走は，ある特定の長い距離を速く走り通し，記録の向上をねらったり，競走したりすることがねらいである。長い距離を走るためには，無駄な力を抜いた**軽快な走り方**を身に付けることや，自己に適したペースで走ることができるようにすることが必要である。さらには，**スピード**に変化をつけるなど競走でも自己の能力を発揮できるようにすることも大切である。長距離走の距離については，1000〜3000ｍ程度を目安に学習の段階や生徒の実態に応じて弾力的に扱うことが必要である。

●ハードル走の指導の要点

　　ハードル走の指導について，中学校・高等学校学習指導要領解説の内容をまとめると，次のようになる。

　　ハードル走では，ハードルを越えながらインターバルを一定のリズムで走り，タイムを短縮したり，競走したりできるようにする。

　　「リズミカルな走り」とは，インターバルにおける素早いピッチの走りのことである。

　　「滑らかにハードルを越す」とは，インターバルで得たスピードで踏み切って，余分なブレーキをかけずそのままのスピードでハードルを走り越えることである。

　　指導に際しては，ハードル走の距離は50〜80m程度，その間にハードルを5〜8台程度置くことを目安とするが，生徒の体力や技能の程度やグラウンドの大きさに応じて弾力的に扱うようにする。

〈中学校例示〉

［第1学年及び第2学年］

・遠くから踏み切り，勢いよくハードルを走り越すこと。

・抜き脚の膝を折りたたんで前に運ぶなどの動作でハードルを越すこと。

・インターバルを3又は5歩でリズミカルに走ること。

［第3学年］(高等学校の［入学年次］に同じ)

〈高等学校例示〉

［入学年次］

・スタートダッシュから1台目のハードルを勢いよく走り越すこと。

・遠くから踏み切り，振り上げ脚をまっすぐに振り上げ，ハードルを低く走り越すこと。

・インターバルでは，3又は5歩のリズムを最後のハードルまで維持して走ること。

［入学年次の次の年次以降］

・ハードリングでは，振り上げ脚を振り下ろしながら，反対の脚(抜き脚)を素早く前に引き出すこと。

・インターバルでは，力強く腕を振って走ること。

・インターバルでは，3歩のリズムを最後まで維持して走ること。

・ハードリングとインターバルの走りを滑らかにつなぐこと。

●ハードル走の競技規則

① ハードル走はレーンを走り，自分に決められたレーンを走りとおす。

② 原則，ハードルを何台倒しても失格にはならない。

③ 次に該当する場合は，失格となる。

・ハードルを越える瞬間に，足または脚がハードルをはみ出てバーの高さより低い位置を通ったとき。

・手や体，振り上げ脚の前側で，いずれかのハードルを倒すか移動させたとき。

・レース中に自分のレーンまたは他のレーンのハードルを倒したり移動させたりして，他の競技者に影響を与えたり妨害したり，他の規則に違反する行為をしたとき。

④ 全部のハードルが日本陸上競技連盟規定のものが使われていなければ，その記録は公認されない。

●ハードルの配置・高さ

男女別のハードルの配置・高さは下表の通りである。

○男女別ハードルの配置

性別等	距離	スタートから第1ハードルまでの距離	ハードル間の距離	最終ハードルからフィニッシュまでの距離
男子(標準・中学)	110m	13.72m	9.14m	14.02m
女子(標準)	100m	13.00m	8.50m	10.50m
女子(中学)	100m	13.00m	8.00m	15.00m

※標準…一般，U20，U18

○男女別ハードルの高さ

性別	距離	一般	U20	U18	中学生
男子	110m	1067mm	991mm	914mm	914mm
女子	100m	838mm	838mm	762mm	762mm

●ハードル走の内容

ハードル走では，ある特定の距離を，その間に置かれたハードルを素早く走り越しながら，より速く走ることがねらいである。

ハードル走は，陸上競技の中のトラック種目では最も技術的なものである。疾走スピードを落とさずにリズミカルにハードルを走り越すのがポイントであるため，短距離走の能力を生かし，滑らかなハードリングとインターバルのリズミカルな走り方を身に付けることに重点を置いた学習が大切である。

ハードル走は「何台ものハードルを越えて速く走り切る」というところに大きなポイントがあるので，学習にあたっては，インターバルの距離や，高さを個人差(身長，走能力など)に応じて「場」の設定をしてやる必要がある。その場合，いずれも全力で走りながら3歩のリズムで正しく走り切れるかどうかということに注意しなければならない。

学習の進め方として，①短い間隔に並べた各種のハードル(障害物として，ボールを置く，ひも・ゴムひもを張ったり，棒をさしだしたりなど)を越えて走る。不安や恐怖心を与えないように，ごく低いハードルから

はじめて，少しずつ高さを増していく。これらの障害物を「跳んで−1−
2−3，跳んで−1−2−3」というリズムで跳び越えて走り，しだいに3
歩のリズムで走り越えるようにしていく。最もうまくいかない者でも，
最高スピードを出せばどうにか越えられる程度を基準にして，障害物の
間隔(インターバル)を決める。さらに，左右片脚ずつ踏切って，各自に
適した越え方(振り上げ脚とひきつけ脚)を見いだしていくようにする。
これらのことが身に付いたら，ハードリングの仕方よりも疾走リズム(3
歩のリズム)を崩さないで，いかに速く走り越えられるかに最重点を置い
た走り方を身に付けるようにすることが大切である。

●長距離走の指導の要点

　長距離走では，自己のスピードを維持できるフォームでペースを守り
ながら，一定の距離を走り通し，タイムを短縮したり，競走したりでき
るようにする。

　「ペースを守って走る」とは，設定した距離をあらかじめ決めたペース
で走ることである。

　指導に際しては，「体つくり運動」領域に，「動きを持続する能力を高
めるための運動」として長く走り続けることに主眼をおく持久走がある
が，ここでは，長距離走の特性を捉え，取り扱うようにする。

　また，走る距離は，1000～3000m程度を目安とするが，生徒の体力や
技能の程度や気候等に応じて弾力的に扱うようにする。

〈中学校例示〉

［第1学年及び第2学年］

・腕に余分な力を入れないで，リラックスして走ること。

・自己に合ったピッチとストライドで，上下動の少ない動きで走ること。

［第3学年］(高等学校の[入学年次]に同じ)

〈高等学校例示〉

［入学年次］

・リズミカルに腕を振り，力みのないフォームで軽快に走ること。

・呼吸を楽にしたり，走りのリズムを作ったりする呼吸法を取り入れて
　走ること。

69

［入学年次の次の年次以降］
・自分で設定したペースの変化や仲間のペースの変化に応じて，**ストライドとピッチを切り替えて走る**こと。

例題 1

ハードル走について，次の(1)～(3)の問いに答えよ。

(1) ハードル走の授業を行う場合，振り上げ脚やディップなどの「ハードリング」の技術指導の他に，技能面の指導にはどのようなものがあるか，1つ書け。ただし，ハードル走独特の内容に限る。

(2) リズミカルな走り方を身に付けさせるため，どのような工夫をすればよいか，簡潔な文章で1つ書け。

(3) 陸上競技の競技規則に示されている中学生男女それぞれのハードルの高さを次のア～エから選び，その記号を書け。

　ア　62.4cm　　イ　76.2cm　　ウ　81.4cm　　エ　91.4cm

解答 (1) ・第1ハードルまでの走りやアプローチに関する指導。　・インターバルの走り方に関する指導。　・最終ハードルからゴールまでの走り方に関する指導。(類答可)などから1つ。　(2) ・ハードルを低くしたり，ゴムなどの代用品を使ったりする用具の工夫。　・インターバルの距離を選択できるような場の設定。　・手拍子や太鼓などでリズムをとらせる。(類答可)などから1つ。　(3) 男　エ　女　イ

解説 指導者の立場になり，「この指導ではどのように工夫するか」といった実際の指導法を問う出題が増えている。各種の運動について，そのポイントや手立て，対処の仕方をおさえておく必要がある。ハードル走では，自己の能力に応じたハードリングとインターバルのリズミカルな走り方を身に付けることに重点を置いた学習が大切である。また，ハードル走に関する基本的用語も理解しておく。
・アプローチ…スタートから1台目のハードルまでの距離をいう。アプローチで得られた速度がタイムに大きく影響する。　・インターバル…ハードルとハードルの間の区間をいう。

━━━━━━━ **例題 2** ━━━━━━━

陸上競技のハードル走について次の各問いに答えよ。

(1) 一般男子110mハードル走及び一般女子100mハードル走における
ハードルの台数, 標準の高さ, スタートラインから第1ハードルまで
の距離, ハードルの間の距離, 最後のハードルからフィニッシュライ
ンまでの距離を次の語群から選び記号で答えよ。

語群

ア 8	イ 8.14	ウ 8.50	エ 9.14	オ 10
カ 10.50	キ 13.00	ク 13.72	ケ 14.02	コ 14.72
サ 15.02	シ 9	ス 0.838	セ 0.967	ソ 1.067

(2) ハードリングにおいて,抜き脚が前に出てこない主な原因を3つ記せ。
また, 解決するための指導ポイントを3つ記せ。

解答 (1) ハードルの台数(台):(一般男子110mH)…オ (一般女子100mH)
…オ ハードルの標準の高さ(m):(一般男子110mH)…ソ (一般
女子100mH)…ス スタートラインから第1ハードルまでの距離
(m):(一般男子110mH)…ク (一般女子100mH)…キ ハードルの
間の距離(m):(一般男子110mH)…エ (一般女子100mH)…ウ
最後のハードルからフィニッシュラインまでの距離(m):(一般男子
110mH)…ケ (一般女子100mH)…カ
(2) 原因:・踏み切りで腰が開いてしまう。 ・抜き脚を前方に引
き出すパワーがない。 ・抜き脚の足を高く蹴り上げてしまう。
指導のポイント:・腰を高く保ちながら, 遠くから踏み切り, ハー
ドルと両肩を平行にするように姿勢を作る。 ・ハードルを低く跳
び越し, 上体を起こしながら膝を水平にリードしてひきつけて, 抜
き脚の踵を体側から離さないようにする。 ・上体を前傾させなが
ら, 膝から下を振り出し正中線の胸まで引き出す。

解説 (2) 下線の言葉を観点として解答する。

━━━━━━━━━━━━ **例題 3** ━━━━━━━━━━━━

「中・長距離走」について，次の各問いに答えよ。

問1　次の①，②の図は，中・長距離走の走法を表したものである。その走法を何というか，それぞれ書け。

問2　中・長距離走の疾走フォームを指導する際のポイントを2つ書け。

問3　中・長距離走の授業において事故防止のために留意すべき事項を2つ書け。

解答　問1　①　ストライド走法　②　ピッチ走法　　問2 (解答例・以下から2つ)　・重心の上下動があまりないように指導する。・肩や首の力を抜いてリラックスさせる。　・腰の位置は高く意識させる。　・腕振りは走法に合わせて行わせる。　問3 (解答例)・準備運動と整理運動をしっかり行う(体ほぐしの運動も入れる)。・生徒自身が自分の体の健康に関心をもち，体調の認識を行うことができるように，練習と記録とを合わせて体調の記録をつける。

解説　問1　ストライド走法とは，長距離走で，ストライド(歩幅)の幅が大きい走法のことで，全身のバネを使って飛び跳ねるように走るが，負担が大きいと言われる。ピッチ走法とは，長距離走で歩幅をせまくし，脚の回転を速くする走法。負担が少ないと言われ，日本では

この走法が主流である。厳格にストライド走法と区別のできない選手も多い。　問2　長い距離を走るためには，無駄な力を抜いた軽快な走り方を身に付けることや，自己に適したペースで走ることができるようにすることが必要である。これらの技能を身に付けるためには，走り方やペース配分に伴う体の状態に気付き，それに応じた走り方やペースを見つけることができるようにすることが必要である。さらに，生徒の能力などに応じて，スピードに変化をつけるなど競走でも自己の力を出し切ることができるようにすることも大切である。　問3　長距離走の距離については，3000m程度を目安に学習の段階や生徒の実態に応じて弾力的に取り扱うことが必要である。また，長く走り続けることに主眼をおく持久走としての取扱いは，「A体つくり運動」の「動きを持続する能力を高めるための運動」に含め，長距離走とは区別して考える。

●走り幅跳びの内容

走り幅跳びは，助走のスピードとリズミカルな動きを生かした踏切りによって前上方へ跳び出し，より遠くへ跳ぶことがねらいである。距離を伸ばすためには，スピードに乗った助走と踏切りの技能，加えて，より効果的な着地へとつなぐ空間動作と着地の仕方が重要である。

踏切り地点(踏切板)に足を合わせることは大切な技能であるが，このことにとらわれすぎると，かえって助走のスピードが落ち，力強い踏切りができなくなることがある。したがって，次のような練習を合わせて行う方法が考えられる。

① 足を合わせる練習

助走路を用いずに，トラックなどの広い場所でスタート地点と踏切り地点を決めて，走り抜けをさせる。この練習では，はじめから踏切板を使って足を合わせる練習であると，足を合わせることばかりに気をとられて，助走のスピードが鈍ってしまうことが多いので，踏切板よりも幅の広い踏切りゾーン(50cmくらい)を利用して走り抜けるようにする。これに慣れたら，実際の助走路を用いて踏切板を踏んで走り抜けの練習を行い，踏切板にピタッと足が合うようになったら，どのような跳び方でもよいから実際に跳んでみる。

② 踏切りの練習

次のような点に留意して，踏切りの練習をしてみる。

ア 踏切り前の一歩で速い脚の動き，つまりすばやく踏み込むという意識を強調して行う。

イ 踏切板を足裏全体でたたきつける感じで行う。

ウ 振り上げ脚の膝および足先を高く引き上げることを強調する。

エ 腕を曲げ，肩を引き上げることを強調する。

以上のような練習を行い，思い切って踏切ることに集中できるようにすることが効果的である。

また，助走距離は，生徒の走能力や加速の仕方によって異なるので，短助走(10mくらい)から，しだいに助走距離を伸ばしていく。実際に踏

切って跳ぶ段階になったら，短助走，中助走(20mくらい)，全助走(30mくらい)の記録を比較し，自己に適した助走距離又は歩数を見つけるようにすることが大切である。

　空間動作は，「そり跳び」，「はさみ跳び」などがあり，生徒が個性に合った跳び方を身に付けることができるようにする。

●走り幅跳びの競技規則

　8人を超える競技者が競技を行う場合は，各競技者は3回の試技が許される。その中で上位の成績を得た競技者8人は，さらに3回の試技が許される。第8位が同記録の場合，それぞれ2番目の記録で，それでも決められない場合は3番目の記録で決める。ただし競技者が8人以下の場合は，おのおの6回の試技が許される。

　次のような場合は1回の無効試技となる。

① 競技者が踏切る際に，跳躍しないで走り抜ける中で，あるいは跳躍の動きの中で，踏切足または踏切足の靴のどこかが，踏切板または地面から離れる前に，踏切線の垂直面より前に出た時。

② 踏切線の延長線より先でも手前でも，踏切板の両端よりも外側から踏切った時。

③ 助走あるいは跳躍動作中に宙返りのようなフォームを使った時。

④ 踏切後，着地場所への最初の接触前に，助走路あるいは助走路外の地面あるいは着地場所の外側の部分に触れた場合。

⑤ 着地の際，砂に残った最も近い痕跡よりも踏切板に近い砂場の外の境界線，または地面に触れた時。(体のバランスを崩したことも含む)。

⑥ 着地場所を離れる際，競技者の足が砂場との境界上または砂場外の地面へ最初に触れた位置が，踏切線に最も近い痕跡よりも踏切線から近い場合。

▼踏切りの判定

▼着地の判定

●走り幅跳びの指導の要点

走り幅跳びの指導について，中学校・高等学校学習指導要領解説の内容をまとめると，次のようになる。

走り幅跳びでは，助走スピードを生かして素早く踏み切り，より遠くへ跳んだり，競争したりできるようにする。

「スピードに乗った助走」とは，最大スピードでの助走ではなく，踏み切りに移りやすい範囲でスピードを落とさないように走ることである。

「素早く踏み切って」とは，助走のスピードを維持したまま，走り抜けるように踏み切ることである。

指導に際しては，学習の始めの段階では，踏切線に足を合わせることを強調せずに行うようにし，技能が高まってきた段階で，助走マークを

用いて踏切線に足を合わせるようにすることが大切である。

〈中学校例示〉

［第1学年及び第2学年］

・自己に適した距離，または歩数の助走をすること。

・踏切線に足を合わせて踏み切ること。

・かがみ跳びなどの空間動作からの流れの中で着地すること。

［第3学年］（高等学校の［入学年次］に同じ）

〈高等学校例示〉

［入学年次］

・踏み切り前3〜4歩からリズムアップして踏み切りに移ること。

・踏み切りでは上体を起こして，地面を踏みつけるようにキックし，振り上げ脚を素早く引き上げること。

・かがみ跳びやそり跳びなどの空間動作からの流れの中で，脚を前に投げ出す着地動作をとること。

［入学年次の次の年次以降］

・加速に十分な距離から，高いスピードで踏み切りに移ること。

・タイミングよく腕・肩を引き上げ，力強く踏切ること。

■■■■■■ 例題 1 ■■■■■■

　次の表は，「走り幅跳び」のそれぞれの技能における留意点をまとめたものである。あとの(1)〜(3)の各問いに答えよ。

技 能	留 意 点
助 走	自己に適した助走距離から勢いよくスタートして加速しスピードを維持する。踏切板の手前では，①踏切板を見て，素早く踏切りに入る。
踏切り	踏切りは，上体を②倒し，踏切り足のひざは深く曲げず，つま先を起こして③かかとから鋭く踏み込み，同時に振り上げ脚と両腕をすばやく引き上げる。大きな跳躍力を得るには，すばやい踏切り動作が大切である。
空中動作着　地（そり跳び）	力強く踏み切った後，④振り上げ足を前方に大きく踏み出し，腕・肩を引き上げる。その後，腕を後方に引き胸を反らす。両腕・両足を前方に振り出し，ひざを持ち上げるようにして⑤曲げて着地に向かう。

(1) 表の下線部①〜⑤について，正しいものには○を，誤っているもの
    は適切な語句を記入せよ。

(2) 踏切り後，高く跳び上がるための練習方法を2つ答えよ。

(3) 表中のそり跳び以外にどのような跳び方があるか1つ答えよ。

解答 (1) ① (前方)斜め上(の目標物)　　② 起こし　　③ ○
　　④ ○　　⑤ 伸ばして　　(2) ・踏切り板の30cm程度先の位置
にミニハードルを置き，それに触れないように力強く踏み切る練習
・前方斜め上にボールを設定し，空中でそれにタッチする練習　など
(3) はさみ跳び

解説 走り幅跳びで大切な要素：1. 前方へのスピード(助走スピード)
2. 垂直方向への体の引き上げ　3. 前のめりを抑える空中動作
4. 有効な着地動作(※水平スピードと垂直スピードの合力によって跳
躍角度が決まってくる。　※水平，垂直スピードが決まり着地さえう
まくいけば，跳躍距離は決まってくる。)　　(2) 空中動作のポイン
ト：1. 肩，腰を思い切り引き上げる。　2. 引き上げ後リード腕を上
に伸ばす。　3. リード腕にもう一方の腕を合わせる。　　(3) はさみ
跳びは，踏み切りの際のリード脚の引き上げを強調し，空中では腕を
回すのに合わせて1歩か2歩の走行に似た運動を行う。最後は前方に
脚を揃えて，上体をそらした姿勢で着地することも多い。

──────────── **例題 2** ────────────

　次の①〜⑤の文は，中学校学習指導要領解説「保健体育編」(平成29年7
月)に示されている「陸上競技　第3学年　技能　走り幅跳び　走り高跳び」
の例示について述べたものである。正しくないものを1つ選べ。

　〈走り幅跳び〉

① 踏み切り前3〜4歩からリズムアップして踏み切りに移ること。

② 踏み切りでは上体を前傾させて地面をキックし，振り上げ脚をゆっ
　くり引き上げること。

③ かがみ跳びやそり跳びなどの空間動作からの流れの中で，脚を前に

投げ出す着地動作をとること。

〈走り高跳び〉

④　リズミカルな助走から真上に伸び上がるように踏み切り，はさみ跳びや背面跳びなどの空間動作で跳ぶこと。

⑤　背面跳びでは踏み切り前の3〜5歩で弧を描くように走り，体を内側に倒す姿勢を取るようにして踏み切りに移ること。

解答　②

解説　「踏み切りでは上体を起こして，地面を踏みつけるようにキックし，振り上げ脚を素早く引き上げること」が正しい。

━━━━━━━━━ 例題 3 ━━━━━━━━━

日本陸上競技連盟の定める走幅跳について無効試技とはならないものを，次の1〜4から1つ選べ。

1　助走の途中，助走路を示す白線の外側にはみ出た場合。

2　助走あるいは跳躍動作中に宙返りのようなフォームを使った時。

3　踏切線の延長線より先でも手前でも，踏切板の両端よりも外側から踏切った時。

4　踏切後，着地場所への最初の接触前に助走路あるいは助走路外の地面あるいは着地場所の外側の部分に触れた場合。

解答　1

解説　『陸上競技ルールブック2024』日本陸上競技連盟の「競技規則・第3部フィールド競技，B長さの跳躍，TR 30.走幅跳」において，「助走の途中，助走路を示す白線の外側にはみ出た場合」は，競技者は試技無効とはならないと示されている。

走り高跳び

●走り高跳びの内容

　走り高跳びは，助走のスピードを利用し，**より高く跳ぶ**ことがねらいである。したがって，踏切りと，バーを**越す動作**に重点を置いた学習が大切である。

　踏切りについては，助走のスピードと関連して扱うとともに，助走の角度の取り方や**踏切りの位置**について，適切に身に付けていくことが必要になる。走り高跳びの助走では，ストライドを伸ばす，特に最後の3歩のストライドを伸ばすことが強調されがちであるが，ストライドを伸ばすより，**スピードを上げる**ほうがよいだろう。もっとも，走り高跳びの助走スピードは脚の筋力によって変化するものであるから，その調節は個人的に決定する必要がある。

　空間動作は「**はさみ跳び**」，「**ベリーロール**」などがあり，生徒の個性に合った跳び方を身に付けることができるようにする。「ベリーロール」では，着地の場の安全を確保する必要がある。なお，「**背面跳び**」については，すべての生徒を対象とした中学生の学習では，技能レベルや体育施設・器具等の面から危険な場合があるので，生徒の技能や施設・器具等の安全性などの条件が十分に整っており，さらに安全を考慮した段階的な学び方を身に付けている場合に限る。高校生を対象とした場合は，生徒の能力・適性，**指導の順序**や施設・設備，器具等に十分配慮する。

●走り高跳びの競技規則

　3回続けて失敗した場合は失格となる。跳躍後，風によってバーが落下した場合は有効，跳躍の途中の場合はやり直しになる。

　次の場合は無効試技となる。

① 跳躍した後，バーが競技者の跳躍中の動作によってバー止にとどまらなかった時。

② バーを越える前に，バーの助走路側の垂直面より着地場所側の，またはその垂直面を支柱から左右に延長した着地場所側の，地面あるいは着地場所に身体のいかなる部分でも触れた時。ただし，競技者が跳

躍した時に足が着地場所に触れたが，審判員がなんら有利にならなかったと判断した場合には，無効試技と見なさない。

③　助走して跳躍せずにバーまたは支柱の垂直部分に接触した時。

▼走り高跳びの技術的内容

	はさみ跳び（正面跳び）	ベリーロール
空間動作	振り上げ脚は，バーを越した瞬間，下後方に引き伸ばす。踏切り脚はその反動を利用して半円を描くように胸に近く引き上げてバーを越し，さらに下後方に振り下げて，振り上げ脚に先んじて着地する。	踏切り後，体が上昇するにつれて回転し，振り上げ脚をバーにかぶせるようにして越える。越えると同時に頭，肩，振り上げ脚を下におろすようにする。この動作で踏切り脚を上方にはね上げ，バーを越える。着地は振り上げ脚と両腕で行い，回転の激しいときは着地と同時に横に転がる。ベリーロールは，バーの上で水平移動することが少なく，重心の高さを最大限に利用できる経済的な点に長所があるが，踏切り後，体を回転させるところに難点がある。
助走角度	正面あるいは右側45度から行い，最後の2歩でバーに対して60度の角度で入る。助走の歩数は普通8歩(約11.26〜12.48m)である。	助走角度は45度で，左側から出発する(左脚踏切りの場合)。助走の終末部で助走角度45度から30度に変える場合もある。助走の歩数は，一般に12〜14歩である。
踏切り	バーに対して60度の角度で踏切る(ウエスタンロールでは45度)。踏切り点はバーから約1.2mのところで振り上げ脚のスイングに中心がおかれ，左腕は身体のバランスを保つための働きをする。	最後の一歩の踏込みは，その前の一歩よりもテンポを速くして，身体を後ろに倒して踏切りに移る。振り上げ脚は，助走方向に向かって振り上げるとともに両腕の振り込みを大きくする。

●走り高跳びの順位の決定

①：競技中，最高の高さを跳んだ者から順位を決定する。

②：2名以上の競技者が最後に越えたバーの高さが同じだった時は，最

81

後に越えた高さで，試技数のもっとも少なかった競技者を勝者とする。

③：②の方法では決められないときは，その試技全体，すなわち最後に越えた高さを含むそれまでのすべての試技のうち**無効試技数**が最も少なかった競技者を勝者とする。

④：③の方法でも決まらない場合，第1位を決めるにはジャンプオフ，第1位以外の順位については同成績の競技者は**同順位**とする。

●走り高跳びの指導の要点

走り高跳びの指導について，中学校・高等学校学習指導要領解説の内容をまとめると，次のようになる。

走り高跳びは，リズミカルな助走から力強く踏み切り，より高いバーを越えたり，競争したりできるようにする。

「リズミカルな助走」とは，スピードよりもリズムを重視した踏み切りに移りやすい助走のことである。

「力強く踏み切って」とは，助走スピードを効率よく上昇する力に変えるために，足裏全体で強く地面を押すようにキックすることである。

「大きな動作」とは，はさみ跳びでバーを越える際の両脚の大きなはさみ動作のことである。

〈中学校例示〉

［第1学年及び第2学年］

・リズミカルな助走から力強い踏み切りに移ること。

・跳躍の頂点とバーの位置が合うように，自己に合った踏切位置で踏み切ること。

・脚と腕のタイミングを合わせて踏み切り，大きなはさみ動作で跳ぶこと。

［第3学年］(高等学校の［入学年次］に同じ)

〈高等学校例示〉

［入学年次］

・リズミカルな助走から真上に伸び上がるように踏み切り，はさみ跳びや背面跳びなどの空間動作で跳ぶこと。

・背面跳びでは，踏み切り前の3～5歩で弧を描くように走り，体を内側に倒す姿勢をとるようにして踏み切りに移ること。

[入学年次の次の年次以降]

・助走では，リズムを保ちながらスピードを高め踏み切りに移ること。

・踏み切りでは，振り上げ脚の引き上げと両腕の引き上げをタイミングよく行うこと。

・背面跳びでは，バーの上で上体を反らせるクリアーの姿勢をとった後，腹側に体を曲げて，背中でマットに着地すること。

━━━━━ 例題 1 ━━━━━

下線部(A)〜(E)のうち，「中学校学習指導要領(平成29年告示)解説　保健体育編(平成29年7月　文部科学省)　第2章　保健体育科の目標及び内容　第2節　各分野の目標及び内容〔体育分野〕　2　内容　C　陸上競技[第1学年及び第2学年]　オ　走り高跳び」について記載した内容として，言葉が正しいものを○，誤っているものを×としたとき，○×の正しい組合せをあとの①〜⑤の中から1つ選べ。

オ　走り高跳び

走り高跳びは，リズミカルな助走から(A)力強く踏み切り，より高いバーを越えたり，競争したりできるようにする。

リズミカルな助走とは，スピードよりもリズムを重視した踏み切りに移りやすい助走のことである。

(A)力強く踏み切ってとは，助走スピードを効率よく上昇する力に変えるために，(B)足裏全体で強く地面を押すようにキックすることである。

大きな動作とは，はさみ跳びでバーを越える際の両脚の大きなはさみ動作のことである。

〈例示〉

（中略）

・(C)跳躍の頂点とバーの位置が合うように，自己に合った踏切位置で踏み切ること。

（中略）

〈用語の説明〉

(中略)

　走り高跳びにおける「はさみ跳び」とは，バーに対して斜め後方や正面から助走し，踏み切った後，振り上げ足から順にバーをまたいで越える (D)またぎ跳びや，両足を交差させて大きく開き，上体を横に倒しながらバーを越える (E)ベリーロールなどの跳び方のことである。

	(A)	(B)	(C)	(D)	(E)
①	○	○	○	○	×
②	×	×	○	×	○
③	○	○	×	×	○
④	×	○	○	×	×
⑤	○	×	×	○	○

解答　①

解説　(E)　正面跳びが正しい。ベリーロールは両足を交差させて大きく開き，状態を横にしながらバーを越える跳び方のことである。

例題 2

　陸上競技の走り高跳びに関する記述として適切なものは，次の1～4から1つ選べ。

1　高く跳ぶためには，スピードに乗った助走が必要なので，助走距離は，長ければ長いほどよいとされている。

2　助走の走り方としては，スタートから全力で走り，なるべく早くスピードに乗った助走ができるようにする。

3　助走の最後の3歩は，スピードを落とし，ストライドを狭くして，最後の踏み込みをスムーズに行えるようにする。

4　踏み切りは，踏み切り脚を前に伸ばすようにして，突っ張る感じで踏み切るようにする。

解答 4

解説 1　助走は6歩程度で6m～8m程度　　2　リズムよく5～6歩でおこなう。　　3　最後の3歩はスピードを上げストライドを広くして最後の踏み込みは踵からつくようにする。

━━━━━━ 例題 3 ━━━━━━

「走り高跳び」について，問1～問4に答えよ。

問1　次の図①，②の跳び方の名称をそれぞれ書け。

①　　　　　　　　　　　②

問2　問1の①，②の跳び方の踏み切りについて，指導のポイントをそれぞれ書け。

問3　次の2通りの走り高跳びの練習に共通するねらいは何か，書け。

台（とび箱）を使う　　　　　　　　　3～5歩助走

問4　背面跳びを安全に行わせるための指導上の留意点を2つ書け。

解答　問1　①　ベリーロール　　②　はさみ跳び　　問2　①　上体はたててバーから近い方の脚で踏み切る。　　②　上体を後傾しながらバーに遠い方の脚で踏み切る。　　問3　空中動作の習得　　問4　背中からの正しい着地フォームを習得させるため，その場立ち両足踏切

で後方高くジャンプする練習，少し高い台上からバー越しジャンプする練習と段階を踏んで行う。踏み切り位置が一定になるまでしっかり助走練習をするとともに，跳躍練習は助走の距離を少しずつ伸ばしながら行う。

解説 問1・問2　走り高跳びは，助走のスピードを踏み切りにより上昇スピードに変え，バーを越える競技である。上昇スピードを得るための助走と踏み切り，バーを効率よく越えるための空中フォームが重要になる。それぞれの空中フォームは，1. 両腕・両肩で体を引き上げると同時に振り上げ脚を高く引き上げ，体を回転させながら腹でバーを越す。2. 振り上げ脚を勢いよく振り上げ，踏み切り脚を胸に引きつけながら上体をバーに水平になるほど寝かせる。　問4　背面跳びは，むやみに試みると危険なので，授業では安全に留意して行わせることが重要である。背面跳びの助走では，最初に直線を走り，踏み切り前の4〜5歩は円を描くように走り込む。曲線状を走ることによって遠心力を受けるが，体を内側に傾ける(内傾する)ことによりバランスがとれる。内傾することにより，重心を落とすなどの踏み切り姿勢がとりやすくなる。

第 3 章

水泳

保健体育科 水 泳

ポイント

　水泳はクロール，平泳ぎ，背泳ぎ，バタフライなどから構成され，浮く，呼吸をする，進むなどのそれぞれの技能の組み合わせによって成立している。それぞれの泳法を身に付けることで，続けて長く泳いだり，速く泳いだり，競い合ったりする楽しさや喜びを味わうことができる。

　中学校では，小学校での学習を受けて，泳法を身に付けること，効率的に泳ぐことができるようにすることが求められる。したがって，第1学年及び第2学年では，記録の向上や競争の楽しさや喜びを味わい，技術の名称や行い方などを理解し，泳法を身に付けることができるようにすることをねらいとしている。第3学年では記録の向上や競争の楽しさや喜びを味わい，体力の高め方や運動観察の方法などを理解するとともに，効率的に泳ぐことを学習のねらいとしている。指導に際しては，泳法などの自己の課題を発見し，合理的な解決に向けて運動の取り組み方を工夫するとともに，自己の考えたことを他者に伝えることができるようにすること，水泳の学習に積極的に取り組み，分担した役割を果たすことや一人一人の違いに応じた課題や挑戦を認めることなどに意欲をもち，健康や水中の安全確保に気を配ることができるようにすることが大切である。

　高等学校では，中学校までの学習を踏まえて，記録の向上や競争及び自己や仲間の課題を解決するなどの多様な楽しさや喜びを味わい，「自己に適した泳法を身に付け，その効率を高めて泳ぐ」ことができるようにすることなどが求められる。入学年次では，記録の向上や競争の楽しさや喜びを味わい，体力の高め方や運動観察の方法などを理解するとともに，効率的に泳ぐことができるようにすること，入学年次の次の年次以降では，多様な楽しさや喜びを味わい，技術の名称や行い方などを理解するとともに，自己に適した泳法で効率を高めて泳ぐこと，生涯にわたって運動を豊かに継続するための課題に取り組み，考えたことを他者

に伝えること及び水泳に主体的に取り組むとともに，公正，協力，共生
などの意欲を育み，健康・安全を確保することができるようにすること，
と生涯スポーツを意識した学習のねらいとなっている。

水泳の特性

●水泳競技の内容・ねらい

　水泳は，浮く，進む，呼吸をするなどの技能によって成立している運動で，続けて長く泳ぐことや速く泳ぐことをねらいとし，自己の能力に適した課題を達成(解決に取り組む)したり，競技したりする運動である。したがって，水泳では，自己の目標を達成するための技能を高め，記録の向上の喜びや競泳の楽しさなどを味わうことができるようにすることがねらいといえる。

●技能の内容

　泳法は，伏し浮きの姿勢で泳ぐクロール，平泳ぎ，バタフライ及び背浮きの姿勢で泳ぐ背泳ぎの4種目を取り上げている。これらの泳法を身に付けるためには，泳法に応じた手のかき(プル)や足のけり(キック)と呼吸動作を合わせた一連の動き(コンビネーション)ができるようにする。中学校，高等学校の学習指導要領をそれぞれみると，記録の向上と競争の楽しさや喜びを共通事項として，中学校では泳法を身に付けること(第1学年及び第2学年)，効率的に泳ぐこと(第3学年)が，高等学校では自己に適した泳法の効率を高めることがねらいとなっている。例えば，高等学校学習指導要領では各泳法について，次のような内容をねらいとしている。

○　クロール，平泳ぎ
　　手と足，呼吸のバランスを保ち，伸びのある動作と安定したペースで長く泳いだり速く泳いだりする。
○　背泳ぎ，バタフライ
　　手と足の動き，呼吸のバランスを保ち，安定したペースで長く泳いだり速く泳いだりする。

●水泳の学習法

(1)　最初の段階ですること

①　水に浮いたり，底をけって体を伸ばして進んだりする練習を
　通じて水に慣れていく。
②　手や足の動き，呼吸のしかた，それらを組み合わせて練習し
　ていく。

(2)　進んだ段階ですること

①　できる泳法でゆっくりと泳ぐ。
②　時間や距離に挑戦したり，競争をしたりする。
③　新しい泳法に挑戦する。

(3)　安全を確認すること

①　体調を確かめ，熱がある時は泳がない。
②　準備運動・整理運動を十分に行う。
③　水泳場の規則を守る。
④　飛び込みをする時は，プールの深さや，入水角度，周りの人
　などに注意する。
⑤　応急手当の仕方を身に付けておく。

●水泳の学習の要点

　生徒の能力に応じて泳法を選択し，クロール，平泳ぎ，背泳ぎについ
ては，スタート，加速やスピードの維持，ターン(折返し)，ゴールタッ
チなどの技能をさらに高めるとともに，ペース配分についても取扱い，
競泳などに生かすようにする。バタフライ，背泳ぎについては，手の動
作と呼吸のタイミング，手と足の動作のコンビネーションなど調和のと
れた動きができるようにする。
　種目について，第1学年及び第2学年では，クロール，平泳ぎ，背泳
ぎ及びバタフライの中からクロール又は平泳ぎを含む2種目を選択，第3
学年では，これまでの泳法に加え，それらを活用して楽しむことができ

るよう「複数の泳法で泳ぐこと，又はリレーをすること」を示していることから，生徒の体力や技能の程度に応じた学習指導が必要である。

　高等学校では，水泳の運動種目の取扱いは，「ア　クロール」，「イ　平泳ぎ」，「ウ　背泳ぎ」，「エ　バタフライ」及び「オ　複数の泳法で長く泳ぐこと又はリレーをすること」の中からいずれかを選択して履修できるようにすることとしている。履修できる泳法などの運動種目の数については，特に制限を設けていないが，指導内容の習熟を図ることができるよう，十分な時間を配当することとしている。

●バディシステム

　水泳の授業において，2〜3人1組を作らせ，互いに相手の安全を確かめさせる方法である。事故防止だけでなく，学習効果を高めるための手段としても効果的である。

●態度の内容

　互いに協力して練習ができるようにするとともに，勝敗に対して公正な態度がとれるようにする。また，**水泳の事故防止**に関する心得を守り，健康・安全に留意して練習や競泳ができるようにする。

　水泳は，**水の中**という環境で行われるので危険を伴うこともあることから，互いに協力し，励まし合いながら事故防止に関する心得や練習上のルール(きまり)を守ったりして，**健康・安全**に留意して練習や競泳ができるような行動の仕方や態度を養うことが大切である。

　水泳の事故防止法として，一般的に次のようなものが考えられる。
① 体の調子を確かめてから泳ぐ。
② 調子の悪い時や**空腹**，満腹時には泳がない。
③ 病気の直後や激しい運動の直後には泳がない。
④ **身体の清潔**に注意し，**準備運動**や整理運動をよく行う。
⑤ プールやその他の水泳場での注意(事項)をよく守って泳ぐ。
⑥ 自分の水泳能力に応じて泳ぎ，長時間泳いだり，無理をしない。
⑦ 自分が危険な時の**安全の心得**を知っておく。
⑧ 溺れている者を見つけたとき，他人に知らせるなど救助の方法を

知っておく。

その他に，事故防止の心得として，①相互の協力の仕方，②水の**温度**と深浅と水泳の関係，③水泳場の**安全確認の方法**，④自己の水泳能力などを知っておく。

●救助法・応急手当

救助法には，泳がないで助ける方法と，泳いで助ける方法とがある。泳がないで助ける方法では，竹竿，ロープ，ブイなどの**器具類**を使用する。泳いで助ける方法では，キャリーの方法や**離脱法**を十分習得していることと，泳力にすぐれていることが条件となる。どちらの方法をとるかは，自分の能力と自然条件(地形，波の程度，水の流れ，気温，水温，風など)を合わせた上で判断する。救助のときは，水難者に外傷性ショックや**精神的**なショックを与えないよう注意する。条件の悪いときは，必ず協力者を探すことが大切である。

救助の後の蘇生法が必要な場合には，気道の確保，**人工呼吸**，AEDなどが実施できるよう，蘇生法の基礎的知識や技能に精通しておくことが望ましい。学習指導要領においても，「内容の取扱い」に水泳の指導に当たっては，保健分野の「応急手当」との関連を図ることを示している。

例題 1

次のア〜カから，高等学校学習指導要領(平成30年告示)解説保健体育編の入学年次の次の年次以降におけるクロールの技能に関する例示をすべて選び，記号で答えよ。

ア　腕のリカバリーは，力を抜いて水面近くを横から前方に運ぶこと。
イ　入水した手は，肩のローリングによって手のひらをやや下側に向けて水を捉え，肘を曲げながらかくこと。
ウ　肘を曲げて腕全体で水を捉え，加速するようにかくこと。
エ　ストローク動作に合わせて，低い位置で呼吸を保つこと。
オ　水平姿勢を維持しながら泳ぐこと。
カ　肩のローリングを使って最小限の頭の動きで呼吸を行うこと。

解答 ウ，カ

解説 他の例示として，「手は遠くの水をつかむように前方に伸ばすこと」，「流線型の姿勢を維持して，しなやかでリズミカルなキックを打つこと」が示されている。なお，ア，エはバタフライの技能，イ，オは背泳ぎの技能に関する例示である。

━━━━━ **例題 2** ━━━━━

水泳の安全指導の観点から，「バディシステム」について説明せよ。

解答 二人一組をつくり，互いに相手の安全を確かめさせる方法

解説 バディシステムは安全を確かめ合うことだけが目的ではなく，互いに進歩の様子を確かめ合ったり，欠点を矯正する手助けとなることもねらいとしている。さらに，互いに助け合ったり，人間関係を深め合うこともねらいとしているので，その組合せには十分な配慮が必要である。指導のねらいに応じて，泳力が同じくらいの者，熟練者と初心者などの組合せを工夫することが大切である。

━━━━━ **例題 3** ━━━━━

水泳指導での安全の確保に関して，次の問いに答えよ。

(1)「水泳の事故防止に関する心得」のうち，中学校第1学年及び第2学年で扱う内容を3つ選び，記号で答えよ。

① 体の調子を確かめてから泳ぐ

② 自己の体力や技能の程度に応じて泳ぐ

③ プールなど水泳場での注意事項を守って泳ぐ

④ 水深が浅い場所での飛び込みは行わない

⑤ 無理な潜水は意識障害の危険があるため行わない

⑥ 溺れている人を見付けたときの対処としての救助の仕方と留意点を確認する

(2) 日差しが強く気温が高い日に水泳指導を行う際，生徒にどのようなけがや症状が予見されるか。また，それを防ぐために，どのような配

慮や手立てが考えられるか。それぞれ1つずつ書け。

解答 (1)　①，③，④　　(2)　けがや症状…熱中症　　配慮や手立て…適宜，水分補給を行う。

解説 (1)　水泳の事故防止に関する心得として，第3学年においては，自己の体力や技能の程度に応じて泳ぐ，無理な潜水は意識障害の危険があるため行わない，溺れている人を見付けたときの対処としての救助の仕方と留意点を確認するなどといった心得が示されている。
(2)　水泳授業における熱中症対策については，「学校屋外プールにおける熱中症対策」(平成31年　独立行政法人日本スポーツ振興センター)が参考になる。水泳は運動強度が高い(ゆっくり泳いでも安静時の4倍以上の代謝量)という特性を考慮する必要がある。また，水中運動時にはかなりの汗をかくが，口腔内が水で濡れるため，のどの渇きを感じにくく，適切な水分補給が必要となる。水温が中性水温(33〜34℃)より高い場合は，水中でじっとしていても体温が上がるため，体温を下げる工夫が必要となる。対策としては，プール外の風通しのよい日陰で休憩する，シャワーを浴びる，風に当たる等が有効である。また，中性水温以下の水温であっても頭部には直射日光が当たることから，頭部も定期的に水中で冷やす等の対策が必要である。

クロール・平泳ぎ・背泳ぎ・バタフライ

●クロールの内容

　姿勢は前方からの水の抵抗がもっとも小さい伏し浮きの水平姿勢がよい。「け伸び」の練習を十分に行い，無駄な力を抜いた**伏し浮き**の姿勢で浮くことができるようにする。全身をまっすぐに伸ばして水面に伏し浮き，脚を左右交互に上下させ，腕は左右交互に水をかいて(プル)水面上を前方に戻し，顔を横に上げて呼吸をしながら泳ぐ。クロールでは，腕の動作(プルorストローク)が**推進力**の大半を生みだすが，脚の有効な動作が協応しなければ，有効なプルは生まれない。手は水を**真後ろ**に押すようにしてかき抜くことに練習の重点を置く。バタ足は，左右の腕1回転の間に脚を6回打つ1ストロークに6ビートが標準的であるが，泳者の能力等に応じて1ストローク4ビートにする等も考えられる。したがって，手と脚の動作の練習を行い，「面かぶりクロール」でよく泳ぐようにし，続いて呼吸を組み合わせるようにする。なお，脚は膝から下をしっかり伸ばすことがポイントとなる。呼吸は，左右どちらか一方で行う。右側で呼吸する場合は，右腕のプルがはじまるあたりから水中で鼻と口で呼気をしはじめ，腕を水面上に抜き上げながら顔を出し，肩の横まで戻す間に吸気する。手と脚の動作が協応し，スピードがでるほど横に上げた口のあたりに水のくぼみができるので，実際にはあごを引いて顔を横斜め後方に向けるだけで吸気できる。

●クロールの指導の要点

≪中学校≫

　指導に際しては，クロールの距離は，25～50m程度を目安とするが，生徒の体力や技能の程度などに応じて弾力的に扱うようにする。初期段階では**水中歩行**や面かぶりクロールあるいはビート板を持った状態で練習するのも効果的である。

〈例示〉

〈第1学年及び第2学年〉

・一定のリズムで強いキックを打つこと。

・水中で肘を曲げて腕全体で水をキャッチし，S字やI字を描くようにして水をかくこと。
・プルとキック，ローリングの動作に合わせて横向きで呼吸をすること。
〈第3学年〉
・水面上の腕は，ローリングの動きに合わせてリラックスして前方へ動かすこと。
・泳ぎの速さに応じて，顔を横に向ける大きさを調節して呼吸動作を行うこと。

≪高等学校≫
　指導に際しては，4泳法の中で最も速く泳ぐことのできるクロールの特性や魅力を深く味わえるよう，ローリングを生かした滑らかな呼吸動作や有効なキック動作，大きな推進力を出すプル動作に着目させ，学習に取り組ませることが大切である。
　なお，クロールの距離は，50～200m程度を目安とするが，指導のねらい，生徒の体力や技能の程度などに応じて弾力的に扱うようにする。
〈例示〉
〈入学年次〉
・水面上の腕は，ローリングの動きに合わせてリラックスして前方へ動かすこと。
・泳ぎの速さに応じて，顔を横に向ける大きさを調節して呼吸動作を行うこと。
〈入学年次の次の年次以降〉
・手は遠くの水をつかむように前方に伸ばすこと。
・肘を曲げて腕全体で水を捉え，加速するようにかくこと。
・流線型の姿勢を維持して，しなやかでリズミカルなキックを打つこと。
・肩のローリングを使って最小限の頭の動きで呼吸を行うこと。

●平泳ぎの内容

　基本姿勢は，左右同形でしかも水平でなければならない。腰に重心を置き，常に安定した姿勢を保つ必要がある。体位が立ちすぎたり，脚をひきつけたときに膝が腹部の下にきて上下動が生じたりすることは特に

注意する。全身をまっすぐ伸ばして水面に伏し浮き，両手のひらを下に向けて胸の前からそろえて前方に出し，円を描くように左右に水をかき，脚は足の裏で円を描くように左右に水を**押し挟み**，顔を前に上げて呼吸をしながら泳ぐ。腕の伸ばし方，効率のよい水のキャッチの仕方，腕のかき方などの動作や脚のひきつけ方，**足のけり方**などの動作を中心に，手の動作に合わせて呼吸の練習を行い，それに脚の動作を加えて，そのコンビネーションをよりよく行えるようにする。

〈脚の動作の要点〉
① 両脚をそろえて伸ばした状態から，両脚を引き寄せながら肩の幅に開き，同時に足の裏を上向きにして踵（かかと）を尻の方へ引き寄せる。
② けり始めは，親指を外向きにし，足の裏で水を左右に押し出し，膝が伸びきらないうちに両脚で水を押し挟み，最後は両脚をそろえて伸ばす。
③ けり終わったら，惰力を利用してしばらく伸びをとる。

〈腕の動作の要点〉
① 両手のひらを下向きにしてそろえ，胸の前，あごの下から水面と平行に前方に出す。
② 両手のひらを斜め外向きにして左右に水を押し開きながら腕を曲げ，手のひらを前腕の後方に向ける。
③ 両肘が肩の横にくるまで手をかき進めたら，両腕で**内側後方**に水を押しながら胸の前でそろえる。

●平泳ぎの指導の要点
≪中学校≫
　第1学年及び第2学年の指導に際しては，平泳ぎの距離は，50～100m，第3学年は50～200m程度を目安とするが，生徒の体力や技能の程度などに応じて弾力的に扱うようにする。
〈例示〉
〈第1学年及び第2学年〉
・蹴り終わりで長く伸びるキックをすること。
・肩より前で，両手で逆ハート型を描くように水をかくこと。

・プルのかき終わりに合わせて顔を水面上に出して息を吸い，キックの
　蹴り終わりに合わせて伸び(グライド)をとり進むこと。

〈第3学年〉

・片寄り前で，両手で逆ハート型を描くように強くかくこと。

・プルのかき終わりに合わせて顔を水上面に出して呼吸を行い，キック
　の蹴り終わりに合わせて伸び(グライド)をとり，1回のストロークで大
　きく進むこと。

≪高等学校≫

　指導に際しては，呼吸と視野を確保しやすく，キックによって大きな
推進力を得ることのできる平泳ぎの特性や魅力を深く味わえるよう，水
の抵抗を意識したキック時のグライド姿勢や推進力を生み出すプルと
キック動作に着目させ，学習に取り組ませることが大切である。

　なお，平泳ぎの距離は，50～200m程度を目安とするが，生徒の体力
や技能の程度などに応じて弾力的に扱うようにする。

〈例示〉

〈入学年次〉

・肩より前で，両手で逆ハート型を描くように強くかくこと。

・プルのかき終わりに合わせて顔を水面上に出して呼吸を行い，キック
　の蹴り終わりに合わせてグライドをとり，1回の腕の動き(ストローク)
　で大きく進むこと。

〈入学年次の次の年次以降〉

・手を前方に大きく伸ばした後に肘を曲げ，加速させながら内側にかき
　込み，抵抗を減らすために素早く手を前に戻すストロークの動きをす
　ること。

・抵抗の少ない肩幅程度の足の引き付けから，足先を外側にして直ちに
　キックをすること。

・プルのかき終わりと同時に，あごを引いて口を水面上に出して息を吸
　い，キックの蹴り終わりに合わせて，流線型の姿勢を維持して大きく
　伸びること。

●背泳ぎの内容

　クロールと同じように腕の動作による推進力が大きい。全身を上向き(仰向き)にしてまっすぐ伸ばして浮き，脚を左右交互に上下させ，腕は左右交互に水をかいて水面上を進行方向に戻し，呼吸をしながら泳ぐ。胸を張り，腰を伸ばすことで，身体を水平に保つことも忘れてはならない。

〈脚の動作の要点〉
① 左右の脚の幅は，親指を触れ合う程度にし，踵を10cm程度離す。あごを引き過ぎると臀部が沈んで腰が**曲**がった姿勢になりやすく，体が沈み腕の動作も窮屈になる。逆に，あごを出し過ぎると，脚が水面上に出てしまうので，自然な**仰向け姿勢**になるようにする。また，膝が曲がってしまい足踏み状態にならないよう注意したい。
② 上下動の幅は，30〜40cm程度にする。
③ けり上げ動作は，始動の中心を股関節におき膝をしなやかにし，**膝と足首**に水をかけるようにして力強くけり上げる。
④ けり上げた後，下方に下ろす動作は，他方の脚のけり上げ動作の反動で，脚を伸ばして自然に下ろす。

〈腕の動作の要点〉
① 左右の腕は，一方の手先を水中に入れるのに合わせて，他の腕を水面上に抜き上げる。
② 手先は，頭の前方，肩の線上に小指側から入水させ，手のひらで水面下20〜30cm程度まで水を押さえたら，肘を下方へ下げながら手のひらを後方に向ける。
③ 腕は，手のひらが水面近くを太ももに触れる程度までかき進め，最後は手のひらを下にして腰の下に押し込むようにする。
④ 腰の下へ水を押し込むと同時に同一側の肩を水面上にもち上げ，腕を伸ばして抜き上げて体側上を大きく回して進行方向へ戻す。

●背泳ぎの指導の要点

≪中学校≫
　指導に際しては，背泳ぎの距離は，25〜50m程度を目安とするが，生

徒の体力や技能の程度などに応じて弾力的に扱うようにする。なお，進行方向が見えないことによっておこる不安や衝突事故の防止も大切である。

〈例示〉

〈第1学年及び第2学年〉

・両手を頭上で組んで，腰が「く」の字に曲がらないように背中を伸ばし，水平に浮いてキックをすること。

・水中では，肘が肩の横で60～90度程度曲がるようにしてかくこと。

・水面上の腕は，手と肘を高く伸ばした直線的な動きをすること。

・呼吸は，プルとキックの動作に合わせて行うこと。

〈第3学年〉

・水面上の腕は肘を伸ばし，肩を支点にして肩の延長線上に小指側からまっすぐ入水すること。

・一連のストロークで，肩をスムーズにローリングさせること。

≪高等学校≫

　指導に際しては，呼吸がしやすい仰向けの姿勢で，顔を水面に出したまま泳ぐ背泳ぎの特性や魅力を深く味わえるよう，プルのリカバリー時には肘をよく伸ばし，キックを力強く打ち，腰を伸ばしたグライド姿勢を保ちながら推進力を出す動作に着目させ，学習に取り組ませることが大切である。

　そのため，背泳ぎの距離は，50～100ｍ程度を目安とするが，指導のねらい，生徒の技能・体力の程度などに応じて弾力的に扱うようにする。

〈例示〉

〈入学年次〉

・水面上の腕は肘を伸ばし，肩を支点にして肩の延長線上に小指側からまっすぐ入水すること。

・一連のストロークで，肩をスムーズにローリングさせること。

〈入学年次の次の年次以降〉

・入水した手は，肩のローリングによって手のひらをやや下側に向けて水を捉え，肘を曲げながらかくこと。

・かき終わりで肘を伸ばした後，力を抜き，肩のローリングを使ってリ

ズムよくリカバリー動作を行うこと。
・水平姿勢を維持しながら泳ぐこと。
・キックは，脚全体をしなやかに使って蹴り上げ，脚全体を伸ばして蹴り下ろすこと。
・呼吸は，ストロークに合わせてリズムよく行うこと。

●バタフライの内容
　この泳法は，身体のうねり(上下動)が大きいので，腰の力と上半身の強い筋力が必要である。バタフライは，全身をまっすぐ伸ばして水面に伏し浮き，体のうねりを加えて脚を左右同時に上下させ，腕は左右同時に水をかいて水面上を前方に戻し，顔を前に上げて呼吸しながら泳ぐ。
〈脚の動作の要点〉
　①　左右の脚の幅は，親指が触れ合う程度にし，踵を10cm程度離す，上下動の幅は，20〜40cm程度に動かす。
　②　けり下ろしの動作は，腰，膝を柔らかくして伸ばした両脚を，太ももから徐々に足先に力が加わるように力強く打ち，その反動で腰を水面に近づける。
　③　けり終わった後，上方に戻す動作は，水面に近づけた腰を沈めながら伸ばし，その反動で脚を伸ばして戻す。脚の動作がうまくできない場合には，仲間と補助し合い，脚を伸ばして脱力し，腰を支えてもらったり，足先を持ってもらって腰を上下に動かし，身体のうねり(ウエーブ)の中から脚の動作ができるように練習する。
〈腕の動作の要点〉
　①　手のひらを斜めに外向き(45度)にして頭の前方，肩幅に手先を入水する。入水後，腕を伸ばし，手のひらを平らにして水を押さえながら横に開き出し，腕を曲げ始める。
　②　手のひらと前腕で水をかき，左右の手先は胸の下で接近させ，太ももに触れるまでかき進める。
　③　腕は，肘から水面上に抜き上げ，手首を脱力させ，手先が水面上を一直線に前方へ運ぶように戻す。肘を上向きにすることによって親指が下向きになり，水面近くをまっすぐ前方に戻しやすくなる。

●バタフライの指導の要点

≪中学校≫

指導に際しては，バタフライの距離は，25〜50m程度を目安とするが，生徒の体力や技能の程度などに応じて弾力的に扱うようにする。

〈例示〉

〈第1学年及び第2学年〉

・気をつけの姿勢やビート板を用いて，ドルフィンキックをすること。
・両手を前方に伸ばした状態から，鍵穴(キーホール)の形を描くように水をかくこと。
・手の入水時とかき終わりのときに，それぞれキックをすること。
・プルのかき終わりと同時にキックを打つタイミングで，顔を水面上に出して呼吸をすること。

〈第3学年〉

・腕を前方に伸ばし，手のひらが胸の前を通るようなキーホールの形を描くようにして腰や太ももくらいまで大きくかく動き(ロングアームプル)で進むこと。
・手の入水時のキック，かき終わりのときのキック及び呼吸動作を一定のリズムで行うこと。

≪高等学校≫

指導に際しては，両腕を広げた迫力あるリカバリー動作で，左右同時のキックでダイナミックに泳ぐバタフライの特性や魅力を深く味わえるよう，プルのリカバリー時に腕を前方に伸ばし，腰を伸ばしたグライド姿勢を保ちながら推進力を出す動作に着目させ，学習に取り組ませることが大切である。

距離は，50〜100m程度を目安とするが，指導のねらい，生徒の体力や技能の程度などに応じて弾力的に扱うようにする。

〈例示〉

〈入学年次〉

・腕を前方に伸ばし，手のひらが胸の前を通るようなキーホールの形を描くようにして腰や太ももくらいまで大きくかく動き(ロングアームプル)で進むこと。

・手の入水時のキック，かき終わりのときのキック及び呼吸動作を一定
のリズムで行うこと。

〈入学年次の次の年次以降〉

・腕のリカバリーは，力を抜いて水面近くを横から前方に運ぶこと。

・体のうねり動作に合わせたしなやかなドルフィンキックをすること。

・ストローク動作に合わせて，低い位置で呼吸を保つこと。

●水泳の競技規則

① 自由形(クロール)，平泳ぎ，バタフライおよび個人メドレーは台上
からのスタート，背泳ぎは水中からのスタートを行う。

② バタフライ，背泳ぎ，自由形のスタート，ターン後，壁から15mに
達するまでに体の一部が浮上しなければならない。

〈競技中，失格となるもの〉

① スタートは1回目のフォルススタートで失格となる。

② 自分のコースから出たり(体の中心線がコースロープを越える)，
他の競技者を故意に妨害した場合。

③ コースロープを引っ張ったり，プールの底に立つ，あるいはプー
ルの底を歩いた場合(自由形競技またはメドレー競技の自由形種目
に限り，プールの底に立つことは違反とはならない)。

④ スピードを高めたり，持久性を増すような器具や薬品を用いた場
合。

⑤ プールサイドからコーチをしたり，ペースメーカーなどを使用し
たりした場合。

⑥ 競技中に，不正入水した場合(個人種目の場合は，出場予定レー
スの出場権を失う。リレー種目の場合は，リレーチームおよびメン
バーが失格となる)。

⑦ ゴールイン後でも，レース中の全泳者がゴールする前に自分のコー
スから出た場合。

⑧ 平泳ぎ，バタフライのターン，ゴールタッチに違反した場合。

⑨ 背泳ぎで，ターンの一連の動作中を除き，仰向き姿勢をくずした
場合。

⑩ 平泳ぎの足の動作で，足の甲で水をけったり，上下に動かした場合。

⑪ バタフライの脚の動作で，けり下げやけり上げのとき，両脚がバラバラになった場合。

⑫ バタフライで，手のひらが水中に入った状態で返した場合。

⑬ リレーの引き継ぎで，前の泳者が壁につく前に継泳者がスタートした場合。

⑭ 平泳ぎで，スタートおよび折り返し後の水面下での1かき1けりは許されるが，それ以外の競技中は，1かき1けりの一連の動作中に少なくとも1回は頭の一部が水面上に出なければならない。つまり，頭の一部が完全に水面より上に位置し，かつ空気に触れなくてはならない。頭頂部に水がかかることは認められない。

⑮ 個人メドレーの泳法順は，バタフライ→背泳ぎ→平泳ぎ→自由形(自由形は前の3泳法以外の泳法を用いる)の順で泳ぐ。

⑯ メドレーリレーの泳法順は，背泳ぎ→平泳ぎ→バタフライ→自由形の順(自由形は前の3泳法以外の泳法を用いる)である。

▼各泳法の動きの例

種目	小学校5・6年生	中学校1・2年生	中学校3年生 高校入学年次	高校 入学年次の次の年次以降
クロール	・手を交互に前方に伸ばして水に入れ，かく ・リズミカルなばた足をする ・顔を横に上げて呼吸をする ・両手を揃えた姿勢で片手ずつ大きく水をかく ・ゆっくりと動かすばた足をする	・一定のリズムの強いキック ・肘を曲げ，S字やI字を描くようなプル ・プルとキック，ローリングの動作に合わせた呼吸動作	・リラックスして前方へ動かすリカバリー ・泳ぎの速さに応じた大きさの呼吸動作	・手を遠く前方に伸ばし，腕全体で水をとらえ，加速するようにかくプル ・流線型の姿勢を維持し，しなやかでリズミカルなキック ・肩のローリングを使った最小限の動きの呼吸動作
平泳ぎ	・円を描くように左右に開き水をかく ・足の裏や脚の内側で水を挟み出すかえる足をする ・水をかきながら，顔を前に上げて呼吸をする ・キックの後に顎を引いた伏し浮きの姿勢を保つ	・蹴り終わりで長く伸びるキック ・逆ハート型を描くようなプル ・かき終わりに合わせた呼吸 ・蹴り終わりに合わせたグライド	・逆ハート型を描くような強いプル ・かき終わりに合わせた呼吸 ・1回のストロークで大きく進むこと	・素早く手を前に戻すリカバリー ・抵抗の少ない足の引き付けからのキック ・顎を引いた呼吸 ・蹴り終わりに合わせて，流線型の姿勢を維持して大きく伸びること

背泳ぎ	・顔以外の部位が水中に入った姿勢を維持する ・姿勢を崩さず手や足をゆっくり動かす（安全確保につながる運動） ※学校の実態に応じて加えて背泳ぎを指導することができる	・両手を頭上で組んで，背中を伸ばし，水平に浮いてキック ・肘を肩の横で曲げたプル ・手と肘を高く伸ばした直線的なリカバリー ・プルとキックの動作に合わせた呼吸	・肘を伸ばし，肩の延長線上に小指側からのリカバリー ・肩のスムーズなローリング	・肩のローリングによって手のひらをやや下側に向けて水をとらえ，肘を曲げながらかくプル ・力を抜き肩のローリングを使ってリズムよく行うリカバリー ・水平姿勢を維持し，脚全体をしなやかに使ってけり上げ，脚全体を伸ばしてけり下ろすキック ・ストロークに合わせてリズムよく行う呼吸
バタフライ	・浮いてくる動きに合わせて両手を動かし，顔をあげて呼吸をした後，再び息を止めて浮いてくるまで姿勢を保つ（安全確保につながる運動）	・気をつけの姿勢やビート板を用いたドルフィンキック ・キーホールの形を描くようなプル ・手の入水時とかき終わりのときに行うキック ・プルのかき終わりとキックを打つタイミングで行う呼吸	・手のひらが胸の前を通るキーホールの形を描くロングアームプル ・手の入水時のキック，かき終わりのときのキック及び呼吸動作を一定のリズムで行うコンビネーション	・力を抜いて水面近くを横から前方に運ぶドルフィンキック ・うねり動作に合わせたしなやかなドルフィンキック ・ストローク動作に合わせた低い位置での呼吸

例題 1

水泳のクロールに関する記述として適切なものは，次の1〜4のうちのどれか。

1　左右の脚の幅は，親指が触れ合う程度にし，踵を10cm程度離す。上下動の幅は，30〜40cm程度に動かす。けり下ろし動作は，膝を柔らかくしなやかに伸ばした脚を，太ももから徐々に足先へ力が加わるように力強く打つようにする。けり終わった後，上方に戻す動作は，脚を伸ばして太ももから上げるようにする。

2　左右の腕は，一方の手先が水中に入る場合，他方の腕は肩の下までかき進める。手先を水中に入れる場合，頭の前方，肩の線上に小指側から入水させる。入水後，腕を伸ばし，手のひらを平らにして水を押さえ，水面下30cm程度まで押さえたら腕を曲げ，手のひらを後方に向けかき始める。

3　呼気は，水中で，鼻と口で行い，徐々に吐き出し始め，最後は力強く吐き出す。吸気は，体の中心を軸にして顔を前に上げ，口で行い，素早く，大きく吸い込む。一方の腕で，体の下をかく間に呼気し，水面上で抜き上げながら顔をだし，肩の横まで戻す間に吸気し，呼気から吸気までを連続してできるようにする。

4　水中からのスタートでは，まず片足を壁につけ，プールの底についているもう一方の足で体を支える。底についている足を移動し，両方の足を壁につけ，全身を沈め，両方の足で壁を蹴る。蹴り出し時の初速を生かせるよう，体を真っ直ぐにし，顔は進行方向に上げたまま，二の腕で頬をはさむようにして，抵抗の少ない姿勢を意識する。

解答　1

解説　2　手先を水中に入れる場合，手のひらを斜め外向き(45°程度)にし，頭の前方，肩の線上に入れる。頭の前方，肩の線上に小指側から入水させるのは，背泳ぎの場合である。　3　吸気は，体の中心を軸にして顔を横に上げ，口で行い，素早く，大きく吸い込む。顔を前に上げ，口で行い，素早く，大きく吸い込むのは，平泳ぎの吸気である。　4　スタートでは，顔は進行方向ではなく頭を下げて下を向き，二の腕で耳か耳の後ろを挟むようにして体を真っ直ぐにし，抵抗の少ない姿勢を意識し，ストリームラインをつくるのが正しい。

■■■■■■■■■■■■■■■■ 例題 2 ■■■■■■■■■■■■■■■■

種目別のルールについて，次のa〜dのうち，正しいものはいくつあるか，以下の1〜4のうちから1つ選べ。
a　自由形の泳法はクロールで，ターンやゴールのタッチは体の一部が壁にふれなければならない。
b　個人メドレーは，バタフライ→背泳ぎ→平泳ぎ→自由形の順で泳ぐ。
c　平泳ぎのターン及びゴールタッチは，両手が同時にかつ離れた状態でおこなわなければならない。タッチは，水中でおこなわなくてもよい。
d　背泳ぎはターンのときと，スタート及びターン後20mまでは水没してよいが，それ以外のときは体の一部が水面上に出ていなければならない。
　　1　1つ　　2　2つ　　3　3つ　　4　4つ

解答　2

解説　a　自由形はどんな泳法でもよい。　d　潜水泳法(バサロ泳法)は，スタート及びターンから15mまでと規定されている。

███████████████ **例題 3** ███████████████

体育分野の領域「水泳」について，次の各問いに答えよ。

(1) 平成29年3月告示の中学校学習指導要領　保健体育〔体育分野　第1学年及び第2学年〕2　内容　D　水泳　(1)　には，「次の運動について，記録の向上や競争の楽しさや喜びを味わい，水泳の特性や成り立ち，技術の名称や行い方，その運動に関連して高まる体力などを理解するとともに，泳法を身に付けること。」と示されています。ここに示されている，「水泳の特性」とは，どのようなことか。簡潔に書け。

(2) 次のア～オのうち，2023年度公益財団法人日本水泳連盟競泳競技規則に示されている内容として正しいものはどれか。3つ選び，記号で答えよ。

ア　自由形競技またはメドレー競技の自由形に限り，プールの底に立つことは失格とならないが，歩くことは許されない。

イ　自由形では，スタート後，折り返し後に，体が完全に水没してもよい距離は20mである。

ウ　平泳ぎでは，スタート後，折り返し後に，最初の平泳ぎの蹴りの前にバタフライキックが2回許される。

エ　背泳ぎでは，ゴールタッチの際，泳者はあおむけの姿勢で壁に触れなければならない。

オ　バタフライでは，折り返し，ゴールタッチは，水面の上もしくは下で，両手が同時に，かつ離れた状態で行わなければならない。

解答 (1)　水泳は，陸上での運動と比較して，水の物理的特性である浮力，抵抗，水圧などの影響を受けながら，浮く，呼吸をする，進むという，それぞれの技術の組合せによって泳法が成立している運動であり，泳法を身に付け，続けて長く泳いだり，速く泳いだり，競い合ったりする楽しさや喜びを味わうことのできる運動であること。

(2)　ア，エ，オ

解説 (1)　水泳系の学習の特徴は，「水の中で運動する」との点で，陸上における各種の運動と違うことを理解しておきたい。特に，以下に示

108

した水の物理的特性(浮力・抵抗・水圧)について理解することが大切である。　浮力：主に，水中での身体バランスに関する運動に影響する。中でも，体を浮かせることや沈むことに関する力学的知識「重心・浮心(浮力の作用点)」の位置関係が重要となる。また，浮いたり沈んだりする際の無重量状態に近い感覚は，水中での楽しさが増すことにつながる。　抵抗：主に，水中で身体を進める力に関する運動に影響する。推進力を生み出すために必要な体の姿勢の維持，特に抵抗を少なくした流線型の姿勢について理解することが重要である。　水圧：主に，水中での呼吸に影響する。水圧が，呼吸に関する運動に大きな影響を与えていることを理解する必要がある。水中での呼吸は，僅かでも水圧の影響を受けるので，腹式呼吸法による正確な息継ぎを習得することが重要である。　(2)　イ　自由形では，水没してもよい距離は「20m」ではなく「15m」。これについては，バタフライ，背泳ぎも同様である。　ウ　平泳ぎでは，折り返し後に，最初の平泳ぎの蹴りの前にバタフライキックが「1回」許される。

━━━━━━━━ 例題 4 ━━━━━━━━

クロールにおいて，腕の動きは①～⑤のような順序になる。(ア)と(イ)に当てはまる言葉を書け。

①	エントリー	水からぬき上げた腕を前に出し，親指から水に入れる。
②	キャッチ	手の平で水をつかむ。
③	(ア)	からだの下まで水を引きよせる。
④	プッシュ	ひじをのばしながら，水を後ろへ押す。
⑤	(イ)	水をかき終えた腕を水面からぬき，前に出す。

解答　ア　プル　　イ　リカバリー

░░░░░░░░░░░░░░░░░░░░░░ **例題 5** ░░░░░░░░░░░░░░░░░░░░░░

水泳について，次の問1～問3に答えよ。

問1　「平泳ぎ」において，足の甲でけっている(あおり足)生徒がいた。これを解決するための指導の要点を1つ書け。

問2　「クロール」において，「腕の動作」を一連の動作として，生徒に指導する時の指導の要点を書け。

問3　次の(1)～(4)の用語の説明として最も適切なものを下の(ア)～(カ)から1つずつ選び，その記号を書け。

　(1)　コンビネーション　　(2)　ストローク　　(3)　リカバリー

　(4)　ローリング

　(ア)　かき終えた手を前方に戻すこと

　(イ)　手の動きや足の動きと呼吸動作を合わせた一連の動きのこと

　(ウ)　キックの蹴り終わりに合わせて伸びをとること

　(エ)　水泳中の体の左右の揺れのこと

　(オ)　手や腕で水をかくこと

　(カ)　手のひらを胸の近くを通るようにする動きのこと

解答　問1　(例)　・足首を十分かえすことを意識させる。　・足裏で水を斜め後方にけることを意識させる。　問2　(例)　ひじを高くして，できるだけ前方へ伸ばし，S字を描くように肩幅の外側から胸下へと水をかく。胸下から太ももに触れるまで水をかく。　問3　(1)　(イ)　(2)　(オ)　(3)　(ア)　(4)　(エ)

解説　水泳技能の指導法・泳法指導の要点については，「学校体育実技指導資料第4集　水泳指導の手引(三訂版)」(平成26年3月　文部科学省)に詳述されているので，本を入手して学習しておくとよい。この本から出題されることも多い。

■■■■■■■■■■■■■■■ 例題 6 ■■■■■■■■■■■■■■■

次の表は，水泳の背泳ぎの一連の動作を説明したものである。表中の
(①)〜(③)に当てはまる適当な語句を答えよ。

入水は(①)指から，または手のひら全体で行う。
↓
入水後，手のひらは下を向き手首を45度くらい下方に曲げて，深
いところで水をキャッチする。
↓
深いキャッチから，(②)を曲げて上方へと手を動かす。
↓
手が腰の辺りまできたら，おしりの下へ向かって水を押し込む。
↓
リリースは(③)指から行うとよい。

解答 ① 小 ② ひじ ③ 親

解説 背泳ぎの推進力は，約70%がストローク，約30%がキックによって
生まれている。ストロークでは，体側に沿って手のひらがS字を描
いている。この動作はスカーリングと呼ばれ，小さな力で大きな推
進力(揚力)を生み出している。

■■■■■■■■■■■■■■■ 例題 7 ■■■■■■■■■■■■■■■

次の図は，技術的に問題のある背泳ぎの一例である。問題点を2つあげ，
それぞれ克服するための指導方法を書け。

解答 1つ目：(問題点)　・頭を上げすぎている。　・あごを引きすぎている。　・耳を水中に沈めていない。等　(指導方法)　・ビート板(用具)を使用しての姿勢づくり。　・陸上での動きづくり。等
2つ目：(問題点)　・背筋が伸びていない。　・胸が反れていない。等　(指導方法)　2人組での水中での姿勢づくり。等

解説 背泳ぎの指導のポイントは，背浮きができるようにすることである。おへそを出して体を反らせること，耳が水につかるくらい頭を反らすことが大事である。指導方法をいくつかあげてみる。　1．プールサイドやコースロープに頭をかけて上向きの姿勢をとり，バタ足をする。腰が沈みやすいので，おへそを出させる。　2．ビート板を背中に敷いて浮く。手足を動かすとすぐにバランスを崩してしまうので，手足の力は抜いて浮くようにさせる。　3．バディ(2人1組)を組み，1人が両手で相手の首を支え，水中を引っぱって歩く。

第4章

球技

保健体育科 球 技

ポイント

　球技は，ゴール型，ネット型及びベースボール型で構成され，個人やチームの能力に応じた作戦を立て，集団対集団，個人対個人で勝敗を競うことに楽しさや喜びを味わうことのできる運動である。

　中学校では，小学校までの学習を受けて，基本的な技能や仲間と連携した動きを発展させて，作戦に応じた技能で仲間と連携しゲームが展開できるようにすることが求められる。第１学年及び第２学年では，勝敗を競う楽しさや喜びを味わい，球技の特性や成り立ち，技術の名称や行い方，その運動に関連して高まる体力などを理解するとともに，基本的なボールや用具，バット操作と仲間と連携した動きで攻防を展開できるようにする。また，第３学年では作戦に応じた技能で仲間と連携し，ゲームを展開することを学習のねらいとし，勝敗を競う楽しさや喜びを味わい，体力の高め方や運動観察の方法などを理解するとともに，作戦に応じた技能で仲間と連携しゲームを展開することとしている。

　高等学校では，中学校までの学習を踏まえて，勝敗を競ったりチームや自己の課題を解決したりするなどの多様な楽しさや喜びを味わい，「作戦や状況に応じた技能で仲間と連携しゲームを展開する」ことなどが求められる。入学年次では，勝敗を競う楽しさや喜びを味わい，体力の高め方や運動観察の方法などを理解するとともに，作戦に応じた技能で仲間と連携しゲームを展開することができるようにする。また，入学年次の次の年次以降では多様な楽しさや喜びを味わい，技術の名称や行い方などを理解するとともに，仲間と連携しゲームを展開すること，生涯にわたって運動を豊かに継続するための課題に取り組み，考えたことを他者に伝えること及び球技に主体的に取り組むとともに，公正，協力，責任，参画，共生などに意欲を育み，健康・安全を確保することができるようにすることとしている。

114

学習指導要領の概要

●球技の分類

　中学校，高等学校学習指導要領における球技は，様々な種目があることから，攻防を展開する際に共通して見られるボールや用具などの操作とボールを持たないときの動きについての学習課題に着目し，その特性や魅力に応じて，相手コートに侵入して攻防を楽しむ「ゴール型」，ネットをはさんで攻防を楽しむ「ネット型」，攻守を交代して楽しむ「ベースボール型」に分類して示している。

```
             ┌ゴール型…………バスケットボール，ハンドボール，サッカー，
             │              (ラグビー)
 球技 ────────┼ネット型……………バレーボール，卓球，テニス，バドミントン
             └ベースボール型……ソフトボール
```

※ ラグビーは高等学校のみとりあげられている

●技能の内容の変化

各学年での相違点(下線部)に注意しながら，内容を確認しよう。

	ゴール型	ネット型	ベースボール型
中学校第1学年 第2学年	ボール操作と空間に走り込むなどの動きによってゴール前での攻防をすること。	ボールや用具の操作と定位置に戻るなどの動きによって空いた場所をめぐる攻防をすること。	基本的なバット操作と走塁での攻撃,ボール操作と定位置での守備などによって攻防をすること。
中学校第3学年	安定したボール操作と空間を作りだすなどの動きによってゴール前への侵入などから攻防をすること。	役割に応じたボール操作や安定した用具の操作と連携した動きによって空いた場所をめぐる攻防をすること。	安定したバット操作と走塁での攻撃,ボール操作と連携した守備などによって攻防をすること。

| 高等学校 | 状況に応じたボール操作と<u>空間を埋める</u>などの<u>動き</u>によって<u>空間への侵入</u>などから攻防をすること。 | 状況に応じたボール操作や安定<u>した用具の操作</u>と連携した動きによって<u>空間を作り出す</u>などの攻防をすること。 | 状況に応じたバット操作と走塁での攻撃，安定<u>した</u>ボール操作と<u>状況に応じた守備</u>などによって攻防をすること。 |

●態度の内容の変化

各学年での相違点(下線部)に注意しながら，内容を確認しよう。

| 中学校第1学年
第2学年 | 球技に<u>積極的に</u>取り組むとともに，フェアなプレイを守ろうとすること，作戦などについての話合いに<u>参加しよ</u>うとすること，一人一人の違いに応じたプレイなどを<u>認</u>めようとすること，仲間の学習を援助しようとすることなどや，健康・安全に<u>気を配ること</u>。 |

| 中学校第3学年 | 球技に<u>自主的に</u>取り組むとともに，フェアなプレイを大切にしようとすること，作戦などについての話合いに<u>貢献しよう</u>とすること，一人一人の違いに応じたプレイなどを大切にしようとすること，互いに助け合い教え合おうとすることなどや，健康・安全を確保すること。 |

| 高等学校 | 球技に<u>主体的に</u>取り組むとともに，フェアなプレイを大切にしようとすること，<u>合意形成に貢献しようとすること</u>，一人一人の違いに応じたプレイなどを<u>大切にしよう</u>とすること，互いに助け合い高め合おうとすることなどや，健康・安全を確保すること。 |

●知識，思考・判断の内容の変化

各学年での相違点(下線部)に注意しながら，内容を確認しよう。

中学校第1学年
第2学年
球技の特性や成り立ち，技術の名称や行い方，その運動に関連して高まる体力などを理解する

中学校第3学年
技術の名称や行い方，体力の高め方，運動観察の方法などを理解する

高等学校
技術などの名称や行い方，体力の高め方，課題解決の方法，競技会の仕方などを理解するとともに，作戦や状況に応じた技能で仲間と連携しゲームを展開する

例題 1

次の文章は，中学校学習指導要領(平成29年3月告示)「保健体育」の「体育分野　第1学年及び第2学年　2　内容　E　球技」の内容についてである。あとの(1)〜(3)に答えよ。

(1) 次の運動について，勝敗を競う楽しさや喜びを味わい，基本的な技能や仲間と(　①　)した動きでゲームが展開できるようにする。

ア　ゴール型では，ボール操作と空間に(　②　)などの動きによってゴール前での攻防を展開すること。

イ　ネット型では，ボールや用具の操作と定位置に戻るなどの動きによって空いた場所をめぐる攻防を展開すること。

ウ　ベースボール型では，基本的なバット操作と(　③　)での攻撃，ボール操作と定位置での守備などによって攻防を展開すること。

> (2) 球技に積極的に取り組むとともに，フェアなプレイを守ろうとすること，分担した役割を果たそうとすること，（ ④ ）などについての話合いに参加しようとすることなどや，健康・安全に気を配ることができるようにする。
> (3) 球技の特性や成り立ち，技術の名称や行い方，関連して高まる（ ⑤ ）などを理解し，課題に応じた運動の取り組み方を工夫できるようにする。

(1) （ ① ）～（ ⑤ ）に当てはまる語句を答えよ。

(2) 第1学年及び第2学年における思考・判断に関する指導内容として示されているものは何か。文中より抜き出せ。

(3) 下線部を行うためには，どのようにゲームを工夫すればよいか。種目を1つ取り上げて具体的に説明せよ。

解答 (1) ① 連携　② 走り込む　③ 走塁　④ 作戦　⑤ 体力　(2) 課題に応じた運動の取り組み方を工夫できるようにする。　(3) バレーボールにおいて，「返球の時の制限としてアタックラインの後ろから相手のコートの空いたところをねらって，素早くオーバースローで投げるといった制限」をし，工夫することなど。

解説 学習指導要領からの出題。日頃から学習指導要領をよく読み，各領域の指導内容を正しく理解しておくことが大切である。このように穴埋め式で出題されることも多いが，よく見れば決して特殊な用語を答えさせるわけではなく，注意深く考えれば分かるものも多い。

■■■■■■■■ **例題 2** ■■■■■■■■

中学校学習指導要領(平成29年3月告示)「保健体育」に関して，文中の（ ① ）～（ ⑩ ）に適する語句を答えよ。

> 第2　各学年の目標及び内容
> (体育分野第3学年)

118

2　内容

E　球技

(1)　次の運動について,（　①　）を競う楽しさや喜びを味わい,（　②　）
の名称や行い方,体力の高め方,運動観察の方法などを理解すると
ともに,作戦に応じた技能で仲間と連携しゲームを展開すること。

　　ア　ゴール型では,安定したボール操作と（　③　）を作りだすな
　　　どの動きによってゴール前への侵入などから攻防をすること。

　　イ　ネット型では,（　④　）に応じたボール操作や安定した用具
　　　の操作と連携した動きによって（　⑤　）をめぐる攻防をするこ
　　　と。

　　ウ　ベースボール型では,安定したバット操作と（　⑥　）での攻
　　　撃,ボール操作と連携した守備などによって攻防をすること。

(2)　攻防などの自己やチームの課題を発見し,（　⑦　）な解決に向
けて運動の取り組み方を工夫するとともに,自己や仲間の考えた
ことを他者に伝えること。

(3)　球技に（　⑧　）に取り組むとともに,（　⑨　）なプレイを大切
にしようとすること,作戦などについての話合いに（　⑩　）しよ
うとすること,一人一人の違いに応じたプレイなどを大切にしよ
うとすること,互いに助け合い教え合おうとすることなどや,健康・
安全を確保すること。

解答　①　勝敗　　②　技術　　③　空間　　④　役割　　⑤　空いた
場所　　⑥　走塁　　⑦　合理的　　⑧　自主的　　⑨　フェア
⑩　貢献

解説　球技の運動種目は,「ゴール型」,「ネット型」,「ベースボール型」で
示されている。(1)は技能,(2)は態度,(3)は知識,思考・判断の内
容である。また,指導内容は発達の段階のまとまりを踏まえ,目標
と同様に,第1学年及び第2学年と第3学年に分けて示されている。
学習指導要領に示されている各領域の内容を,正しく理解しておく
ようにすることが大切である。

━━━━━━ **例題 3** ━━━━━━

次の内容は，高等学校学習指導要領解説保健体育編・体育編(平成30年7月　文部科学省)「E　球技」の内容である。下の各問いに答えよ。

> 　次の運動について，勝敗を競ったりチームや自己の(①)を解決したりするなどの多様な楽しさや喜びを味わい，技術などの名称や行い方，体力の高め方，課題解決の方法，競技会の仕方などを理解するとともに，(②)や状況に応じた技能で仲間と連携しゲームを展開すること。
> ア　ゴール型では，状況に応じたボール操作と空間を埋めるなどの動きによって<u>空間への侵入などから攻防をする</u>こと。
> イ　ネット型では，状況に応じたボール操作や安定した(③)の操作と連携した動きによって空間を作り出すなどの攻防をすること。
> ウ　ベースボール型では，状況に応じたバット操作と(④)での攻撃，安定したボール操作と<u>状況に応じた守備</u>などによって攻防をすること。

(1)　文中の(①)～(④)に適切な語句を記せ。

(2)　<u>ゴール型</u>における<u>空間への侵入などから攻防をする</u>とはどのようなゲームの様相を示したものか説明せよ。

(3)　<u>ネット型</u>ではサービスについての学習のねらいを入学年次と入学年次の次の年次以降に分けて具体的に例示している。それぞれの内容を記せ。

(4)　ベースボール型の<u>状況に応じた守備</u>とはどのような動きを示したものか説明せよ。

解答　(1)　①　課題　　②　作戦　　③　用具　　④　走塁
　　　(2)　防御の状況に応じたパスやドリブル，ボールを保持したランニングなどのボール操作と仲間と連携して自陣から相手ゴール前へ侵入するなどの攻撃や，その動きに対応して空間を埋めるなどの防御の動きで攻防を展開すること。　　(3)　入学年次：ボールをねらった

場所に打つこと。　入学年次の次の年次以降：ボールに変化をつけて，ねらった場所に打つこと。　(4)　相手チームの打者の特徴に応じた守備位置に立つこと，ヒットを打たれた際に，相手の進塁を最小限に防ぐための効率的な中継プレイができる位置への移動，仲間の送球や捕球が乱れた際にバックアップをするための仲間の後方に回り込む動き。

解説　(1)　球技は，様々な種目があることから，攻防を展開する際に共通して見られるボールや用具などの操作とボールを持たないときの動きについての学習課題に着目し，その特性や魅力に応じて，相手コートに侵入して攻防を楽しむ「ゴール型」，ネットをはさんで攻防を楽しむ「ネット型」，攻守を交代して攻防を楽しむ「ベースボール型」に分類し示されていることを理解する。　(2)　「ゴール型」はドリブルやパスなどのボール操作で相手コートに侵入し，シュートやトライなどをして，一定時間内に相手チームより多くの得点を競い合うゲームであり，バスケットボール，ハンドボール，サッカー，ラグビーを取り上げる。　(3)　「ネット型」は，コート上でネットをはさんで相対し，身体や用具を操作してボールを空いている場所に返球し，一定の得点に早く到達することを競い合うゲームであり，バレーボール，卓球，テニス，バドミントンを取り上げる。

(4)　「ベースボール型」は，身体やバットの操作と走塁での攻撃，ボール操作と定位置での守備などによって攻守を規則的に交代し，一定の回数内で相手チームより多くの得点を競い合うゲームであり，ソフトボールを取り上げる。

バスケットボール

●競技の概要

○1891年にアメリカの体育教師J.ネイスミスが考案。日本には1908年に**大森兵蔵**が紹介，1913年にF.H.ブラウンが広めたといわれる。

○プレイヤーは1チーム5人。相手のバスケットにボールを入れて得点を競うが，状況によって得点が異なることが大きな特徴の1つといえる(スリーポイントライン外からのシュートは3点，フリースローによるシュートは1点，その他は2点)。ボールの移動はドリブル，またはパスによる。

●フィールド等の名称

●パスの技術

パスにはチェストパス，アンダーハンドパス，オーバーヘッドパス，サイドハンドパスなどがある。

●プレイ上の注意点

○試合開始はジャンプボールによる。

○アウトオブバウンズは，ボールが境界線上や境界線の外の床，プレイヤー以外の人などに触れた場合になるため，空中にあるボールはアウ

トオブバウンズにはならない。

○ヘルドボール(ボールの取り合い)のとき，両チームが同時にボールをアウトオブバウンズにしたとき，両チームが同時にバイオレーションを行ったとき等は，オルタネイティング・ポゼッション・ルールにより行われる。

○プレイにおける時間制限ルールには4種類ある。

　□3秒ルール…原則，相手陣内でボールをコントロールしているチームのプレイヤーは制限区域内に3秒を超えてとどまってはならない。

　□5秒ルール…ボールを持っているプレイヤーが相手に1m以内の至近距離で防御され，パス，ショット，ドリブル，ころがすのいずれもしないで，5秒を超えて持ち続けてはいけない，など。

　□8秒ルール…自陣からボールをコントロールしたチームは，8秒以内にボールを相手陣内に入れなければならない。

　□24秒ルール…自陣からボールをコントロールしたチームは，24秒以内にショットしなければならない。

●罰則規定

○バイオレーション：体の接触による違反およびスポーツマンらしくない行為を除くすべての規則の違反のことで，バイオレーションがおこった場所に最も近いライン外から，相手チームボールでプレイが再開される。

【主なバイオレーション】

> □3秒ルール，24秒ルール等の時間制限違反
> □トラベリング，ダブルドリブル，故意に足などでボールを止める等，ボールの扱いに関する違反
> □フリースローでフェイクを入れる等，フリースローの規定違反
> □ジャンプボールでトスが最高点に到達する前にボールに触る等の違反

○ファウル：プレイ中の不当行為を指し，ファウルの種類によって罰則が異なる。なお，ファウルを5回行ったプレイヤーは失格となり，以

降のゲームに参加できなくなる。

▼主なファウル

パーソナルファウル (主に相手との接触による違反)	テクニカルファウル (主にスポーツマンらしくない違反)
・ブロッキング ・プッシング ・ホールディング ・ハンドチェッキング ・イリーガルユースオブハンズ ・チャージング	・目の前で手を振って視界を妨げる ・ショットをする相手に大声を出したり,手を叩いたりする ・ゴールしたボールを,わざとたたき出す ・審判に不服がある等をジェスチャーなどで示す ・ゲームの進行をわざと遅らせる

例題 1

次の図は,バスケットボールにおける審判の合図(シグナル)を示したものである。(1)〜(5)の合図(シグナル)が示すものをあとのア〜コから1つずつ選び,その記号を書け。

(1)

体の前方で腕をクルクル回す。

(2)

両手を腰にあてる動作をする。

(3)

手首あたりを切る・叩く動作をする。

(4)

人差し指で"T"の字をつくる。

(5)

(次の攻撃するバスケットを拳で指し示し,)手のひらを拳で叩く動作をする。

語群

ア　3秒バイオレーション　　イ　チャージング
ウ　テクニカルファウル　　　エ　ダブルファウル
オ　メンバーチェンジ　　　　カ　ブロッキング
キ　トラベリング　　　　　　ク　イリーガルユースオブハンズ
ケ　プッシング　　　　　　　コ　タイムアウト

解答 (1)　キ　　(2)　カ　　(3)　ク　　(4)　コ　　(5)　イ

解説 バスケットボールにおける審判の合図は複雑なので，正しく理解しておく必要がある。なお，3秒バイオレーション……腕を前に伸ばし，指を3本出す。　テクニカルファウル……両手でT型を示す。ダブルファウル……手を握ってあげ左右に振る。　メンバーチェンジ……腕の前で両手を交差させる。　プッシング……ファウルの合図をしてから押すまねをする，である。これらは実際の動作をイメージできるようにしておこう。

====== **例題 2** ======

バスケットボールについて，次の各問いに答えよ。

1　次の文章は，ルールについて，述べたものである。(　①　)～
　(　③　)に当てはまる数字を答えよ。
　(1)　コート内でライブのボールをコントロールしたチームは，
　　(　①　)秒以内にシュートしなければならない。
　(2)　バックコート内でライブのボールをコントロールしたチームは，
　　(　②　)秒以内にボールをフロントコート内に進めなければならない。
　(3)　ボールを持っているプレイヤーは，相手に1m以内の距離で激しく
　　防御されて，パス，シュート，ドリブルのいずれもしないで，(　③　)
　　秒をこえてボールを持ち続けることはできない。
2　次の各問いに答えよ。
　(1)　パーソナルファウルを3つ答えよ。

(2) 次のそれぞれのファウルに対する具体的な処置を答えよ。

① シュートの動作中でないプレイヤーへのファウル。

② スリーポイントエリアにおけるシュートの動作中のプレイヤーへのファウル。(シュートが失敗した場合)

3 次の図を見て,(①)～(③)に当てはまる適切な語句を答えよ。

(1) コートは,Aの(①)ラインとBの(②)ラインの内側の範囲で,ラインは含まない。

(2) 第1ピリオドはCの(③)サークルでのジャンプボールで開始する。

4 次の図Ⅰと図Ⅱの説明を読み,それぞれのプレーの名称を答えよ。

○…攻撃側選手 ▽…守備側選手 人の動き──→ ボールの流れ----→

図Ⅰ

1　AはBにパスをする。
2　AはBの防御者Yの横に壁として立つ。
3　BはA'を壁として利用してドリブルで切り込みシュートする。

図Ⅱ

1　AはBにパスをする。
2　BはAの防御者Xに対して壁として立ち，Aにパスをする。
3　AはB'を壁として利用してドリブルで回り込みシュートする。

解答　1　①　24　　②　8　　③　5　　2　(1)　ホールディング，プッシ
ング，チャージング，ブロッキング，イリーガルユースオブハンズ，
イリーガルスクリーンなどから3つ　　(2)　①　ファウルの起こっ
た場所に最も近いアウトからのスローイン　　②　3本のフリース
ローが与えられる　　3　①　エンド　　②　サイド　　③　セン
ター　　4　図Ⅰ　インサイドスクリーン　　図Ⅱ　アウトサイド
スクリーン

解説　1　5秒ルール，8秒ルール，24秒ルールの他にも，攻撃中に相手コー
トの制限区域内に3秒以上とどまることができない「3秒ルール」も
ある。秒数の混同に気をつけよう。　　2　(1)　ファウルの種類には，
「パーソナルファウル」(体の触れ合いによる違反)と「テクニカルファ
ウル」(スポーツマンらしくない違反)がある。　　(2)　パーソナルファ
ウルへの罰則には，ショット中かショット以外か，ショットは成功
か失敗かによって異なるので，しっかり確認しておくこと。また，
パーソナルファウルの「アンスポーツマンライクファウル」や「ディ

スクォリファイングファウル」の場合は，ショットの動作中でなく
とも2本のフリースローが与えられる。さらに，シューター側のス
ローインから再開される。　3　バスケットボールコートの名称は
ルールブック等で確認すること。　4　プレーの名称として「スク
リーンプレー」以外にも，相手のゴールに向かって，ディフェンス
の間をぬって切り込んで攻撃する「カットインプレイ」やボールを
奪ってすぐに攻撃する「ファーストブレイク」，パスやドリブルをう
まく組み合わせ，防御側のすきをつくって攻撃する「セットオフェ
ンス」等がある。

ハンドボール

●競技の概要

○19世紀末にデンマークのニールセンが考案(7人制)。1922年に大谷武一が11人制を日本に紹介，後に7人制が広まった。

○プレイヤーは1チーム7人(7人制)。相手のゴールにボールを入れ，得点を競う。ボールの移動はドリブル，またはパスによる。

●フィールド等の名称

●パス，シュートの技術

パスにはショルダーパス，フックパス，サイドパスなどがある。シュートにはジャンプシュート，ステップシュート，倒れ込みシュートなどがある。

●プレイ上の注意点

○試合開始はスローオフによる。

○ボールは膝から上で扱えば反則にはならない。

○ボールは3秒持ち続けることができる。また3歩まで持ち歩くことができる。

○コートプレイヤーはゴールエリアに入ることはできず，ゴールエリア

ラインに身体の一部が触れてもいけない。ただし，**空中であればプレイが可能。**

○得点はボールがゴール内のゴールラインを完全に越えた場合のみ認められる。

●罰則規定

罰則には警告，退場，失格があるので，それぞれの取扱いに注意すること。

○**警告(イエローカード)**…相手の動作に対する反則，およびその繰り返し，相手のスローに対する反則，など。

○**退場**…警告されたプレイヤーが，再び警告相当の反則を犯した場合。相手にフリースローが与えられたにもかかわらず，ボールをすぐ下に置かなかった場合，など。

○**失格(レッドカード)**…3回目の退場になった場合。極端なスポーツマンシップ違反行為があった場合，など。

【フリースローになる主な反則】

・オーバーステップ，オーバータイム等ボールの扱いに関する反則
・ゴールエリアにおける反則
・ホールディング，プッシング，ハッキングなど相手に関する反則
・消極的なパスを繰り返すなど，わざと攻撃しない等(パッシブプレイ)

【7mスローになる主な反則】

・明らかな得点機会を反則行為で阻止する
・コートプレイヤーがゴールエリアに入って，相手の得点を妨げる，など

ただし，フリースローや7mスローが反則側に有利になる場合は，判定しないときがある(アドバンテージ)。

■■■■■■■■■■■■■■ **例題 1** ■■■■■■■■■■■■■■

次のア〜オの各文は，ハンドボールについて述べたものである。正しいものを○，誤っているものを×としたとき，正しい組み合わせを，以下の①〜⑤から1つ選べ。

ア　ジャンプして空中でボールをキャッチした場合，着地した足を0歩とし，次のステップから1歩と数える。オーバーステップの反則にならないためには，4歩目が床に着く前にボールを離せばよい。

イ　7mスローの場合，スローアーはレフリーの笛の合図のあと3秒以内に7mラインからゴールに直接シュートしなければならない。

ウ　レフリーは，7mスローになる反則が起こったとき，笛をピッピーと2回吹く。

エ　スローインやフリースロー，ゴールキーパースローは，直接得点することができる。

オ　警告(イエローカード)は，個人に対しては1回，チームに対しては3回を限度としている。同一プレイヤーは，2回目の警告から3分間の退場となる。チームに対しては，4回目以降の警告を受けたプレイヤーが3分間の退場となる。

	ア	イ	ウ	エ	オ
①	○	×	×	×	○
②	×	○	×	○	×
③	×	○	○	×	×
④	○	○	×	○	×
⑤	○	×	×	○	○

解答　④

解説　ウ　吹笛回数：3回　＜タイムアウト＞・負傷者が出たとき　・失格のとき　・オフィシャルにトラブルがあったとき　・ボールに異常があるときやボールがスタンド等に上がったとき　・チームタイムアウトの請求があったとき　　2回・得点の時一笛目…CRの挙手を確認して，二笛目…オフィシャルに対して　　1回・スローオフや競技の再開時　・フリースロー　・7mスロー時　・ボールがコート外に

出たとき(必要に応じて)　　　オ　「警告」はプレイヤーや役員個人に対しては1回だけ，チームに対しては3回までとし，以後の警告にあたる行為は「退場」(2分間)となる。

例題 2

次の文章は，「ハンドボール」に関するものである。間違っているものを，次の1～4から1つ選べ。

1　ゴールキーパーは，ゴールエリア内であれば，からだのどの部分を使ってボールを止めてもよい。ただし一度止めたボールは足でふれてはいけない。

2　コートに同時に出場できるのは，1チームあたり，コートプレイヤー6人，ゴールキーパー1人の7人である。

3　スカイプレイとは，ゴールエリア内にあげられたボールをキャッチし，空中でシュートする攻撃である。

4　オーバータイムは，5秒をこえてボールを持つことである。

解答　4
解説　オーバータイムは5秒ではなく，3秒を超えてボールを持ったときの反則である。

例題 3

次の文章は，「ハンドボール」について述べたものである。問1～問5に答えよ。

　[　a　]人制ハンドボールは，1919年に[　①　]の体育教師カール・シランツにより，トアバルの名で行われていた女性用のボールゲームにサッカーのよさを取り入れ，男女ができるボールゲームとして考案された。その後ヨーロッパ各地に広まり，1936年に開催された第11回夏季オリンピック大会で正式種目に加えられた。

　一方，[　b　]人制ハンドボールは，1918年に[　②　]の体育教師フレデリック・クヌッセンにより，冬季の室内用ボールゲームとして考案さ

れた。後に主流となるハンドボールの原型であり，現在では，すべての国際試合はこのルールの下で行われている。

問1　文中の[　a　]，[　b　]に当てはまる数字をそれぞれ書け。

問2　文中の①，②に当てはまる国名をそれぞれ書け。

問3　次のア〜オの文は，ゴールキーパーのプレイについて述べたものである。正しいものをすべて選べ。

　　ア　ゴールキーパーは，ゴールスロー又はボールを投げた後，そのボールが他のプレイヤーに触れた後でなければゴールエリア外で再びボールに触れることはできない。

　　イ　ゴールキーパーは，ゴールエリア内では制限なく動くことができる。

　　ウ　ゴールキーパーは，ボールを持たずにゴールエリア外に出ることはできない。

　　エ　ゴールキーパーは，ゴールエリア外にあるボールをゴールエリア内に持ち込んではいけない。

　　オ　ゴールキーパーは，ゴールエリア内では体のどの部分でもボールに触れることができる。

問4　ボールの持ち方について，指導する際のポイントを2つ書け。

問5　ディフェンスを行うときの位置取りについて，指導する際のポイントを2つ書け。

解答　問1　a　11　　b　7　　問2　①　ドイツ　　②　デンマーク　問3　ア，イ，エ，オ　　問4　親指と小指で握り，残りの指で支えるように持つ。　手のひらとボールの間に指が1〜2本入るように隙間をあける。　問5　・ボールを持ったオフェンスとキーパー(ゴール)を結ぶライン上に常に位置する。　・相手がボールを持たない場合は，ゴールエリアライン付近で，相手がボールを持った場合は前(相手側)につめ，相手が移動した場合は，プレッシャーをかけながらついていく。

解説　問1・問2　第2次大戦後，国際ハンドボール連盟(IHF)が設立され，7人制が普及発展し，現在ではすべての国際大会は7人制で行われている。日本では1922年，大谷武一が大日本体育学会において11人

制を紹介，1938年に日本ハンドボール協会が創設され，競技として
発展する基礎が整えられた。　問3　ア：ゴールキーパースローし
たボールに，他のプレイヤーが触れる前にゴールエリアから出て触
れると，ボールを持って出たことになる。その場合は，相手チーム
にフリースローが与えられる。　イ：ゴールエリアライン上とその
内側では，ゴールキーパーはボールを持っていても，この中であれ
ば制限なく歩くことができ，脚を使って相手のシュートを防ぐこと
ができる(あくまでも止めるだけであり，ボールを蹴るのは反則)。
エ：持ち込むと反則であり，相手チームにフリースローが与えられ
る。　オ：ゴールキーパーは，ゴールエリア内では全身のどの部分
でもボールに触れることができる。　問4　手が小さい場合は，無
理に力を入れて握る必要はない。　問5　ハンドボールのディフェ
ンスは，ゾーンディフェンスが主体となっている。ゾーンディフェ
ンスは，自己のゾーン内へボールを持ち込むプレイヤーに対しては
つめを行い，他のディフェンスゾーンへの攻めに対してはフォロー
できる位置をとるのが基本である。

例題 4

　ハンドボール競技において，どのような反則があった場合に相手チーム
に7mスローが与えられるのか，2つ答えよ。

解答　・明らかなシュートチャンスの時に反則をした時　　・攻撃を止め
ようとゴールエリアに入った時

解説　他には，ゴールキーパーが，ゴールエリアにボールを持ち込んだ時。
あるいは，ゴールエリア内にいるゴールキーパーが，プレイングコー
ト上にあるボールを取り込んだ時。ゴールエリアにいる味方のゴー
ルキーパーに，ボールを故意に返し，ゴールキーパーが，そのボー
ルに触れた時。明らかな得点チャンスに，不当に笛が吹かれた時。
明らかな得点チャンスが，コートに入ってはいけない人によって妨
害された時。

例題 5

　次に示しているのは，ハンドボールの単元における，初期の段階での特徴とそのゲームの様相をまとめたものである。これらを考慮して，以下の各問いに答えよ。

『特徴』

(a) ボールがあるところに密集してしまう。

(b) パスミス，キャッチミスが多い。

(c) ボールを怖がってしまう。

(d) シュートがキーパーの正面に行くことが多い。

(e) コンビネーションプレイができないので，得点が少ない。

『ゲームの様相』

(●と△はプレイヤーを，○はボールを示している。)

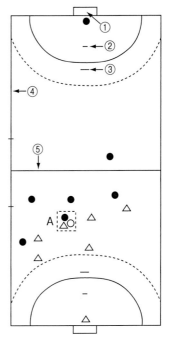

1　特徴(b)についてキャッチミスをしてしまう生徒に対して指導する際，胸の辺りの高さに来たボールをキャッチする場合の技術的な指導のポイントを2つ書け。

2　図中①の名称と，②〜⑤のラインの名称を書け。

3　右図のA　　　　内では，ディフェンスプレイヤー(●)がパスをしようとしたオフェンスプレイヤー(△)の手をたたいてしまい，このディフェンスプレイヤーに2度目の警告が出された。この反則名と反則者への処置及びプレイの再開方法を記せ。なお，プレイの再開方法については，再開地点と具体的な再開方法を記せ。

4　上記の特徴(a)〜(e)を考慮し，この単元の初期の段階における学習目標(技能のねらい)として，最も適当と思われるものをあとの(ア)

〜(エ)から1つ選び，記号で答えよ。

(ア)　集団技能をより多く使ってゲームができるようにする。

(イ)　ポストプレイや，コンビネーションプレイを使ってディフェンスをかわしてシュートが打てるようにする。

(ウ)　個人技能を身につけるとともに，簡易なルールでのゲームができるようにする。

(エ)　チームの特徴を生かした組織的プレイで得点できるようにする。

解答　1　・指を軽く広げ，キャッチする際に肘と手首を柔かく使う・両手の親指と人差し(指し)指で，逆ハートを描く　2　①　ゴール　②　ゴールキーパーライン　③　7mライン　④　サイドライン　⑤　センターライン　3　(反則名)　ハッキング(処置)　2分間の退場　(再開方法)　反則のあった地点からのフリースロー　4　(ウ)

解説　中学校で取り扱う球技の運動種目は，「ゴール型」については，バスケットボール，ハンドボール，サッカーの中から，「ネット型」については，バレーボール，卓球，テニス，バドミントンの中から，「ベースボール型」については，ソフトボールを適宜取り上げることとしている。出題については，各種球技の基本技術と競技用語，ゲームの進め方やルール，規則違反と罰則規定などの出題頻度が高いので，スポーツルール百科やルールブック等で正しく理解しておくようにする。また，指導者の立場で「このような時，どのように指導すればよいか」と，技術的な指導のポイントや手立てを問われるので，基本的な技術の要点を整理しておくことが大切である。

サッカー

●競技の概要

○12世紀ごろから起源となるスポーツがあったといわれるが，正式な競技となったのは19世紀，国際的なサッカー組織(FIFA)が創立したのが1904年である。日本では1873年にイギリスのダグラス海佐が紹介し，全国に広がった。

○プレイヤーは1チーム11人。相手のゴールにボールを入れ，得点を競う。ボールの移動はドリブル，またはパスによる。原則，ゴールキーパー以外は手や腕でボールを扱うことができない。

●フィールド等の名称

●パス，シュートの技術

　主なキック(パス・シュート)にはインサイドキック，アウトサイドキック，インフロントキック，インステップキックがある。

○**インサイドキック**…足の内側のくるぶし付近でボールを蹴る。足がボールに当たる面積が最も大きいので，思ったところにボールを送ることができる。主にショートパスやシュートで利用される。

○**アウトサイドキック**…足の甲の外側で蹴る。実戦では利用されることは少なく，主にショートパスやフェイントで利用される。

○**インフロントキック**…足の親指の付け根で蹴る。カーブや高低をつけることも可能なので，攻撃のポイントになることが多い。主に中長距離のパスやシュートで利用される。

○**インステップキック**…足の甲で蹴る。足の力を最も伝えることができるキックで，基本的だが，難易度が高いといわれる。主にシュートで利用される。

●プレイ上の注意点

○試合開始は**キックオフ**による。

○試合時間は実際にプレイが行われた時間であり，競技者の交代，負傷者の搬出などによって浪費された時間は主審の判断で延長される(ロスタイム)。

○ボールの一部がサイドライン等を完全に越えていなければインプレイとなる。また，ボールがゴールラインを完全に越えていなければゴールは認められない。

○プレイ中，ゴールキーパーが手を使用できるのは自陣のゴールエリアとペナルティーエリアである。

○**オフサイド**は原則，相手チームで相手陣内の最後尾から2番目にいる人より相手陣内のゴールラインに近い位置にいる場合を指す。ただし，そのプレイヤーが味方の攻撃に寄与したと判断された場合のみ適用される(次ページ図参照)。

●罰則規定

　規則違反行為が行われた場合，相手チームにフリーキック(ペナルティーキック)が与えられる。フリーキックには**直接フリーキック**と**間接フリーキック**があり，間接フリーキックが直接ゴールに入った場合，ゴールは認められず，相手側のゴールキックで再開する。

直接フリーキック(ペナルティーキック)になる場合	間接フリーキックになる場合
・キッキング ・ファウルチャージ ・トリッピング ・プッシング ・ホールディング，など	・オフサイド ・プレイせず，故意に相手の進路を妨害 ・ゴールキーパーがボールを手から離すのを妨げる ・その他危険なプレイ，など

　また，規則違反の度合いに応じて，**主審**から**警告**(イエローカード)，**退場**(レッドカード)が出されることがある。

【警告(イエローカード)の対象となる主な反則】

・スポーツマンシップに反する行為を犯す(ラフプレイや審判を
　欺く行為など)
・言動によって審判に異議を示す
・くり返し競技違反を行う
・プレイを遅延させる行為を行う，など

【退場(レッドカード)の対象となる主な反則】

・著しく不正な行為を犯す(後方からのタックル，危険なプレイ
　など)
・相手プレイヤーなどにつばを吐く
・同じ試合で警告を2回受ける，など

━━━━━━━━━━ 例題 1 ━━━━━━━━━━

　次の文は，サッカー競技の反則の名称とその説明である。適切でない
組合せを①〜⑤から選び，番号で答えよ。

① キッキング　　　　→　相手を蹴る，または蹴ろうとする。
② ジャンピングアッド　→　相手にとびかかる。
③ ストライキング　　→　相手プレイヤーを脅かすタックル。
④ ファウルチャージ　→　不用意に，無謀に，あるいは過剰な力
　　　　　　　　　　　　で相手をチャージする。
⑤ プッシング　　　　→　相手を押す。

解答　③

解説　ストライキングは，相手を打つ(殴る)，または打とう(殴ろう)と
　　　することをいう。

▨▨▨▨▨▨▨ 例題 2 ▨▨▨▨▨▨▨

　次の表は，サッカーのゲームにおける様相1(団子状態のゲーム)から様相5(つくったスペースを使うゲーム)にいたる変遷と各段階における様相の特徴を示している。次の様相への移行にあたり考えられる停滞の原因①〜④に当てはまる適当なものを，以下のア〜クから2つずつ選び，記号で答えよ。

ゲームの様相(特徴)	停滞の原因
様相1 (団子状態のゲーム) ・ボール周囲に密集 ・団子状で縦に移動 ・得点が見られない	①
様相2 (縦長のゲーム) ・相手ゴールへのでたらめなキック ・縦長に分散 ・点取り屋とそのマーカーが出現	②
様相3 (縦横に広がるゲーム) ・パスが長距離に ・横パスの出現 ・選手が縦横に分散	③
様相4 (空いているスペースを使うゲーム) ・偶発的にできた空いているスペースへの意図的なパスが出現	④
様相5 (つくったスペースを使うゲーム) ・オープンスペースの意図的な創造	

ア　面(方向)を変えるとめ方ができないので，攻撃方向を変化させることができないため。

イ　スペースをつくる者，スペースに入る者，ボールをパスする者の三者の共通理解が少ないため。

ウ　ゴールへの意識よりボールを触りたいという意識の方が強く，全員がボールに近寄り，むやみにドリブルしたり，でたらめに蹴ったりするだけのため。

エ　ボールを出す方(パサー)，ボールを受ける方(レシーバー)の両者に
スペースの意識がないため。

オ　ボールコントロールが少し高まるので視野はやや拡大するが，前方
中心にしか見られないため。

カ　ボールコントロールが未熟なので，視野がボール付近に集中し，前
方が見えないため。

キ　自分が走ることによってスペースがつくれることの理解が薄いため。

ク　相手を突破する決定的なパス(相手と相手の間を通しディフェンスの
裏に出すスルーパス)があまりないため。

解答　①　ウ，カ　　②　ア，オ　　③　エ，ク　　④　イ，キ

解説　サッカーにはボールを持っているときの動き(on the ball：オンザボー
ル)とボールを持っていないときの動き(off the ball：オフザボール)
がある。攻撃時には，オフザボールの動きが勝敗を分けると言われ，
サッカーのレベルが高くなるにつれて，いかに状況に適したポジショ
ニングを取れるかというオフザボールの動きが非常に重要になる。
中学校学習指導要領解説では，空間に走り込むなどの動き，空間を
作りだすなどの動きを身につけることが大切であると示している。

━━━━━━━━━━ **例題 3** ━━━━━━━━━━

サッカーに関して，次の1～3に答えよ。

1　サッカー競技規則に示されている「スローインの進め方」を，簡潔に
5つ書け。

2　ゴール前の空間をめぐる攻防についての学習課題を追究させるため
には，どのような指導上の配慮や指導の工夫が大切か。簡潔に書け。

3　あとの図は，サッカーコートの半面で，3人対3人が攻防を行ってい
る様子を模式的に示したものである。図中の生徒ア～ウが攻撃側で，
生徒イがゴールに向かってドリブルをしている。また，生徒A～Cが
守備側で，マンツーマンディフェンスをしようとしている。守備側の
生徒Cのマークする位置について指導する場合，どのようなことに留

意するよう指導するか。簡潔に3つ書け。

解答 1 ・フィールドに面する。 ・両足ともその一部をタッチライン上又はタッチラインの外のグラウンドにつける。 ・両手でボールを持つ。 ・頭の後方から頭上を通してボールを投げる。 ・ボールがフィールドを出た地点から投げる。 2 プレイヤーの人数，コートの広さ，用具，プレイ上の制限を工夫したゲームを取り入れ，ボール操作とボールを持たないときの動きに着目させ，学習に取り組ませる。 3 ・相手とゴールの中心を結んだ線上に位置すること。 ・ボールと相手が同時に見えるところに位置すること。 ・相手にボールがパスされたら，奪いに行けるところに位置すること。

例題 4

「サッカー競技規則2022/23」におけるオフサイドの記述A〜Eについて，正しいものを〇，誤っているものを×とした場合，正しい組合せはどれか。1〜5から1つ選べ。

A オフサイドポジションにいることは，反則ではない。

B オフサイドポジションにいる競技者がゴールキックからボールを直接受けたとき，オフサイドの反則になる。

C オフサイドポジションにいる競技者がスローインからボールを直接受けたとき，オフサイドの反則にはならない。

D オフサイドポジションにいる競技者がコーナーキックからボールを直接受けたとき，オフサイドの反則にはならない。

E　オフサイドの反則があった場合，主審は，反則が起きたところから行われる直接フリーキックを与える。

	A	B	C	D	E
1	○	×	○	○	×
2	○	○	×	○	○
3	×	○	○	×	×
4	○	×	○	×	○
5	×	○	×	○	×

解答　1

解説　B, C, Dについて，オフサイドポジションにいる競技者であっても，ゴールキック，スローイン，コーナーキックからボールを直接受けた場合，オフサイドにならない。Eは，オフサイドの反則に対しては，間接フリーキックが与えられる。

バレーボール

●競技の概要

○1895年にアメリカのW.G.モーガンがテニスをヒントに考案したのが起源。日本では1908年に**大森兵蔵**が紹介し、全国に広まった。

○プレイヤーは1チーム6人または9人。相手コートにボールを落とす、相手がコート外にボールを落とす等により得点を競う。ゴール型球技と異なり、相手のミスによって得点することも可能なので、守備を強化することで試合に勝つといった戦略も選択できる。

●フィールド等の名称

●パス、スパイク等の技術

○パス…オーバーハンドパスは主に、頭以上の高さにボールがある場合に使われるパスで、トスをあげるとき等に利用される。アンダーハンドパスは主に頭から下のボールを受ける場合に使われるパスで、スパイクのレシーブ等に利用される(次図参照)。

【オーバーハンドパス】　　　【アンダーハンドパス】

○**スパイク**…上がったボールと守備の状況を確認しながら，スパイクを
　行う。手首のスナップを利かせること，腕をしならせることが強いス
　パイクを打つ基本である。
○**ブロック**…スパイクのコースとタイミングを予測し，腕を少しかぶせ
　るような形にして両脚で跳ぶ。
○**サービス**…サービスはオーバーハンドサービス，アンダーハンドサー
　ビス，フローターサービス，スパイクサービスがある。

●**注意点**
○競技開始は**サービス**による。サービスは主審の吹笛後，**8秒以内**に行
　わなければならない。
○ボールはネットにある2本のアンテナの間，かつネットの上を通さなけ
　ればならない。ボールがアンテナに触れた場合，ネットの下を通った
　場合はアウトとなる。
○相手コートに返すまで，自陣のプレイヤーはボールに**3回**まで触れる
　ことができる(ブロックは回数に入れない)。ただし，**同一の選手が2**
　回続けて触れることはできない(ブロックの後のレシーブ等を除く)。
○ボールに触れるのは体のどの部分であってもよい。
○ローテーションは，自チームにサービスが回ってきた際，**時計回り**で
　行う。
○通常の選手以外に**リベロ**をおくことができる。リベロは後衛の選手と

は何度でも交代することができるが，リベロが出たり入ったりすると きには通常1つのラリーが終わっていることが必要である。また，リ ベロはローテーションの対象にならず，原則，**サービスや攻撃に参加 できない。**

○通常は**ラリーポイント制で25点先取**。ただし，24対24になった場合 は2点差がつくまで続けられる。

●主な罰則規定

○サービス関連…サーバーがサービスゾーン外からサービスを行う，サー ビスのローテーションを誤る，審判の吹笛後8秒以内にサービスをし ない(ディレイインサービス)

○レシーブ関連…同一チーム内にて4回以上連続でボールに触れる(フォ アヒット)，ボールを持ったとみなされる行為を行う(ホールディング， キャッチボール，ヘルドボール)，同一人物が連続でボールに触れる(ダ ブルコンタクト，ドリブル)

○その他…プレイヤーがネットを越えてブロックを行う等(オーバーネッ ト)，プレイヤーがネットに触れる(タッチネット)，プレイヤーが相手 コート内に侵入する(パッシング・ザ・センターライン)など

なお，遅延行為，不作法な行為，侮辱的な行為等については軽重に応 じて，警告(イエローカード)，ペナルティー(レッドカード)，退場・失 格(イエローカード，レッドカードの2枚呈示)があり，相手チームにポ イントを与える，ペナルティーエリア内の椅子に座らせる，会場からの 退去などの罰則が与えられる。

━━━━━━ 例題 1 ━━━━━━

バレーボールについて，次の(1)～(3)に答えよ。

(1) バレーボールは，オープン・スキルとクローズド・スキルが混在し ている。それぞれの例を1つ書け。

(2) サービスの練習について，次の①，②に答えよ。

① サービスをねらって打つべき所を3つ書け。

② サービスの際にフットフォルトとなる場合を2つ書け。

(3) リベロプレイヤーに関する特別のルール・規制について，3つ書け。

解答 (1) オープン・スキル……ボールのパス クローズド・スキル……サービス (2) ① ・エンドラインぎりぎり ・相手チームの選手の中で最も弱そうな所 ・エースアタッカーをねらう ② ・エンドラインを踏んだり踏み越えたりしたとき ・サイドラインの仮想延長線を踏み越したとき (3) ・コート，フリーゾーンどの位置からも，ネット上端より完全に高い位置にあるボールにアタック・ヒットできない。 ・リベロはサーブを打つことができない。 ・交代回数は無制限だがリベロがコート外に出る時は，交代時に入れ代ったプレイヤーのみとの交代となる。

解説 (1) オープン・スキルとは，状況に最もふさわしいプレイを選択する的確な判断のこと。球技や格闘技のように相手が常に変化するような状況下で発揮される技能のことを指す。クローズド・スキルとは，自分の思い通りにプレイできる正確な技術。体操やゴルフなどのように外的要因に左右されない状況下で発揮される技能のことである。なお，バレーボールやテニスなどのようにオープン・スキルとクローズド・スキルが混在している競技はあり，ラリーやレシーブ，パスなどはオープン・スキルにあたり，サーブ(サービス)はクローズド・スキルにあたる。 (3) バレーボールにおけるリベロ(守備専門の選手)制は，1998年に国際ルールとして正式に採用となった。リベロ制の導入は，背が低くても守備に卓越した能力のある選手に活躍の機会を与えた。また，粘り強く，見ていて面白いプレイが多く見られるようになった。戦略的には，センタープレイヤーが後衛に行ったとき交代することが多い。

例題 2

あとの文章は，「バレーボール」に関するものである。文中の(①)，(②)に当てはまる語句の組み合わせとして，最も適当なものを，あとの

1～6から1つ選べ。

トスアップ後，最も早いタイミングで打つスパイクをAクイックといい，コンビネーション攻撃ではなくてはならない攻撃である。一方バックトスで，Aクイックの反対側で打つのが（　①　）クイックである。

身体のすべての回転運動を使って，ボールにスピードと回転を加えるダイナミックなサーブを（　②　）という。

1　①　B　　②　フローターサーブ
2　①　B　　②　ドライブサーブ
3　①　B　　②　ジャンピングサーブ
4　①　C　　②　フローターサーブ
5　①　C　　②　ドライブサーブ
6　①　C　　②　ジャンピングサーブ

解答　5

解説　①　クイック：セッターは，トスを上げる前のパスがまだ空中にあるときに，相手ブロッカーの状況を把握することができれば，どのサイドから攻めればよいのかが判断できる。その場合，センターブロッカーがどちらによっているかが判断の基準となる。また，相手ブロッカーのタイミングを少しでも狂わせるためにも，ぎりぎりまで相手にトスの方向を読まれない工夫が必要である。クイックはセッターの正面方向と後方，セッターからの距離に応じて，AからDに分類される。　②　ドライブサーブは足先をエンドラインと平行にする。重心は後ろ足にかけ，トスは1mくらいの高さに上げる。トスを上げたら後ろ足を十分に曲げ，打つときは重心を後ろから前に移動させる。肩を中心として大きくスイングし，ボールを打つ瞬間に手首のスナップをきかせ，そのまま上体をかぶせる。

例題 3

次の文中の空欄(　①　)～(　⑥　)に入る最も適切な語句・数字を答えよ。

バレーボール(6人制)のネットの高さは一般男子が(　①　)cmで，一

般女子が(　②　)cmである。コートの広さはどちらも(　③　)m×(　④　)mである。バレーボールがオリンピックの正式競技になったのは西暦(　⑤　)年に(　⑥　)で開催された第18回大会からである。

解答　①　243　　②　224　　③　18　　④　9　　⑤　1964
　　　　　⑥　東京

解説　オリンピックの正式種目になったのは1964年第18回大会の東京オリンピックからであり，この大会で日本女子バレーボールチームは金メダルを獲得している。6人制の場合，ネットの高さは一般男子が243cm，一般女子が224cm，コートの大きさはサイドライン18m，エンドライン9mで行われる。

例題 4

次は，「バレーボール6人制競技規則」のリベロ・プレイヤーについての説明である。誤っているものを(1)〜(4)の中から1つ選べ。

(1)　両チームは，12人の競技者のリストの中から専門的な守備のためのリベロ・プレイヤーを2人登録する権利を持っている。

(2)　リベロ・プレイヤーは，他のプレイヤーと色の異なったユニフォームを着用する。

(3)　リベロ・プレイヤーが，フロント・ゾーン内で指を用いたオーバー・ハンド・パスであげたボールを，他の競技者がネット上端より高い位置でのアタック・ヒットを完了することはできない。

(4)　リベロ・プレイヤーは，コートのどの位置にいる競技者とでも交代することが許される。

解答　(4)

解説　リベロ・プレイヤーは，正規の交代回数(1セットにつき最大6回)以外に，バックの選手の誰とでも何度でも交代できる。リベロ選手はバックの選手としてのみプレイできるが，サーブを打つことはできない。

■■■■■ 例題 5 ■■■■■

次の図はバレーボールにおける審判の動作を示したものである。①〜③はそれぞれ何を示したものか，答えよ。

解答 ①　ダブルファウル（ノーカウント）　②　キャッチ　③　ダブルコンタクト

解説 ①　親指を立て両腕を上げる。　②　片手をゆっくり上げる。　③　片手で2を示す。

■■■■■ 例題 6 ■■■■■

バレーボールについて次の各問いに答えよ。

(1)　バレーボールを考案したアメリカのYMCA体育指導者名を記せ。

(2)　(1)の体育指導者がバレーボールを考案する際に参考にした競技は，テニスと何か記せ。

(3)　1913年に来日し，日本に初めてバレーボールを紹介したとされる人物は誰か記せ。

(4)　1964年の東京オリンピックに向けて日本女子チームが生み出した，体の前後左右に飛んできたボールを前方回転や横転などの動作を入れてボールをひろう技術を何というか記せ。

(5)　おとりのアタッカーがジャンプし，相手のブロッカーを引きつけ，実際にはワンポイントずらして上がったトスを，後方からもう1人のプレイヤーがジャンプしてスパイクする，日本で生まれた戦術を何というか記せ。

解答 (1)　ウィリアム・G・モーガン　(2)　バスケットボール
(3)　F・H・ブラウン　(4)　回転レシーブ　(5)　時間差攻撃

バドミントン

●競技の概要

○バドミントンは1899年イギリスにて統一ルールで開催された。日本では大正時代に伝えられ，全国に広まった。

○プレイヤーは1〜2人。球技といっても，シャトルといわれる羽根を使って行われるのが特徴。相手がシャトルを打ち返せない，またはネットに引っかけるといったミス，もしくは反則等で得点し，勝敗を競う。

●フィールド等の名称

【注意】

・バドミントンは**屋内競技**であり，天然光線や風の侵入を防ぐ必要がある。

・コート中央の明るさは1,200ルクス以上，天井の高さは12m以上。

●フライトの種類

クリアー……相手コート深くに飛ぶ打球。

ドロップ……相手コート前方に打球の勢いを極力ぬいて落とす打球。

スマッシュ……高い位置からオーバーヘッドストロークで力一杯たたき こむパワーとスピードのある打球。

ジャンピングスマッシュ……ジャンプして打つスマッシュ。打点が高く なるため，さらに角度をつけて打つことが可能になる。

ドライブ……ネットすれすれに床面と平行に打つ打球。

プッシュ……ネット近くに浮いてきたシャトルをバックスイングなしで 押すようにして打つ打球。

ネットショット(ヘアピン)……ネットフライトともいう一番小さな打球。 ネット際に落とされた相手の打球をネットすれすれにはわせるように 打つ。

●注意点

○競技開始はサービスによる。サービスは斜め向かい側のサービスコー ト内に入れなければならない。また，サービスコートの広さはシング ルス，ダブルスで異なることに注意(縦はショートサービスラインとロ ングサービスラインの間，横はサイドラインとセンターラインの間)。

○サービスはサービスコート内から打つがラインを踏んではならない。 また，サービスを打つ場合，サーバーのラケットで打たれる瞬間にシャ トル全体がコート面から1.15m以下になければならない。

○原則，21点先取の3セットマッチ。20対20になった場合は，以降2点 差がつくか30点目を得点するまで試合を続行する。

●ダブルスの注意点

○サービス側が得点をとった場合は同一のサーバーがサービスコートの 左右を替えて，サービスを行う。

○レシーブ側が得点をとった場合は，自チームの得点が偶数の場合は右 側のプレイヤーが，奇数の場合は左側のプレイヤーがサービスを行う。

●相手のポイントとなる主な場合

○サービスがフォルトとなった場合

○リターンができなかった場合(アウト・ネットの場合を含む)

○シャトルが体や衣服にあたる(タッチザボディ)

○ラケットの一部がネットを越えた場合(オーバーザネット)。ただし，ネット下で越えた場合は反則にならない場合もある

○プレイヤーのラケット，体，衣服がネットなどに触れる(タッチザネット)

○同一のプレイヤーが2回連続でシャトルを打つ(ドリブル)

○同じチームのプレイヤーが続けてシャトルを打つ(ダブルタッチ)

例題 1

次の文章は，バドミントンについて述べたものである。[a]，[b]に入る最も適当なものを，それぞれの語群のうちから1つずつ選べ。

ア　次の図は，バドミントンコートについて示したものである。ダブルスのゲームで，Aのポジションからサービスする時，サービスコートを示すエリアは[a]である。

			イ		エ
			ア		ウ
	A				

[a]の語群

①　ア　　②　ア・イ　　③　ア・ウ　　④　ア・イ・ウ・エ

イ　シャトルのフライトの種類で，ドライブの説明文として正しいのは[b]である。

[b]の語群

①　相手コートへ高く，また奥深くに飛び垂直に落下するようなフライト。

②　ネットを越えてすぐに落下するようなフライト。

③　ネット際からネットすれすれを越えて真下に落とすようなフライト。

④　ネットすれすれに床面と平行に飛ぶようなフライト。

解答　a　②　　b　④

解説　イのフライトの種類，①はクリアー，②はドロップ，③はネット
ショット(ヘアピン)，④はドライブである。

例題 2

　第3学年の競技「バドミントン」の学習について，次の表のような単元
計画を作成した。以下の(1)〜(4)の問いに答えよ。

＜表＞単元計画

過程		つかむ		追究する			まとめる
	時間(分)	1 時間目	2 時間目	3 時間目	4 時間目	5 時間目	6・7時間目
学習活動		あいさつ　健康観察　準備運動　補助運動　めあての確認					
	10	1 オリエンテーション ・種目の特性 ・授業の確認等	1 サービスの練習 ・ロングハイサービス ・ショートサービス	1 ストロークの練習① ・アンダーハンドストローク(フォアハンド・バックハンド)	1 ストロークの練習② ・C オーバーヘッドストローク(クリア・スマッシュ・ドロップ)	1 ストロークの練習③ ・オーバーヘッドストローク(クリア・スマッシュ・ドロップ)	1 ダブルスゲーム
	20	2 ラケットの持ち方を確認する	2 A.サービスゲーム			2 ヘアピンの練習	
	30			2 B 定位置に戻るステップ練習			
	40	3 単元の見通しをもつ			2 ラリーゲーム	3 D シングルスゲーム	・単元のまとめ
				3 ラリー練習			
	50	学習のまとめ　振り返り　片付け					

(1)　下線部Aにおいて，授業の前半で練習したサービスの定着を図るため，
サービスゲームを行うこととした。図のXからサービスを打つこととして，
生徒が楽しみながらサービスの打ち方を身に付けられるゲームの設定に
ついて，具体的に書け。

　なお，ラケットとシャトル以外の用具も使ってよいこととする。

＜図＞

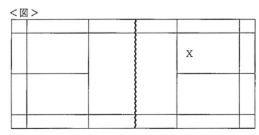

(2)　下線部Bにおいて，定位置に戻るステップ練習を行ったところ，生徒から，「何のために定位置に戻るのですか」という質問が出たので，質問に解答したい。定位置に戻る理由について，簡潔に答えよ。

(3)　下線部Cにおいて，クリアとスマッシュを打ち分ける練習を行ったところ，スマッシュの打てない生徒がいた。二人組でICT機器を活用し，フォームとラケットの面の角度を分析して，その課題を解決させたい。

　　フォームとラケットの面を撮影する際，どの方向から撮影するとよいか，書け。また，撮影した映像を確認しながらアドバイスする際のポイントを，具体的に書け。

(4)　下線部Dのゲームにおいて。相手にスマッシュを打ち込まれ，失点する生徒がいたので，相手にスマッシュを打たせないような位置に返球するアドバイスをしたい。返球のアドバイスを，具体的に書け。

解答　(1)　サービスコートにフラフープを4つ置き，2種類のサービスを交互に計10回行い，何個入れられたかを競うゲーム。など　　(2)　相手の攻撃に対して，空いた場所を作らないようにし，次の攻撃に備えるため。など　　(3)　撮影の方向…打っている生徒の真横から。など　　ポイント…体の前でシャトルを打つようにし，ラケットの面が斜め下に向いている。など　　(4)　ドロップなどを使い，相手に腰より低い位置で打たせるような場所にシャトルを打とう。など

解説　(1)　シングルコートの，ロングハイサービスで狙うポイントは，コートの端(最も長い距離)とセンター側(相手が右利きならバック側)の一番奥にする。ショートサーブも同様にショートサービスラインに隣接する左右両側にする。ショートサービスでは，ネットを越すときに高くなりすぎないように，紐を張ってもよい。　　(2)　バドミントンは，シャトルを打つ場所を工夫して相手にコート内に空いたスペースをつくらせそこを攻めてポイントをとるゲーム。守備は，自分が優位に攻めていて，相手の返球を予測できる時を除いて，取れない場所をつくらないようにする必要がある。そこで，どこにシャトルをコントロールされても同じようにコートをカバーできる定位置に戻っておく必要がある。　　(3)　出来れば，頭が邪魔にならない

ようフォアハンド側から撮影したい。スマッシュの打点は，腰から頭を結ぶ線よりも前で打つ必要があるが，打点が下がりすぎないように注意したい。　(4)　スマッシュを打ち込まれないようにするためには，低い打点で取らせるか，ハイクリアーでコートの奥から打たせる方法がある。コート奥からなら，スマッシュを打ち込まれても，返球できる可能性は十分高い。またプッシュで返球し相手にスマッシュを打つのに必要な準備をさせない方法もある。

例題 3

バドミントンで，サービスが失敗(フォルト)となる事例を5つ書け。

解答　・サービスを空振りしたとき　・シャトルの最初の接触点が，シャトルのコルク(台)でなかったとき　・打つときにラインを踏んだり，越えたりしたとき　・打つときに足が移動したり，上がったとき　・シャトルがネットにかかったり，のったり，ネットを超えたあとネットにかかったりしたとき　・打つときにウエストより高い位置で打ったとき　など

解説　その他，一度サービスの構えに入ってから，相手をまどわす行為をしたり，わざとサービスを遅らせたとき，パートナーがサーバーやレシーバーを相手から見せないように構えたとき等があげられる。

例題 4

次はバドミントンのダブルスのゲームの進め方についての説明である。誤っているものを(1)～(4)の中から1つ選べ。
(1)　トスで最初にサービスするサイドが決定したら，そのサイドの右側からサーバーが対角線との相手方サービスコートのプレイヤーにサービスをしてゲームを開始する。
(2)　サービングサイドのスコアが，奇数のとき，サーバーは左サービスコートでサービスする。
(3)　サービングサイドのプレイヤーは，得点するまで，それぞれのサー

ビスコートを替えてはならない。
(4) サービスの順序は，ゲームの最初のサーバー　→　最初のレシーバー　→　最初のサーバーのパートナー　→　最初のレシーバーのパートナー　→　最初のサーバー　である。

解答　(4)

解説　バドミントンは，全種目21点3ゲームで2ゲーム先取のラリーポイント方式(サーブ権に拘わらずラリーに勝った方にポイントが入るルール)である。したがって，単複ともにラリーに勝った方が次のサービスを行う。ダブルスのサービスは次のように進められる。
　　＜ダブルスのゲームの進め方・サービスについて＞
　　・サービス側がラリーに勝った場合，同一サーバーが左右を変えてサービスを行う。
　　・レシーバーがラリーに勝った場合は，レシーバー側が次のサービスを行うが，自分たちの得点が偶数なら右から，奇数なら左から，その位置(その直前のラリーのサービスを受けた位置)にいるプレイヤーがサービスを行う。
　　・セカンドサービスは無し。
　　・見方を変えると，サービスで得点した場合は左右を交替し，サービスが戻ってきた時には前回と異なるプレイヤーがサービスを行うことになる。

ソフトボール

●競技の概要

○ソフトボールは1887年アメリカ・シカゴで発祥，日本では1921年に大谷武一によって伝えられ全国に広がり，現在，競技人口は1000万人以上といわれている。

○プレイヤーは1チーム9〜11人。他のスポーツより運動量が少なく，運動範囲も狭いので老若男女ができる競技である。

●フィールド等の名称

　打者(走者)が守備者と衝突することを防止する目的で，1塁はダブルベース(通常の1塁ベースのとなりにオレンジ色のベースを置くことで，セーフティベースとも言う)となっている。

●競技における注意点

○競技開始は主審の宣告による。攻撃と守備に分かれ，守備側が3アウトを取った時点で攻撃と守備を交代する。1チームが攻撃と守備を1回ずつ行ったとき，1イニングとする。

○原則は7イニングだが，7イニング終了時点で同点の場合は促進ルール(タイブレークシステム)にて行う。タイブレークは，無死2塁の状況から攻撃を開始する(2塁走者は前イニングの最後の打者)。

○選手の交代は交代した選手の打順を引き継ぐ。なお，スターティングプレーヤーは，交代で退いた選手が再出場してもかまわない(リエントリールール)。ただし，この場合も，打順は交代した選手の打順を引き継ぐ。

●ピッチングの技術

○腰が1塁と3塁をつなぐ線上にあり，両足または軸足でピッチャープレートを踏んでいなければならない。

○投球方法はウインドミル投法(腕を1回転させて投球する方法)，エイトフィギュア(数字の8を描くように腕を振って投げる方法)，スリングショット(腕を回転させず素早く振って投げる方法)がある。

●バッティングの技術

○ストライクゾーンは打者が自然な打撃姿勢をとっているとき，打者のみぞおちからひざの皿の底部までにホームプレートの空間をさす。(右図参照)。

○バッターズボックスから足を全部出す，または足がホームプレートに触れている場合は，アウトとなる。

○主審がプレイボールを宣告した後で10秒以内に打撃姿勢を取らなければならない。

●フェアとファウルの判定(●…ボールが落下した地点　◎…ボールが止まった地点)

【フェア】

□打球が内野に止まったとき(図1)

□バウンドしながらAまたはB点の内側を転がったとき(図2)

図1　　　図2

□ベース(白色ベース)に触れたとき(図3)

□最初に落下した地点が塁間線上,または外野のフェア地域であったとき(図4)

図3　　　図4

□審判(U)またはプレイヤー(P)が最初にボールに触れたのがフェア地域内であったとき(図5,6,×は空中でボールが触れたことを表す。)

図5　　　図6

161

【ファウル】

□打球が本塁と1塁(3塁)の間のファウル地域で止まったとき(図1)

□バウンドしながらAまたはBの外側を転がった場合(図2)

図1   図2

□打球が最初に落下したのが外野のファウル地域であったとき(図3)

□ピッチャープレートに直接あたった打球が本塁と1塁(3塁)の間のファウル地域で止まったとき(図4)

図3   図4

□審判またはプレイヤーが最初にボールに触れたのがファウル地域内であったとき(図5, 6)

図5   図6

━━━━━━━ **例題 1** ━━━━━━━

ソフトボールについて次の各問いに答えよ。

(1) 次の文章は，ソフトボールの技能の内容である。下線部について説明せよ。

　集団的技能としては，バントエンドラン，<u>ヒットエンドラン</u>，ダブルプレー等での自己の役割を理解し，ゲームで生かせるようにする。

(2) 離塁アウトについて説明せよ。

(3) タイブレークについて説明せよ。

(4) ソフトボールのベース（ホームプレート及びダブルベース含む）の正確な位置を図に示せ。

解答 (1) 　走者は次の塁に向かってスタートし，<u>打者はどんなボールでも打ち</u>，走者を進塁させる。　　(2) 　投手の手から投球のための<u>ボールが離れる前に走者が塁を離れた場合</u>，走者がアウトになる。

(3) 　7回終了時で同点の場合に<u>延長8回</u>から，<u>無死走者二塁</u>で試合再開すること。

(4)

解説 (1) 　下線の言葉を観点として解答する。　打球は必ずゴロを転がす。打者は必ず一塁に走る。　ランナーは前イニングスの最終打者となる。　　(4) 　2塁ベースは，1・2塁と2・3塁を結ぶ線の交点をベースの中心とする。1塁ベースはダブルベースを用いて，オレンジベース

がファールエリアになるように設置する。

ソフトボールについて，次の(1)～(3)の問いに答えよ。

(1) 次の文章は，ソフトボールのあるプレイについて説明したものである。そのプレイの名称を書け。

① 3塁走者が投球と同時にスタートし，バッターがバントをするプレイ

② 1塁走者が2塁を目指してスタートし，バッターが走者の背後にヒッティングするプレイ

(2) 構えから腕を風車のように素早く1回転させ，足を大きく前にステップして前方に離す投法の名称を書け。

(3) 1塁走者が2塁に盗塁したが，キャッチャーが2塁に送球したので，塁間のラインより4フィート離れて走り野手にタッチされるのを避けて2塁に着いた。このプレイはアウトかセーフかを書け。

解答 (1) ① スクイズ ② ヒットエンドラン (2) ウインドミル投法 (3) アウト

解説 (3) 走者が野手が持っている球によって触球されるのを避けるために，進塁・帰塁の別なく塁間を結ぶ直線から0.91m(3フィート)以上離れて走ったときにはアウトになる。

次は，ソフトボールについての説明である。誤っているものを(1)～(4)の中から1つ選べ。

(1) 7回終了時に同点の場合は延長戦ができる。延長戦は8回より「タイブレーク」となり，無死ランナー2塁で試合を継続し，勝敗が決まるまで行う。

(2) 試合開始時に打順表に名前が記されているプレイヤーは，交代して一度ベンチに退いても，どのプレイヤーとでも交代し再出場できる。

これを「リエントリー」という。

(3) ストライクゾーンとは，打者が打撃姿勢をとっているときのみぞおちとひざの皿の底部の間の，ホームプレートの空間をさす。

(4) 打球が内野に打たれるか，振り逃げで走る場合に，打者走者が最初に一塁ベース(ダブルベース)を走り抜けるときは，オレンジベースに触塁する。

解答 (2)

解説 先発メンバーは，ゲームから退いても一度にかぎり，再び選手として出場できる(リエントリールール)。この場合，どの守備位置についてもよいが，自分のもとの打順を受け継いだ選手との交代を条件とする。

―――――――――― 例題 4 ――――――――――

次は，ソフトボールのルールについて述べたものである。誤っているものを(1)〜(4)の中から1つ選べ。

(1) 投手は，投球動作をおこすまで，2秒以上5秒以内，体全体を完全に停止する。

(2) 打者は，ボールを打つとき，バッターボックスから両足か片足全部を踏み出してはいけない。

(3) 走者は，投手の手から投球のためのボールが離れる前に塁を離れてもよい。

(4) 打者走者は，一塁へ向かう途中でタッチを避けるために後ずさりするとアウトになる。

解答 (3)

解説 投球のボールが投手の手から離れたときより。離塁が早いとアウトである。

第 5 章

武道

保健体育科 武道

ポイント

　武道は，武技，武術などから発生した我が国固有の文化であり，相手の動きに応じて，基本動作や基本となる技を身に付け，相手を攻撃したり相手の技を防御したりすることによって，勝敗を競い合い互いに高め合う楽しさや喜びを味わうことのできる運動である。

　武道は，中学校で初めて学習する内容であるため，基本動作と基本となる技を確実に身に付け，それらを用いて，相手の動きの変化に対応した攻防を展開することができるようにすることが求められる。

　したがって，中学校第1学年及び第2学年では，技ができる楽しさや喜びを味わい，武道の特性や成り立ち，技の名称や行い方，その運動に関連して高まる体力などを理解するとともに，基本動作や基本となる技を用いて簡易な攻防を展開することができるようにすること。そして，第3学年では技を高め勝敗を競う楽しさや喜びを味わい，伝統的な考え方，技の名称や見取り稽古の仕方，体力の高め方などを理解するとともに，基本動作や基本となる技を用いて攻防を展開できるようにすることを学習のねらいとしている。

　高等学校では，中学校までの学習を踏まえて，勝敗を競ったり自己や仲間の課題を解決したりするなどの多様な楽しさや喜びを味わい，「得意技などを用いた攻防を展開することができるようにする」ことなどが求められる。したがって，入学年次では，技を高め勝敗を競う楽しさや喜びを味わい，伝統的な考え方，技の名称や見取り稽古の仕方，体力の高め方などを理解するとともに，基本動作や基本となる技を用いて攻防を展開することができるようにする。また，入学年次の次の年次以降では多様な楽しさや喜びを味わい，技の名称や行い方を理解するとともに，攻防を展開すること，生涯にわたって運動を豊かに継続するための課題に取り組み，考えたことを他者に伝えること及び武道に主体的に取り組むとともに，伝統的な行動の仕方，責任，

共生などの意欲を育み健康・安全を確保することができるようにすることを学習のねらいとしている。

武道の特性

●武道の内容・ねらい

　武道は，相手の動きに対応して攻防するところに楽しさや喜びを味わうことのできる格闘形式の運動である。

　相手の動きや「技」に対して，自らが工夫して攻防する技を習得した喜びや勝敗を競い合う楽しさを味わうことができるようにしたり，武道に対する**伝統的**な考え方を理解し，それに基づく行動の仕方を身に付けるねらいがある。

●武道の学習法

①　基本動作を身に付ける。

②　いくつかの簡単な技(対人的技能)を，相手と組んで段階的に練習(かかり練習，約束練習，自由練習 等)し，試合で応用する。

③　得意技を身に付け，試合で応用する。

●技能の内容

　自己の能力に応じて次の運動の技能を身に付け，さらに高め，相手の動きに対応した攻防を展開して練習や試合ができるようにする。技能について学習指導要領の中学校第1学年，第2学年では次のように示されている。

①　柔道

　　柔道では，相手の動きに応じた基本動作や基本となる技を用いて，投げたり抑えたりするなどの簡易な攻防をすること。

②　剣道

　　剣道では，相手の動きに応じた基本動作や基本となる技を用いて，打ったり受けたりするなどの簡易な攻防をすること。

③　相撲

　　相撲では，相手の動きに応じた基本動作や基本となる技を用いて，押したり寄ったりするなどの簡易な攻防をすること。

【基本的考え方】
中学校第 1 学年, 第 2 学年
　武道の伝統的な考え方を理解し, 相手を尊重して練習や試合ができるようにする
中学校第 3 学年
　技を高め勝敗を競う楽しさや喜びを味わい, 伝統的な考え方, 技の名称や見取り稽古の仕方, 体力の高め方などを理解するとともに, 基本動作や基本となる技を用いて攻防を展開することができるようにする
高等学校
　勝敗を競ったり自己や仲間の課題を解決したりするなどの多様な楽しさや喜びを味わい, 得意技などを用いた攻防を展開することができるようにする

【相手の動きに応じた基本動作】
柔道…姿勢と組み方, 進退動作, 崩しと体さばき, 受け身
剣道…構えと体さばき, 基本打突の仕方と受け方
相撲…蹲踞姿勢, 塵浄水, 四股, 伸脚など

【対人的技能】
柔道…投げ技, 固め技の基本となる技
剣道…仕掛け技, 応じ技の基本となる技
相撲…押し, 寄り, 前さばき, および投げ技

自由練習や簡単な試合

●武道の学習の要点

① 柔道

　柔道は相手と直接組み合って, 基本となる技や得意技, 連絡技を用いて相手と攻防を展開しながら, 互いに「一本」を目指して勝敗を競い合う運動である。柔道をはじめとする武道は, 中学校で初めて学習する内容であるため, 基本となる技や受け身を十分に学習する必要がある。例えば, 中学校第 1 学年及び第 2 学年では, 相手の動きに応じた基本動作から, 基本となる技を用いて攻防を展開できるようにすることが求められる。「相手の動きに応じた基本動作」とは, 相手の動きに応じて行う姿勢と組み方, 進退動作, 崩しと体さばき, 受け身のことである。受け身には, **前回り受け身, 横受け身, 後ろ受け身**がある。

② 剣道

　剣道は竹刀を使って, 基本となる技や得意技を用いて相手と攻防を展開しながら, 互いに「有効打突」を目指して相手の構えを崩して打った

り，受けたりして勝敗を競い合う運動である。中学校第1学年及び第2学年では，相手の動きに応じた基本動作から，基本となる技を用いて攻防を展開できるようにするとしている。「相手の動きに応じた基本動作」とは，相手の動きに応じて行う構えと体さばき，基本打突の仕方と受け方のことである。構えと体さばきには，構えのもととなる自然体，基本となる中段の構え，相手の動きに応じて攻撃や防御の間を保つための足さばきがある。また，基本打突の仕方と受け方には，**正面打ちとその受け方，左右面打ちとその受け方，胴(右)の打ちとその受け方，小手(右)の打ちとその受け方**がある。

③　相撲

相撲は素手で相手と直接組み合って，基本となる技や得意技を用いて攻防を展開しながら，相手を崩して押したり，寄ったり，投げたりして勝敗を競い合う運動である。中学校第1学年及び第2学年では，相手の動きに応じた基本動作から，基本となる技を用いて攻防を展開できるようにする。「相手の動きに応じた基本動作」とは，**蹲踞姿勢，塵浄水，四股，伸脚，腰割り，中腰の構え，調体，運び足，相手の動きに応じて行う仕切りからの立ち合い，受け身**のことである。

指導に際しては，基本動作の蹲踞姿勢，塵浄水，四股，伸脚，腰割りは，繰り返し行い，正しい動作が身に付くことができるようにすること，中腰の構え，調体，運び足は，関連付けて一連の動きとして身に付けることに配慮すること，相手の動きに応じて行う仕切りからの立ち合いは対人的技能と一体的に扱うようにするとともに，受け身は，相手のかける技に応じて安全に行えるよう指導することが大切である。

───────── **例題 1** ─────────

次の文章は，中学校学習指導要領解説(平成29年7月)「保健体育編」の「F　武道」の「内容の取扱い」からの抜粋である。文中の(①)～(⑨)に適する語句を答えよ。ただし，同じ問いの空欄には，同じ解答が入るものとする。

(7)　武道の領域は，第1学年及び第2学年においては，(①)の生徒に履修させることとしている。また，第3学年においては，

（　②　）及び武道のまとまりの中から1領域以上を選択して履修できるようにすることとしている。

　　したがって，指導計画を作成するに当たっては，3年間の見通しをもって決めることが必要である。

(イ)　武道の運動種目は，柔道，剣道又は相撲のうちから（　③　）種目を選択して履修できるようにすることとしている。

　　なお，学校や地域の実態に応じて，（　④　），なぎなた，弓道，合気道，少林寺拳法，銃剣道などについても履修させることができることとしているが，原則として，柔道，剣道又は相撲に加えて履修させることとし，学校や地域の（　⑤　）がある場合には，替えて履修させることができることとする。それらの場合は，各学校が次の要件などを参考に適切に判断することが必要であるとともに，基本動作や基本となる技を身に付けさせたり，（　⑥　）を取り入れたりするなどの工夫をし，効果的，（　⑦　）的な学習ができるようにすることが大切である。

(ウ)武道場などの確保が難しい場合は，他の施設で実施することとなるが，その際は，（　⑧　）を十分に行い，基本動作や基本となる技の習得を中心として指導を行うなど指導方法を工夫することとしている。

　　また，武道は，相手と直接的に攻防するという運動の特性や，中学校で初めて経験する運動種目であることなどから，各学年ともその種目の習熟を図ることができるよう適切な授業時数を配当し，効果的，（　⑦　）的な学習ができるようにすることが必要である。また，武道は，（　⑨　）な指導を必要とするため，特定の種目を3年間履修できるようにすることが望ましいが，生徒の状況によっては各学年で異なった種目を取り上げることもできるようにする。

解答　①　全て　　②　球技　　③　1　　④　空手道　　⑤　特別な事情　　⑥　形　　⑦　継続　　⑧　安全上の配慮　　⑨　段階的

解説　平成29年3月に告示された中学校学習指導要領では，第1学年，第2学年で「武道」と「ダンス」も必修になっている。小学校高学年

との接続を踏まえ，多くの領域の学習を十分させた上で，その学習体験をもとに自ら探究したい運動を選択できるようにするため，第1学年及び第2学年で，すべての領域を履修させるとともに，選択の開始時期を第3学年としている。

■■■■■■■■■■■■■■■■■■■■■■■ 例題 2 ■■■■■■■■■■■■■■■■■■■■■

次の文章は，高等学校学習指導要領(平成30年3月告示)「保健体育」の第2款　各科目　第1　体育　2　内容　F　武道の一部である。(①)～(④)に入る語句の正しい組み合わせを，以下の(1)～(4)の中から1つ選べ。ただし，同じ問いの空欄には，同じ解答が入るものとする。

> (1)　次の運動について，技を高め勝敗を競う楽しさや喜びを味わい，伝統的な考え方，技の名称や(①)の仕方，(②)の高め方などを理解するとともに，(③)や基本となる技を用いて(④)を展開すること。
> 　ア　柔道では，相手の動きの変化に応じた(③)や基本となる技，連絡技を用いて，相手を崩して投げたり，抑えたりするなどの(④)をすること。
> 　イ　剣道では，相手の動きの変化に応じた(③)や基本となる技を用いて，相手の構えを崩し，しかけたり応じたりするなどの(④)をすること。

ア　体力　　イ　攻防　　ウ　基本動作　　エ　見取り稽古
(1)　①－ウ　　②－ア　　③－エ　　④－イ
(2)　①－エ　　②－イ　　③－ウ　　④－ア
(3)　①－エ　　②－ア　　③－ウ　　④－イ
(4)　①－ウ　　②－イ　　③－エ　　④－ア

解答　(3)

柔道

●柔道の技能・用語

柔道の技能には，基本動作と対人的技能がある。基本動作には，姿勢と組み方，進退動作，崩しと体さばき，**受け身**などがある。対人的技能には，投げ技と固め技とがある。投げ技の内容には，手技として「体落とし」，「**背負い投げ**」，腰技として「払い腰」，「大腰」，「**釣り込み腰**」，「**跳ね腰**」，足技として「膝車」，「支え釣り込み足」，「大外刈り」，「大内刈り」，「小内刈り」，「出足払い」，「送り足払い」，「内股」，捨て身技として「ともえ投げ」などがある。

固め技の内容には，抑え技として「けさ固め」，「**崩れけさ固め**」，「縦四方固め」，絞め技として「三角絞め」，「送り襟絞め」，関節技として「腕がらみ」，「腕ひしぎ十字固め」などがある。

そして，技の連絡変化(連絡変化技)として「投げ技から投げ技」，「投げ技から固め技」，「固め技から固め技」などがある。また，対人的技能の練習に関連して「形」の取扱いを工夫することも効果的である。

なお，中学校・高等学校で学習する技は捨て身技以外の投げ技，抑え技が中心であり，絞め技や関節技は安全上の観点から取り扱わないこととしている。

●柔道の練習法

□**かかり練習(打ち込み練習)**　正確な技のかけ方の練習で，同じ技を繰り返し練習し，崩し・体さばき・かけ方・力の用い方などを身に付ける練習法。

□**約束練習**　動きながら正確に技をかける練習で，かかり練習で習得した個々の技をさらに上達させるため，**技や移動条件をお互いに約束して**練習する方法。

□**自由練習(乱取り)**　かかり練習や約束練習で身に付けたものを**総合的**に練習する方法。

●柔道の禁止事項

【軽微な違反】

・立ち姿勢のとき極端な防御姿勢をとること。

・相手の柔道衣の袖口または下穿の裾口に指をさし入れたりして，相手の袖をねじり絞って持つこと。

・相手の顔面に直接手や足をかけること。

・攻撃しているような印象を与えるが，明らかに相手を投げる意志のない攻撃を行う(偽装的攻撃)。

・「標準的な」組み方以外の組み方で直ちに攻撃しないこと。

・相手に攻撃させないことを目的に故意に組み合わないこと。

・組み手を両手で切ること。

【重大な違反】

・内股・跳ね腰・払い腰などの技をかけながら，体を前方に深く曲げ，頭から突っ込むこと。

・河津がけで投げること。

・払い腰をかけられたとき，相手の支えている足(脚)内側から刈り，または払うこと。

・頸や頸椎・脊髄などに危害を及ぼしたり，柔道精神に反するような動作をする。

●柔道の指導の要点

≪中学校≫

指導に際しては，「崩し」から相手の不安定な体勢を捉えて技をかけやすい状態をつくる「体さばき」，「技のかけ」をまとまった技能として捉え，対人的な技能として一体的に扱うようにする。特に，「受け身」は，投げられた際に安全に身を処するために，崩し，体さばきと関連させてできるようにし，相手の投げ技と結び付けてあらゆる場面に対応して受け身がとれるようにすることが大切である。以下は，学習指導要領解説に掲載されている中学校第1学年，第2学年の例示である。

○基本動作

・姿勢と組み方では，相手の動きに応じやすい自然体で組むこと。

・崩しでは，相手の動きに応じて相手の体勢を不安定にし，技をかけやすい状態をつくること。

・進退動作では，相手の動きに応じたすり足，歩み足及び継ぎ足で，体の移動をすること。

○受け身

・横受け身では，体を横に向け下側の脚を前方に，上側の脚を後方にして，両脚と一方の腕全体で畳を強くたたくこと。

・後ろ受け身では，あごを引き，頭をあげ，両方の腕全体で畳を強くたたくこと。

・前回り受け身では，前方へ体を回転させ，背中側面が畳に着く瞬間に，片方の腕と両脚で畳を強くたたくこと。

○投げ技

・取は膝車をかけて投げ，受は受け身をとること。

・取は支え釣り込み足をかけて投げ，受は受け身をとること。

・取は体落としをかけて投げ，受は受け身をとること。

・取は大腰をかけて投げ，受は受け身をとること。

・取は大外刈りをかけて投げ，受は受け身をとること。

大外刈り

体落とし

○固め技

・取は，「抑え込みの条件」を満たして相手を抑えること。

・取はけさ固めや横四方固めで相手を抑えること。

・受はけさ固めや横四方固めで抑えられた状態から，相手を体側や頭方向に返すこと。

けさ固め

横四方固め

177

≪高等学校≫

　入学年次では，「相手の動きの変化に応じた基本動作や基本となる技，連絡技を用いて，相手を崩して投げたり，抑えたりするなどの攻防をすること」を，入学年次の次の年次以降では，「相手の動きの変化に応じた基本動作から，得意技や連絡技・変化技を用いて，素早く相手を崩して投げたり，抑えたり，返したりするなどの攻防をすること」を学習のねらいとする。ここでは，指導例として学習指導要領における基本動作の例示の一部を示す。入学年次と入学年次の次の年次以降ではどのように異なるか，比較しておくとよい。

〈例示〉

［入学年次］

　〇基本動作

・姿勢と組み方では，相手の動きの変化に応じやすい自然体で組むこと。

・崩しでは，相手の動きの変化に応じて相手の体勢を不安定にし，技をかけやすい状態をつくること。

・進退動作では，相手の動きの変化に応じたすり足，歩み足，継ぎ足で，体の移動をすること。

・受け身では，相手の投げ技に応じて横受け身，後ろ受け身，前回り受け身をとること。

［入学年次の次の年次以降］

　〇基本動作

・姿勢と組み方では，相手の体格や姿勢，かける技などに対応して，素早く自然体で組むこと。

・崩しと体さばきでは，自分の姿勢の安定を保ちながら相手の体勢を不安定にし，素早く技をかけやすい状態をつくること。

・進退動作では，自分の姿勢の安定を保ちながら素早く体の移動をすること。

・受け身では，相手の投げ技に応じて安定した受け身をとること。

　なお，固め技には，抑え技，絞め技，関節技があるが，生徒の心身の発達の段階から高等学校では中学校に引き続き抑え技を扱うこととする。

柔道の主な技の例

技		中学校 1・2年	中学校3年 高校入学年次	高校 入学年次の次の年次以降
投げ技	支え技系	膝車	→	→
		支え釣り込み足	→	→
	まわし技系	体落し	→	→
		大腰	→	→
			釣り込み腰	→
			背負い投げ	→
				払い腰
				内股
	刈り技系	大外刈り	→	→
			小内刈り	→
			大内刈り	→
	払い技系			出足払い
				送り足払い
固め技（抑え技）	けさ固め系	けさ固め	→	→
	四方固め系	横四方固め	→	→
			上四方固め	→
				縦四方固め
	肩固め系			肩固め
技の連絡	投げ技の連絡		大内刈り⇒大外刈り	→
			釣り込み腰⇒大内刈り	→
			大内刈り⇒背負い投げ	→
	固め技の連絡		けさ固め⇒横四方固め	→
			横四方固め⇒上四方固め	→
	投げ技から固め技への連絡			内股⇒けさ固め
技の変化	投げ技の連絡			相手の技をそのまま切り返す
				相手の技を利用して自分の技で投げる
	固め技の連絡			相手の固め技を返して抑える

※表中の「→」は既習技を示している。

179

■■■■■■■■■■ **例題 1** ■■■■■■■■■■

次の柔道における技の説明文について，その技の名称と指導上の留意点を記せ。

(1) 右組の場合，「取」は，「受」を右後ろ隅に崩し，左足を軸に右足の土踏まずやかかとの部分を，「受」の右足かかと部分に当て刈り投げる。

(2) 「取」は「受」の頭の方に位置し，「受」の上体の上にふせて身体を乗せる。両腕を「受」の肩先外側より入れて両横帯を握り腕を制し，両腕を大きく開き胸で「受」の頭，胸を圧して抑える。

解答 (1) 技の名称：小内刈り　指導上の留意点：受を後ろ隅に崩し，足で受の足を内側後方から刈る。腕の使いかたは，右手は上から押し，左手は引き落とすようにする。　(2) 技の名称：上四方固め　指導上の留意点：両手を引き絞り，脇を締める，両脚は左右に大きく開きバランスを保ちながら相手の動きに応じられるようにする。

解説 (1) ・受の体重がかかとに乗る瞬間に刈る。　・軸足(取の左足)のつま先を外に向ける。　・刈るとき，腰がひけないようにする。
(2) 相手の上体を圧して制する。

■■■■■■■■■■ **例題 2** ■■■■■■■■■■

柔道について，次の(1)，(2)に答えよ。

(1) 横四方固めを取り扱う授業において，本時の評価規準のおおむね満足できる状況を「提供された攻防の仕方から，自己に適した攻防の仕方を選んでいる。」とした。_Aこの評価規準の観点と，その際，_B受けの生徒へ提供する攻防の仕方(逃げ方)を書け。また，_C生徒の関心・意欲を高めながら，この攻防の仕方が習得できる活動とその留意点を具体的に書け。

(2) 次の文章は，固め技についての説明文である。(①)～(③)にあてはまる語句をあとのア～カから選び，その記号を書け。

固め技では，固め技の姿勢や(①)を用いながら，固め技の基本となる技や簡単な技の入り方や切り返し方ができるようにすることが大切である。

なお，固め技には(②)，(③)，関節技があるが，生徒の心

身の発達の段階から高等学校及び中学校では(②)のみを扱うこと
とする。

ア　柔道着の特性　　イ　絞め技　　　ウ　足技

エ　体さばき　　　　オ　首技　　　　カ　抑込技

解答　(1)　A　思考・判断　　B　相手を体側や，頭方向に返すことによっ
て逃げる。　　C　活動…受けと取りを決め，時間を25秒とし，返し
たら受けの勝ち，返さなければ取りの勝ちのルールでミニゲームを
行う。　留意点…次の試合は前の試合の勝った者同士，負けた者同
士とし，5回行う。　　(2)　①　エ　　②　カ　　③　イ

解説　(1)　横四方固めは，取は受の右体側につき，右腕を受の股の間から
入れて，その下ばき又は帯を握る。左腕を受の首の下から入れて，
その左横襟を深く握る。取は右膝を曲げて受の右腰に当て，左脚は
つま先を立てて左後方に伸ばす。胸を張るようにして受の胸部を圧
して抑える。取は，受の首と脚を制しながら抑える。受は，体を横
にかわす動作を使って取に近づき，脚をからめて応じる。つまり，
受は横四方固めで抑えられた状態から，相手を体制や頭方向に返す
とよい。　　(2)　中学校学習指導要領解説保健体育編(平成29年7月)
第2章　第2節　〔体育分野〕　2　Fにおいて固め技とともに「基本
となる技」とされている投げ技についても押さえておくこと。また，
柔道についての出題では，受傷の防止に関するものが頻出であるの
で，加速損傷やセカンドインパクトシンドロームなどのキーワード
を中心に確認しておくとよい。

━━━━━━━━━━ **例題 3** ━━━━━━━━━━

体育分野の領域「武道」の「柔道」について，次の1〜3に答えよ。

①　　　②　　　③　　　④　　　⑤

1　上の図は，「柔道」のある投げ技を行っている様子を示したものである。この投げ技に関して，次の(1)・(2)に答えよ。

(1)　この投げ技を何といいますか。その名称を書け。

(2)　この投げ技の一連の動きの中で，③から⑤の動きについて，簡潔に説明せよ。

2　この投げ技を習得させる授業を展開しているとき，④の場面において「取」の上体が崩れ，後ろに倒れながら無理やり技をかけてしまい，「受」の受け身がとれず，肩から落ちた生徒がいました。このように上体が崩れた「取」の生徒に対して，どのようなことに留意するよう指導するか。簡潔に1つ書け。

3　柔道の授業において，けがや事故につながらないよう施設の状況に応じて安全対策を行う場合，どのような点を確認することが必要か。簡潔に2つ書け。

解答　1　(1)　支え釣り込み足　　(2)　取は受を右前隅に崩し，受の右足首を左足裏で支え，引き手，釣り手で釣り上げるようにして，腰の回転を効かせて受の前方に投げる。　　2　・上体が崩れた場合は，技をかけないで自ら後ろ受け身をとるようにすること。　・右足前さばきをしっかりした上で，技をかけるようにすること。(以上から1つ)　3　・畳が破れていたり，穴があいていないこと。　・畳に隙間や段差がないこと。　・釘やささくれ，鋲などの危険物がないこと。・武道場がなく体育館で授業を展開する場合は，弾力性のある適度に柔らかい畳を使用したり，安全な枠を設置したりするなど畳のず

れを防ぐ措置がとられていること。(以上から2つ)

解説 1　柔道の投げ技は，大きく分けて「支え技系」「刈り技系」「まわし技系」の3つの系統に分けられる。本問で出題された「支え釣り込み足」は，その中の「支え技系」に分類される。柔道を指導する際，系統別にまとめて扱うとされているので，系統別に技の名称とその技の動きを確認しておくこと。また，足裏を相手の膝にあてて投げる「ひざ車」と間違えやすいので注意したい。　3　学習指導要領解説において，健康・安全を確保するとは「禁じ技を用いないことはもとより，相手の技能の程度や体力に応じて力を加減すること，用具や練習及び試合の場所の安全に留意すること，施設の広さなどの状況に応じて安全対策を講じること，自己の体調や技能の程度に応じた技術的な課題を選んで段階的に挑戦することなどを通して，健康を維持したり自己や仲間の安全を保持したりする」ことを示している。特に柔道の安全確保については「柔道の授業の安全な実施に向けて」(文部科学省)を参照したい。

剣道

●剣道の技能・用語

　剣道の技能には，基本動作と対人的技能とがあり，基本動作としては，構えと体さばき(自然体・中段の構え・足さばき)，打突の仕方と受け方［正面・左右面・胴(右)・小手(右)］，素振りがある。

　対人的技能には，しかけ技と**応じ技**とがある。しかけ技の内容には，二・三段の技として「小手－面」,「面－面」,「小手－胴」,「面－胴」,「突き－面」などと「小手－面－胴」など，払い技として，「払い面」,「**払い胴**」,「払い小手」など，出ばな技として，「出ばな面」,「出ばな小手」など，引き技として，「引き小手」,「**引き面**」,「引き胴」などがある。応じ技の内容には，抜き技として，「面抜き胴」,「小手抜き面」など，すり上げ技として,「面すり上げ面」,「小手すり上げ面」など，返し技として，「面返し胴」,「面返し面」など，打ち落とし技として**胴打ち落とし面**などがある。

　基本動作や対人的技能との関連で，「形」の取扱いを工夫することも大切である。

　また，生徒の心身の発達段階から，学習指導要領解説では中学校・高等学校では「**突き技**」を扱わないこととしている。

●剣道の用語

□**有効打突**……充実した気勢，適正な姿勢をもって，竹刀の打突部(刃部の全長の3分の1前で，弦の反対側の部分)で相手の打突部位(面，小手，胴，突き)を刃筋正しく打突し，残心あるもの。

□**残心**……満身の気力を込めて打突したあと，相手の次の動きや打突に対して直ちに**応ずる**ことができるような油断のない心構え，身構えをいう。

□**充実した気勢**……相手に対して，**恐れ**たり，迷ったりすることなく，全身の気力を出して攻撃している体勢，または掛声をかけて気力が充実していること。

□**適正な姿勢**……理にかなった正しい姿勢のことで，相手の攻撃に対し

ていつでも対応できる姿勢や，打突したあとの残心に関する姿勢も含む。

□**気剣体の一致**……充実した気勢でのからだの動きが，からだの動きと一致していること。即ち，攻撃する心と剣の技と，それに相応した**打突の姿勢**が一致していること。

□**間合**……自分と相手との距離や位置の関係をいう。剣道の基本的な間合としては**一足一刀の間合**(一歩踏み込めば相手を打突できる距離で竹刀が5～10cmぐらい交わる距離)，それ以上に交差(交わった)した場合が近間で，竹刀の先がお互いに離れた場合を遠間という。

□**懸待一致**……懸は攻め，待は防ぐで攻防表裏一体となっていること。

□**三殺法**……剣を殺し，技を殺し，気を殺すということ。即ち，相手の構え，技，気を殺すということで，相手を攻撃するときの教えである。

□**不動心**……相手の変化，**動作**に惑わされず，実力を発揮できる心。

□**相打ち**……両者がまったく同時に有効打突がきまったときをいう。

□**四戒**……驚き，懼れ，疑い，惑いの4つをいい，剣道で，最もなってはいけない心の状態をいう。

□**丹田に力**……丹田と呼ばれるへその下の部分(下腹部)に力を入れることで，掛け声の効果とあいまって，交感神経への刺激となり，心と気の働きが高まるといわれている。

●剣道の練習法

□**素振り**……空間打突の練習で，上下素振り，斜め素振り，跳躍素振りが代表的である。

□**打ち込み練習(稽古)**……竹刀で，打ち込み台，**防具をつけた人**を相手に基本打突を行う練習法。

□**約束練習(稽古)**……決められた技を打つ役，**打たせ役**になって行う練習法。

□**約束かかり稽古**……決められた技や動きにしたがって，10～15秒の間に連続して打突する練習法。

□**かかり稽古**……打たせ役は「対人技能の打たせ方」によって構えを開けて打たせたり，体当たりを受けたりする練習。

□**互格稽古**……お互いに対等の立場で，自由に技を出し，守り，応じる実践練習。

□**試合稽古**……相互で審判，3人審判にして，1・3・5・7本などの勝負をする練習。

□**地稽古**……いわゆる下地をつける稽古(練習)をいう。地稽古は，かかり稽古，互格稽古，引立稽古，打ち込み稽古，試合稽古に分けることができ，基本練習から試合ができるようになる連絡的な練習法として，また自分の技を向上させるものとして，剣道における中心的な練習の仕方である。

□**引立稽古(練習)**……技能の上の者や指導者がもとに立ち，技能の下の者を引き立てて稽古(練習)をすること。

●剣道の指導の要点
≪中学校≫

指導に際しては，構えや体さばきと基本の打突の仕方や受け方は関連付けて身に付けることに配慮するなど，対人的な技能と一体的に扱うようにする。例えば，学習指導要領解説に掲載されている中学校第1学年，第2学年の例示では以下のように示されている。

〈例示〉

○**基本動作**

・構えでは，相手の動きに応じて自然体で中段に構えること。

・体さばきでは，相手の動きに応じて歩み足や送り足をすること。

・基本の打突の仕方と受け方では，中段の構えから体さばきを使って，面や胴(右)や小手(右)の部位を打ったり受けたりすること。

指導に際しては，2人1組の対人で，体さばきを用いてしかけ技の基本となる技や応じ技の基本となる技ができるようにすることが大切である。また，基本動作や基本となる技を習得する学習においては，「形」の取扱いを工夫することも効果的である。

≪高等学校≫

入学年次では，「相手の動きの変化に応じた基本動作や基本となる技を用いて，相手の構えを崩し，しかけたり応じたりするなどの攻防をする

こと」，入学年次の次の年次以降では，「相手の動きの変化に応じた基本動作から，得意技を用いて，相手の構えを崩し，素早くしかけたり応じたりするなどの攻防をすること」を学習のねらいとする。

　入学年次の「相手の動きの変化に応じた基本動作」とは，相手の動きの変化に応じて行う構えと体さばき及び基本の打突の仕方と受け方のことである。

　入学年次の次の年次以降の「相手動きの変化に応じた基本動作」とは，この段階では，相手の動きに速い変化が見られるようになり，その動きの変化に素早く対応することが必要になる。こうした相手の動きの変化に応じて行う構え，体さばきのことである。なお，学習指導要領解説では次のように示されている。入学年次と入学年次の次の年次以降ではどのように異なるか，比較しておくとよい。

〈例示〉
○基本動作
［入学年次］
・構えでは，相手の動きの変化に応じた自然体で中段に構えること。
・体さばきでは，相手の動きの変化に応じて体の移動を行うこと。
・基本の打突の仕方と受け方では，体さばきや竹刀操作を用いて打ったり，応じ技へ発展するよう受けたりすること。

［入学年次の次の年次以降］
・構えでは，相手の動きの変化に応じた自然体で中段に構えること。
・体さばきでは，相手の動きの変化に応じて体の移動を行うこと。
・基本の打突の仕方と受け方では，相手の動きに対して，素早く間合いを近くしたり遠くしたりして打ったり，応じ技へ発展するよう受けたりすること。

剣道の主な技の例

技		中学校1・2年生	中学校3年 高校入学年次	高校 入学年次の次の年次以降
し か け 技	二段の技	面－胴	→	→
		小手－面	→	→
			面－面	→
				小手 － 胴
	引き技	引き胴	→	→
			引き面	→
				引き小手
	出ばな技		出ばな面	→
				出ばな小手
	払い技		払い面	
				払い小手
応 じ 技	抜き技	面抜き胴	→	→
			小手抜き面	→
	すり上げ技			小手すり上げ面
				面すり上げ面
	返し技			面返し胴
	打ち落とし技			胴打ち落とし面

※表中の「→」は既習技を示している。

例題 1

「剣道」について，問1〜問4に答えよ。

問1　次の文章は剣道の有効な打突について述べたものである。[　①　]，[　②　]に当てはまる語句を書け。

　　試合において，有効な打突とは，充実した気勢，適正な[　①　]をもって竹刀の打突部で打突部位を刃筋正しく打突し，[　②　]のあるものをいう。

問2　剣道を安全に行わせる指導において，竹刀の安全点検の項目を2つ書け。

問3　面打ちを指導するときの留意点として適当でないものをあとのア〜キからすべて選べ。

ア　はじめはすり足で大きく，ゆっくりと振りかぶって打ち，次第に小さく速く，踏み込んで打つようにさせる。

イ　刃筋は体の中心を通るようにし，背筋を伸ばして打つようにさせる。

ウ　振りかぶってから打つのではなく，振りかぶりと打つことが1つの素早い動作になるようにして打つようにさせる。

エ　相手の面の打突部位を正確にねらい，竹刀刃部の中央部分で打つようにさせる。

オ　打ち込むとき右足を過度に上げたり，足先を外側に向けたりしないで，正しく相手に向かって踏み込むようにさせる。また，左足を引きずったり，はねたりしないで，速く右足に引きつけるようにさせる。

カ　打ち込むとき，上体を反らせたり，前に傾きすぎたりしないようにさせる。

キ　相互に中段の構えで相対し，はじめから近い間合をとらせて打つようにさせる。

問4　次の文章は，正面打ちの受け方を指導するときの留意点を述べたものである。[　①　]，[　②　]に当てはまる語句を書け。

正面打ちを受けるときは，[　①　]の足さばきで右(左)へわずかに体をかわしながら，両腕を伸ばし，両こぶしを前に上げて，竹刀を斜めにし，竹刀の左(右)側で受けさせる。また，受けたときの竹刀の接点は，自分の面の打突部位からできるだけ遠くなるようにさせ，受けるときの左こぶしの位置は，[　②　]からはずれないようにさせる。

解答　問1　①　姿勢　　②　残心　　問2　・竹が割れていないか。
・先革が破損していないか。　・弦が緩んでいないか。　から2つ
問3　エ，キ　　問4　①　開き　　②　自分の体の正中線

解説　問1　残心とは，打突後も油断することなく，相手の反撃に対応できる身構え，心構えのことである。剣道の試合において有効打突になる場合とならない場合も理解しておくようにする。
〇有効打突になる場合　・竹刀を落とした者にただちに加えた打突

・倒れた者にただちに加えた打突　・場外に出ると同時に加えた打突　・試合終了の合図と同時に加えた打突
○有効打突にならない場合　・相打ちの場合　・打突後に1本を確認して，ガッツポーズを取った場合　・剣先が相手の上体前面についてその気勢，姿勢が充実していると判断した場合　・不適切な行為(例えば，打突後，必要以上の余勢や有効を誇示)があった場合，有効打突であっても，取り消される。　問2　竹刀の破損が場合によっては大きな事故につながるので，練習の前後や合間に点検させることが必要である。竹刀の安全点検の項目は，次の通りである。　・竹が割れていないか，ささくれていないか。　・中結の位置(剣先から全長の約 $\frac{1}{4}$ とする)はよいか，ゆるんでいないか。　・先革は破けていないか。　・弦は緩んでいないか。　・鍔は固定されているか。問3　エ：竹刀の先，少なくとも「刃部の全長約 $\frac{1}{3}$ 前(物打ち)，弦の反対側(刃筋)」で打つようにさせる。　キ：最初は相互に中段の構えで相対し，剣先のふれ合う程度の「遠い間合」から一歩前へ進み出て，一足一刀の間合を打ち間として捉えさせながら打つように心がけさせる。　問4　これらの受け方は，すり上げ技(面すり上げ面等)あるいは返し技(面返し胴等)に発展するので，受け止めるばかりでなく，受けたら直ちに打つようにさせる。

例題 2

　次の文章は，「剣道」の試合における試合者要領に関するものである。文中の(①)，(②)に適する語句と数字の組み合わせとして，最も適当なものを下のa～dから1つ選び，記号で答えよ。

　試合者は，試合を開始する場合，(①)に進み，提げ刀の姿勢で相互の礼を行い，帯刀し，(②)歩進んで開始線で竹刀を抜き合わせつつ，そんきょし，主審の宣告で試合を開始する。

　a　①　境界線の上　　②　3
　b　①　境界線の上　　②　2
　c　①　立礼の位置　　②　3
　d　①　立礼の位置　　②　2

解答　c

解説　①　境界線の中に入り，立礼の位置(開始線の3歩手前)で竹刀を下げて(提刀)，お互いに合わせて礼をする。　②　竹刀を腰につけて(帯刀)右足より開始線まで前進し，中段に構えながら蹲踞(そんきょ)する。　③　主審の「はじめ」の宣告で立ち上がり，試合を開始する。

━━━━━━━━━━━ **例題 3** ━━━━━━━━━━━

　次の図は，剣道で使用する竹刀の図である。図の(　①　)～(　③　)の部分の名称を書け。

解答　①　剣先　　②　弦(つる)　　③　鍔(つば)

解説

━━━━━━━━━━━ **例題 4** ━━━━━━━━━━━

剣道について，次の(1)～(4)の問いに答えよ。

(1)　剣道具の着け方について，次のA～Dを着用する順番に並べ替えて記号を書け。

　　A　面　　B　小手　　C　垂れ　　D　胴

(2)　最も基本的な「構え」について，次の文の(　ア　)，(　イ　)に当てはまる言葉を書け。

　　剣道の基本的な構えでは，相手の動きに応じて(　ア　)体で(　イ　)段に構えること。

(3)　体さばき(足さばき)を2種類書け。

(4)　竹刀は，けがの防止のため安全な状態で使用しなければならない。次のア，イの内容に当てはまる例を，それぞれ1つずつ書け。

ア　危険であると認められる竹刀の状態

イ　アで解答した状態にある竹刀の修理の仕方

解答　(1)　C→D→A→B　　(2)　ア　自然　　イ　中　　(3)　歩み足，送り足，継ぎ足，送り足，開き足，から2つ(順不同)

(4)　ア　・先革部のほころびにより竹がむき出しになる状態　・打突部の竹のささくれている状態　　など(類答可)　　イ　・先革を交換し，つるを締めなおす　・カッターや紙やすりなどでささくれを取り除く　　など(類答可)

解説　(3)　剣道での足さばきを正しく理解しておく。

①歩み足＝前後に遠く，速く移動する場合に用いる。

②送り足＝いろいろな方向に近く速く移動したり，打突する場合に用いる。

③継ぎ足＝後ろ足をひきつけ，遠い間合から踏み込む場合に用いる。

④開き足＝体をかわしながら打突したり，応じたりする場合に用いる。

第6章

ダンス

保健体育科 ダンス

ポイント

　ダンスは，創作ダンス，フォークダンス，現代的なリズムのダンスで構成され，イメージを捉えた表現や踊りを通した交流を通して仲間とのコミュニケーションを豊かにすることを重視する運動で，仲間とともに感じを込めて踊ったり，イメージを捉えて自己を表現したりすることに楽しさや喜びを味わうことのできる運動である。

　中学校では，小学校の学習を受けて，イメージを捉えたり深めたりする表現，伝承されてきた踊り，リズムに乗って全身で踊ることや，これらの踊りを通した交流や発表ができるようにすることが求められる。第1学年及び第2学年では，感じを込めて踊ったりみんなで踊ったりする楽しさや喜びを味わい，ダンスの特性や由来，表現の仕方などを理解するとともに，イメージを捉えた表現や踊りを通した交流ができるようにする。第3学年では感じを込めて踊ったり，みんなで自由に踊ったりする楽しさや喜びを味わい，踊りの特徴と表現の仕方や運動観察の方法などを理解するとともに，イメージを深めた表現や踊りを通した交流や発表をすることとしている。

　高等学校では，中学校までの学習を踏まえて，感じを込めて踊ったり仲間と自由に踊ったり，自己や仲間の課題を解決したりするなどの多様な楽しさや喜びを味わい，「それぞれ特有の表現や踊りを身に付けて交流や発表をする」ことなどができるようにすることが求められる。したがって，入学年次では，中学校第3学年の学習を受け，感じを込めて踊ったり，みんなで自由に踊ったりする楽しさや喜びを味わい，踊りの特徴と表現の仕方や運動観察の方法などを理解するとともに，イメージを深めた表現や踊りを通した交流や発表をすることができるようにする。また，入学年次の次の年次以降では多様な楽しさや喜びを味わい，ダンスの名称や用語などを理解するとともに，交流や発表をすること，生涯にわたって運動を豊かに継続するための課題に取り組み，考えたことを他者に伝えること及びダンスに主体的に取り組むとともに，協力，参画，共生などの意欲を育み，健康・安全を確保することができるようにすることを学習のねらいとしている。

ダンスの特性

●ダンスの内容・ねらい

　　ダンスは，感じていることや考えていることを自由な動きで表現したり，特定の踊り方でリズムに合わせてみんなで踊ったりして，心身を解き放して，リズムやイメージの世界に没入して踊ることが楽しい運動であり，仲間と交流して踊ったり発表し合ったりするところに楽しさや喜びを味わうことのできる運動である。

　　ダンスでは，自己の感じ方や工夫を率直に表現し，互いの違いやよさを認め合って練習することによって課題を解決し，感じを込めて踊ったりみんなでかかわりをもって踊ったりするなど，ダンスの楽しさや喜びを味わうことができるようにすることがねらいである。

●ダンスの学習法

▼創作ダンスの学習の仕方

① 　いろいろなテーマから思いつくイメージを，動きにして踊る。

② 　テーマとイメージを決め，それにふさわしい動きを工夫する。

③ 　表現が印象的になるように，踊り全体を構成する。

④ 　作品を発表し，鑑賞し合う。

▼フォークダンス(民踊)の学習の仕方

① 　踊りの背景にある地域や民族の文化を理解して，踊りの特性を知る。

② 　全体のあらましを知り，やさしい踊り方で踊る。

③ 　特徴のある動きや難しい動きを取り出して，練習する。

④ 　フォークダンスパーティーなどを行い，踊りの特徴を味わいながら踊る。

▼現代的なリズムのダンスの学習の仕方

① 　やさしい動きでリズムを捉えて自由に踊る。

② 　仲間と動きを出し合いながら，リズムの取りかたや動きを工夫する。

③ 　動きをくり返す，動きを組み合わせる，アクセントをつけるなど，

まとまった動きを工夫して踊る。
④　仲間と踊ったり，見せ合ったりする。

●技能の内容

※各学年での相違点(下線部)に注意しながら，内容を確認しておこう。

[中学校　第1学年及び第2学年]

　次の運動について，感じを込めて踊ったり，みんなで踊ったりする楽しさや喜びを味わい，ダンスの特性や由来，表現の仕方，その運動に関連して高まる体力などを理解するとともに，イメージを捉えた表現や踊りを通した交流ができるようにする。

①　創作ダンス

　　創作ダンスでは，多様なテーマから表したいイメージを捉え，動きに変化を付けて即興的に表現したり，変化のあるひとまとまりの表現にしたりして踊ること。

②　フォークダンス

　　フォークダンスでは，日本の民踊や外国の踊りから，それらの踊り方の特徴を捉え，音楽に合わせて特徴的なステップや動きで踊ること。

③　現代的なリズムのダンス

　　現代的なリズムのダンスでは，リズムの特徴を捉え，変化のある動きを組み合わせて，リズムに乗って全身で踊ること。

[中学校　第3学年]

　次の運動について，感じを込めて踊ったり，みんなで自由に踊ったりする楽しさや喜びを味わい，ダンスの名称や用語，踊りの特徴と表現の仕方，交流や発表の仕方，運動観察の方法，体力の高め方などを理解するとともに，イメージを深めた表現や踊りを通した交流や発表をすること。

①　創作ダンス

　　創作ダンスでは，表したいテーマにふさわしいイメージを捉え，個や群で，緩急強弱のある動きや空間の使い方で変化を付けて即興的に表現したり，簡単な作品にまとめたりして踊ること。

② フォークダンス

　　フォークダンスでは，日本の民踊や外国の踊りから，それらの踊り方の特徴を捉え，音楽に合わせて<u>特徴的なステップや動きと組み方</u>で踊ること。

③ 現代的なリズムのダンス

　　現代的なリズムのダンスでは，リズムの特徴を捉え，<u>変化とまとまりを付けて</u>，リズムに乗って全身で踊ること。

［高等学校　入学年次］

① 創作ダンス

　　創作ダンスでは，表したいテーマにふさわしいイメージを捉え，個や群で，<u>緩急強弱のある動きや空間の使い方</u>で変化を付けて即興的に表現したり，簡単な作品にまとめたりして踊ること。

② フォークダンス

　　フォークダンスでは，日本の民踊や外国の踊りから，それらの踊り方の特徴を捉え，音楽に合わせて<u>特徴的なステップや動きと組み方</u>で踊ること。

③ 現代的なリズムのダンス

　　現代的なリズムのダンスでは，リズムの特徴を捉え，変化とまとまりを付けて，<u>リズムに乗って全身で踊る</u>こと。

［高等学校　入学年次の次の年次以降］

　次の運動について，感じを込めて踊ったり仲間と自由に踊ったり，自己や仲間の課題を解決したりするなどの多様な楽しさや喜びを味わい，ダンスの名称や用語，文化的背景と表現の仕方，交流や発表の仕方，課題解決の方法，体力の高め方などを理解するとともに，それぞれ特有の表現や踊りを身に付けて交流や発表をすること。

① 創作ダンス

　　創作ダンスでは，表したいテーマにふさわしいイメージを捉え，個や群で，<u>対極の動きや空間の使い方</u>で変化を付けて即興的に表現したり，<u>イメージを強調した作品</u>にまとめたりして踊ること。

② フォークダンス

　　フォークダンスでは，日本の民踊や外国の踊りから，それらの踊り

方の特徴を強調して，音楽に合わせて<u>多様なステップや動き</u>と組み方で仲間と対応して踊ること。

③　現代的なリズムのダンス

現代的なリズムのダンスでは，リズムの特徴を強調して全身で自由に踊ったり，変化とまとまりを付けて<u>仲間と対応したりして踊ること。</u>

━━━━━━━━━━━━━━━　例題 1　━━━━━━━━━━━━━━━

次のア〜ウの文は，中学校学習指導要領(平成29年3月告示)に示されている「保健体育」の体育分野　第1学年及び第2学年　ダンス」の内容の一部である。文中の(A)〜(D)に当てはまる語句の正しい組み合わせを，以下の①〜⑤の中から1つ選べ。ただし，同じ問いの空欄には，同じ解答が入るものとする。

> ア　(A)ダンスでは，多様なテーマから表したいイメージを捉え，動きに変化を付けて(B)に表現したり，変化のあるひとまとまりの表現にしたりして踊ること。
>
> イ　フォークダンスでは，日本の民踊（よう）や外国の踊りから，それらの踊り方の特徴を捉え，音楽に合わせて特徴的な(C)や動きで踊ること。
>
> ウ　現代的な(D)のダンスでは，(D)の特徴を捉え，変化のある動きを組み合わせて，(D)に乗って全身で踊ること。

①　A　創作　　　B　連続的　　C　楽器　　　D　振り付け
②　A　創作　　　B　即興的　　C　ステップ　D　リズム
③　A　ジャズ　　B　即興的　　C　器具　　　D　音楽
④　A　ジャズ　　B　全体的　　C　ステップ　D　動き
⑤　A　社交　　　B　全体的　　C　楽器　　　D　テンポ

解答　②

解説　ダンスは，「創作ダンス」，「フォークダンス」，「現代的なリズムのダンス」で構成されている。学習指導要領解説に示されている技能の内容を正しく理解しておくこと。

創作ダンス

●創作ダンスの特性

　表したいイメージや思いを，そのものになりきって踊ったり，自由に動きを工夫して，感じのあるひと流れの動きで**表現**したり，見せ合うところに楽しさや喜びを味わうことのできる運動である。

●即興表現の手順

① テーマを設定する

② テーマから表したい感じを素早く捉えて表現する

③ ひと流れの**動き**を工夫する

④ 見せ合って工夫を確かめ合う

●テーマ設定の手がかりの例

① 身近な**日常動作**　　　　② 多様な感じの題材の音楽

③ 変化と起伏のある題材と音楽　④ **対極の動き**の連続

⑤ 楽器やもの(小道具)　　　⑥ 群(集団)の動き

●簡単な作品の創作

　即興表現で気に入ったテーマやその他のテーマを自由に選択して，テーマ別のグループを決め，それぞれに表現を深めて簡単な作品にまとめ，発表し合うことができるようにする。

　そのためには，次のような手順を参考にして，活動に応じた技能を身に付けることが大切である。

① テーマを選ぶ。

② グループで動きを工夫し表現する。また，表現に中心を定めて作品全体の見通しを立てる。

③ テーマにふさわしい特徴のある動きを工夫し，選曲する。

④ 群(集団)の動き方，空間の使い方，作品のはこび(構成)を工夫し，作品をまとめる。

⑤ 踊り込んで仕上げる。

⑥　発表し合い鑑賞する。

●創作ダンスの指導の要点

≪中学校≫

創作ダンスは，多様なテーマから表したいイメージを捉え，動きに変化を付けて即興的に表現することや，変化のあるひとまとまりの表現ができるようにすることをねらいとしている。

指導に際しては，テーマに適した動きで表現できるようにすることが重要となるため，①多様なテーマの例を具体的に示し，取り組みやすいテーマを選んで，動きに変化を付けて素早く即興的に表現することができるようにする。次に，②表したい感じやイメージを強調するように表現して踊ることができるようにすることが大切である。そのため，①の学習段階では，次のような活動を参考に行うようにする。

・グループを固定せず多くの仲間とかかわり合うようにして，毎時間異なるテーマを設定し，即興的に表現できるようにする。その際，身近なテーマから連想を広げてイメージを出す，思いついた動きを即興的に踊ってみたり，仲間の動きをまねたりするなどの活動を取り上げる。
・動きを誇張したり，繰り返したり，動きに変化を付けたりして，ひと流れの動きで表現できるようにする。

次に②の学習段階では，次のような活動を参考に行うようにする。

・仲間とともに，テーマにふさわしい変化と起伏や場の使い方で，「はじめ－なか－おわり」の構成で表現して踊ることができるようにする。
・仲間やグループ間で動きを見せ合う発表の活動を取り入れる。

≪高等学校≫

入学年次では，「表したいテーマにふさわしいイメージを捉え，個や群で，緩急強弱のある動きや空間の使い方で変化を付けて即興的に表現したり，簡単な作品にまとめたりして踊ること」を，入学年次の次の年次

以降では,「表したいテーマにふさわしいイメージを捉え,個や群で,対極の動きや空間の使い方で変化を付けて即興的に表現したり,イメージを強調した作品にまとめたりして踊ること」を学習のねらいとする。

これらの指導に際しては,「はじめ-なか-おわり」の構成で表現して踊る場合,特に「なか」に当たる展開では,最も特徴的な動きや構成を強調した盛り上がりのある起伏を付けて,個性を生かした作品に高めて踊ることが大切である。

また,表したいテーマから中心となるイメージを捉えて動きにする際に,多様な題材の選択や表現の仕方,動きの展開が求められる。そのため,創作ダンスの指導では,動きのなかに込めたい感じや表現の視点を重視して指導することが大切である。

表現・創作ダンスの題材・テーマと動きの例

表現等	小学校 5・6年生	中学校 1・2年生	中学校3年生 高校入学年次	高校 入学年次の次の年次以降
題材・テーマ	・激しい感じの題材 ・群(集団)が生きる題材 ・多様な題材	・身近な生活や日常動作 ・対極の動きの連続 ・多様な感じ ・群の動き ・ものを使う	・身近な生活や日常動作 ・対極の動きの連続 ・多様な感じ ・群の動き ・ものを使う ・はこびとストーリー	・身近な生活や日常動作 ・対極の動きの連続 ・多様な感じ ・群(集団)の動き ・もの(小道具)を使う ・はこびとストーリー
即興的な表現(ひと流れの動きで表現)	・題材の特徴を捉えて,表したい感じやイメージを,動きに変化を付けたり繰り返したりして,メリハリ(緩急・強弱)のあるひと流れの動きにして即興的に踊る	・多様なテーマからイメージを捉える ・イメージを即興的に表現する ・変化を付けたひと流れの動きで表現する ・動きを誇張したり繰り返したりして表現する	・表したいテーマにふさわしいイメージを捉える ・変化を付けて即興的に表現する ・主要場面を中心に表現する ・個や群で,緩急強弱のある動きや空間の使い方で変化を付けて表現する	・多様なテーマから表現にふさわしいテーマを選び,中心となるイメージを捉え,即興的に表現する ・個や群で,イメージを強調する緩急強弱を最大限に強調した対極の動きと空間の使い方で,変化を付けて表現する
簡単な作品創作(ひとまとまりの動きで表現)	・表したい感じやイメージを「はじめ-なか-おわり」の構成や群の動きを工夫して簡単なひとまとまりの動きで表現する	・変化と起伏のある「はじめ-なか-おわり」のひとまとまりの動きで表現する	・表したいイメージを一層深めて表現する ・変化と起伏のある「はじめ-なか-おわり」の簡単な作品にして表現する	・表したいテーマにふさわしいイメージを深め,中心となるイメージを強調した「はじめ-なか-おわり」の構成で表現する ・特徴的な動きや構成を強調した盛り上がりのある起伏を付けて,個性を生かした作品にまとめて踊る
発表の様子	・感じを込めて通して踊る	・動きを見せ合って発表する	・踊り込んで仕上げて発表する	・発表の形態や衣装などをテーマに応じて選び,発表する

●用語解説

□モチーフ…ある表現意図をもつ動きの最小単位で，4〜8呼間ぐらいの長さのこと。

□フレーズ…モチーフを発展させた16〜32呼間ぐらいの長さの動きの一かたまりのこと。

□シンメトリー…左右対称に位置した集団が対称的に動くもので，安定のあるまとまりを感じさせる動きのこと。

□コントラスト…相反する2つ以上の要因が対比・対照(例えば，高い—低い，広い—狭いなど)させること。

───────────── 例題 1 ─────────────

創作ダンスで，次の(1)，(2)をテーマとするときに意識して表現するべき内容を，以下の1〜6のうちからそれぞれ1つずつ選べ。

(1) 身近な生活や日常動作　(2)　群(集団)の動き

1　緩急，強弱，静と動を組み合わせ，変化やめりはりを付けて表現する。

2　起承転結を明確に表現する。

3　仲間とかかわり合いながら，ダイナミックに空間が変化するように動いて表現する。

4　一番表現したい場面をスローモーションで誇張したり，何度も繰り返して表現する。

5　何かに見立てて表現する。

6　変化や連続の動きを組み合わせて表現する。

解答　(1)　4　　(2)　3

解説　「中学校学習指導要領解説　保健体育編」(平成29年7月)の「Gダンス　第1学年及び第2学年　(1)知識及び技能　技能　ア　創作ダンス」に，〈多様なテーマと題材や動きの例示〉が示されている。

━━━━━━━━━━━ 例題 2 ━━━━━━━━━━━

　創作ダンスの作品構成において，「はじめ」「なか」「おわり」で特に工夫
を要するポイントをそれぞれ1つずつ記せ。

解答　はじめ…導入部分であり，見る人をひきつける工夫をする。
　　　　なか…中心部分であり，最も表したい考えや感情を強く印象づける
　　　　工夫をする。　おわり…余韻をもたせながら，作品の主張を強めな
　　　　がら終わる工夫をする。

解説　創作ダンスの作品構成においては，表したいテーマを全身の動きで
　　　　自由に表現する創作ダンスの特性をよく理解し，自己の能力に応じ
　　　　た課題をもって，イメージにふさわしい表現・動きを工夫したり，
　　　　作品にまとめたりして，みんなで楽しく交流し，発表することがで
　　　　きるようにすることをねらいとする。

━━━━━━━━━━━ 例題 3 ━━━━━━━━━━━

ダンスについて，(1)・(2)の問いに答えよ。
(1)　作品を創作する手順について書いた文である。創作の手順としてふ
　　さわしいものとなるよう，並べ替え，記号で答えよ。
　　ア　表現の中心を定めて，動きを工夫したり，作品全体の見通しを持
　　　つ。
　　イ　テーマや表現の中心にふさわしい選曲をする。
　　ウ　テーマを選択する。
　　エ　いろいろなイメージを出したり，集団の動き方を工夫したりして，
　　　作品をまとめていく。
　　オ　発表会を行い，感じを込めて精一杯表現したり，他のグループの
　　　作品を鑑賞したりする。
　　カ　踊り込んで仕上げをする。
(2)　次の用語の説明を簡潔に書け。
　①　カノン　　②　シンメトリー　　③　ユニゾン

解答 (1)　ウ→ア→イ→エ→カ→オ　　(2)　①　同じ動きを輪唱のように
ずらす表現　　②　同じ動きを対称に表現　　③　同じ動きを同時
に表現

解説 (1)　創作ダンスは，多様なテーマから表したいイメージを捉え，動
きに変化を付けて，即興的に表現することや，変化のあるひとまと
まりの表現ができるようにすることをねらいとしている。そのため，
テーマを設定して，即興的に動いたり，連想を広げたりすることは
最初の段階では大切になってくる。　(2)　このようなものは，群を
生かす構成の工夫として使用される。カノンは集団の動きを少しず
つタイミングをずらした動き，ユニゾンは一斉に同じ動きで動く全
体で統一した動き，シンメトリーとは反対である非対称の動きをす
るアシンメトリーという構成の仕方もある。

フォークダンス

●フォークダンスの特性

　フォークダンスは，世界各地で地域的，歴史的に伝承されてきたいろいろな曲目の特定の踊り方を身に付け，みんなで集い踊るところに楽しさや喜びを味わうことのできる運動である。また，フォークダンスには，伝承されてきた日本の「民踊」や外国の「フォークダンス」があり，それぞれの踊りの特徴を捉え，音楽に合わせてみんなで踊って交流して楽しむことができるようにすることが大切である。

　ア　日本の民踊

　　日本の民踊では，地域に伝承されてきた民踊や代表的な日本の民踊の中から，軽快なリズムの踊りや力強い踊りを難易度を踏まえて選び，その特徴を捉えるようにする。

学習指導要領解説で示されている日本の民謡

[中学校第1学年及び第2学年]

　花笠音頭，キンニャモニャ，げんげんばらばら，鹿児島おはら節

[中学校第3学年，高等学校入学年次]

　よさこい鳴子踊り，越中おわら節，こまづくり唄，大漁唄い込み

　イ　外国のフォークダンス

　　外国のフォークダンスでは，代表的な曲目を選んで踊り方(ステップ，動き，隊形，組み方など)の難易度を考慮し，様々な国や地域の踊りを取り上げ，その特徴を捉えるようにする。

学習指導要領で示されている外国のフォークダンス

[中学校第1学年及び第2学年]

　オクラホマ・ミクサー(アメリカ)，ドードレブスカ・ポルカ(旧チェコスロバキア)，リトル・マン・イン・ナ・フィックス(デンマーク)，バージニア・リール(アメリカ)

[中学校第3学年，高等学校入学年次]

　ヒンキー・ディンキー・パーリ・ブー(アメリカ)，ハーモニカ(イスラエル)，オスローワルツ(イギリス)，ラ・クカラーチャ(メキシコ)

●フォークダンスの指導の要点

≪中学校≫

　フォークダンスは，踊り方の特徴を捉え，音楽に合わせて特徴的なステップや動きと組み方で踊ることができるようにすることをねらいとしている。

　指導に際しては，日本や外国の風土や風習，歴史などの踊りの由来を理解して，踊り方の特徴を捉えて踊ることで一層その楽しさが深まるため，民族ごとの生活習慣や心情が反映されている由来や，踊りは文化の影響を受けていることなどを，資料やVTRなどで紹介して，はじめは踊り方を大づかみに覚えて踊ることができるようにする。次に，難しいステップや動き方を取り出して，踊ることができるようにするなどの工夫を行うことが大切である。

≪高等学校≫

　指導に際しては，日本の民踊では，地域に伝承されてきた民踊や代表的な日本の民踊から，難易度を踏まえて選び，躍動的な動きや手振り，腰を落とした動きなどの特徴を捉えて踊るようにさせること。外国のフォークダンスでは，代表的な曲目から，曲想，隊形や組み方などが異なる踊りを難易度を踏まえて選び，複数のステップのつなぎ方，パートナーとの組み方などの特徴を捉えて，互いにスムーズに踊るようにさせることが大切である。

　なお，フォークダンスの指導では，踊りが生まれ伝承されてきた地域や風土などの背景や情景を思い浮かべるとともに，踊りや動きの中に込めたい感じや表現の視点を重視して指導することを大切としている。

●用語解説

　□LOD…大きなサークルで踊る反時計まわりの進行方向(フォークダンス)
　□逆LOD…大きなサークルで踊る時計まわりの進行方向(フォークダンス)
　□CW…2人で踊る時計まわりの進行方向(フォークダンス)
　□CCW…2人で踊る反時計まわりの進行方向(フォークダンス)

●ステップの種類

□**ポイント**…つま先やかかとを床に軽くタッチする。体重はかけない。

□**スタンプ**…足裏全体で床を打つ。

□**クローズ**…片足にもう一方の足を寄せる。

□**スイング**…示された方向に足を振る。

□**ピポット**…足のボール部分やかかと(踵)でターンする。

□**ブラッシュ**…足のボール部分で床をこすりあげる。

(※足のボール部分とは,土踏まずの部位のこと。)

□**ホップ**…軽くジャンプするときに,踏み切った足と同じ足で着地する。

□**リープ**…片足で高くジャンプして,踏切り足と反対の足で着地する。

━━━━━━━━ 例題 1 ━━━━━━━━

「中学校学習指導要領解説保健体育編(平成29年7月文部科学省)」及び「学校体育実技指導資料第9集　表現運動系及びダンス指導の手引(平成25年3月文部科学省)」に示されているフォークダンスの指導内容について,次の各問いに答えよ。

(1)　フォークダンスの特性とねらいを記せ。

(2)　授業で取り上げる踊りの選曲をする際の観点を2つ記せ。

解答　(1)　・特性…伝承されてきた踊りを踊って交流することである。フォークダンスは世界各国・各地域で自然発生し,伝承されてきた地域固有のダンスであり,決まった様式や動きには国や地域の風土や文化が反映されている。外国の踊りのみならず,日本の伝統的な踊りもすべてフォークダンスに含まれる。　・ねらい…踊り方の特徴を捉え,音楽に合わせて特徴的なステップや動きと組み方で踊ることができるようにすること。　(2)　・踊りの特徴(感じ,曲想)や踊り方(ステップ,動き,隊形,組み方など)の違いや,地域が異なるものから選ぶ。　・踊り方の難易度を考慮するという観点から,子どもの学習状況や関心に応じて選ぶ。

解説　(1)　フォークダンスには,伝承されてきた日本の民踊や外国の踊り

があり，それぞれの踊りの特徴を捉え，日本や外国の風土や風習，歴史などの文化的背景や情景を思い浮かべながら，音楽に合わせてみんなで踊って交流して楽しむことができるようにすることが大切である。　(2)　日本の民踊では，軽快なリズムの踊りや力強い踊り，優雅な踊りなどの踊りの特徴や，難易度を踏まえて，様々な地域が異なる民謡を選ぶ。外国のフォークダンスでは，曲調をとらえて，踊り方(ステップ，動き，隊形，組み方など)の難易度を考慮して選ぶ。

例題 2

フォークダンスについて，次の問1〜問3に答えよ。

問1　次の図①〜④は，フォークダンスのポジションを表したものである。それぞれのポジションの名称を語群から選べ。

① ② ③ ④

語群　　A　セミ・オープン・ポジション
　　　　B　バルソビアナ・ポジション
　　　　C　プロムナード・ポジション
　　　　D　クローズド・ポジション

問2　踊る楽しさを味わわせながらフォークダンスの学習を進めていくための留意事項として適切なものをア〜エからすべて選べ。

ア　いろいろな人と踊るためのマナーを大切にさせる。

イ　日本の民踊は，フォークダンスに含めずに別内容として取り扱う。

ウ　細切れに覚えさせるのではなく，踊り方を大づかみに覚えさせて全体の流れを大切にする。

エ　踊りの解説書の解読は生徒にさせるべきではなく，踊り方については常に教師が指導する。

問3　生徒にとって難しいステップが含まれたフォークダンスを指導する
　　　際，どのような工夫を行うか，1つ書け。

解答　問1　① B　　② D　　③ A　　④ C　　問2　ア，ウ
　　　問3　正しい動き(ステップ)を見せるとともに，部分練習やスロー
　　　スピード練習をグループもしくはペアで行う。

解説　フォークダンスや日本の民踊は，古くからその地域に住む人々の中
　　　で生まれ，コミュニケーションの手段として踊られ，伝承されてき
　　　たものである。

━━━━━━━━　**例題 3**　━━━━━━━━

フォークダンスについて，次のそれぞれの問いに答えよ。

問1　「逆LOD」の説明文について，最も適当なものを，1つ選べ。

①　円になって踊る場合，その輪を上からみて，円周上を矢印①の方
　　向に動くこと

②　円になって踊る場合，その輪を上からみて，円周上を矢印②の方
　　向に動くこと

③　円になって踊る場合，その輪を上からみて，矢印③のように2人
　　以上で時計の針の動きと同じ方向に回ること

④　円になって踊る場合，その輪を上からみて，矢印④のように2人以上で時計の針の動きと反対方向に回ること

問2　「ロングウエーズ・フォーメーション」の説明文について，最も適当なものを1つ選べ。
①　2列対向のフォーメーション。
②　全員が円周上に並んで立ち，円の中心を向いたフォーメーション。
③　正方形の一辺にカップルがそれぞれ立つフォーメーション。
④　全員で二重円を作り，内側と外側でカップルを形成するフォーメーション。
問3　「プロムナード・ポジション」の説明文について，最も適当なものを1つ選べ。
①　男子左側，女子右側で，男子は右腕を女子の背後からウエストにまわし，女子は左手を男子の右肩に置く。外側の手は国・地方等によって異なるが，特に指定がないときには自然に体側に下げる。
②　男子左側，女子右側に位置する。体の前で互いに右手をつなぎ，その下で左手をつないで組む。
③　パートナーと向き合い，男子は両手を女子の両腰にあて，女子は両手を男子の両肩に置く。男女とも腕をかなり伸ばした型に保つ。
④　パートナーと向き合い，互いに右手をつなぎ，その下で左手をつないで組む。腕が交差した形になる。
問4　「ブラッシュ」の説明文について，最も適当なものを1つ選べ。
①　片足で地面を強く打つこと。
②　かかとで回転すること。
③　ボールで地面をキック気味にこすり，こする前後に足裏を地面からはっきり離すこと。
④　体重のかかっている足で跳び上がり，その足で着地すること。

解答 問1　①　　問2　①　　問3　②　　問4　③

解説 問1　逆LOD(RLOD：Reverse Line of Dance)は，サークルを作って円心を向いたとき左の進行方向(時計の針の動きと同じ方向)である。なお，LODは，サークルを作って円心を向いたとき右の進行方向(時計の針の動きと反対方向)である。　問2　②はシングルサークル，③はカドリール(スクエア・セット)，④はダブルサークルの説明文である。　問3　同じ向きに並んで左手と左手，その上から右手と右手を前で繋いだ体形。クロスアームともいう。組んで2人で歩くのに適している。　問4　床をこするようにして足を振り上げるステップで，ボールとは土踏まずの前のふくらんだ部分である。

--- 例題 4 ---

次のa～dは，フォークダンスの足の動きの名称である。最も適当な説明文を語群から1つずつ選べ。

a　ピボット　　b　リープ　　c　ステップ　　d　スタンプ

①　片方の足ではずみをつけて跳び上がり，もう一方の足で着地すること。

②　立った状態から，片方の足を出してその足に体重をのせること。

③　ボールで地面をキックぎみにこすり，こする前後に足裏を地面から離すこと。

④　片方の足のボールまたはヒールを軸にして一気に回転すること。

⑤　片方の足で地面を強く打つこと。

⑥　片方の足で体重を支えて，前や後ろの宙に足を振ること。

解答　a　④　　b　①　　c　②　　d　⑤

解説　フォークダンスの足の動きの基本用語を覚えておくようにする。語群順にまとめておく。英語の意味を考えるとよくわかる。

①　リープ(leap：跳ぶ)　　②　ステップ(step：踏む)　　③　ブラッシュ(brush：こすって触れる)　　④　ピボット(pivot：回転する)

⑤　スタンプ(stamp　踏みつける)　　⑥　スイング(swing　振る)

例題 5

フォークダンスについて，次の(1)～(4)はどこの国の代表的な踊りか，国名を語群からそれぞれ選べ。

(1) バージニア・リール

(2) ラ・クカラーチャ

(3) ハーモニカ

(4) ドードレブスカ・ポルカ

語群

A メキシコ	B アメリカ	C イスラエル
D ギリシア	E ロシア	F イギリス
G 旧チェコスロバキア	H ドイツ	

解答 (1) B (2) A (3) C (4) G

解説 他に次のようなものがあげられる。知っておくとよいだろう。

○オクラホマ・ミクサー…アメリカ(バルソビアナポジション)

○タンゴ・ミクサー…アメリカ(ウォーキングステップ)

○セントバーナードワルツ…イギリス(ワルツターン)

○オスローワルツ…イギリス(ワルツターン)

○サーカシアン・サークル…イギリス(バズ・スウィング)

○ロード・ツー・ジ・アイルス…イギリス(バルソビアナポジション，ショティッシュ)

○コロブチカ…ロシア(スリーステップターン)

○アレクサンドルロフスカ…ロシア(ワルツターン)

○マイム・マイム…イスラエル(サーカシアンステップ)

○ミザルー…ギリシャ(ワルツターン)

○デニッシュ・ショティッシュ…デンマーク(プロムナードポジション)

○トゥ・トゥール…デンマーク

現代的なリズムのダンス

●現代的なリズムのダンスの特性

　　現代的なリズムのダンスは，ロックやヒップホップなどの現代的な曲のリズムに乗って，踊りたいリズムや音楽の特徴を捉え，変化とまとまりを付けて全身で自由に弾んで，踊るところに楽しさや喜びを味わうことのできる運動である。

●リズムと動きの例示

　　リズムと動きについて，学習指導要領解説では次のように示されている。

[中学校第1学年及び第2学年]

・自然な弾みやスイングなどの動きで気持ちよく音楽のビートに乗れるように，簡単な繰り返しのリズムで踊ること。

・軽快なリズムに乗って弾みながら，揺れる，回る，ステップを踏んで手をたたく，ストップを入れるなどリズムを捉えて自由に踊ったり，相手の動きに合わせたりずらしたり，手をつなぐなど相手と対応しながら踊ること。

・シンコペーションやアフタービート，休止や倍速など，リズムに変化を付けて踊ること。

・短い動きを繰り返す，対立する動きを組み合わせる，ダイナミックなアクセントを加えるなどして，リズムに乗って続けて踊ること。

[中学校第3学年，高等学校入学年次]

・簡単なリズムの取り方や動きで，音楽のリズムに同調したり，体幹部を中心としたシンプルに弾む動きをしたりして自由に踊ること。

・軽快なロックでは，全身でビートに合わせて弾んだり，ビートのきいたヒップホップでは膝の上下に合わせて腕を動かしたりストップするようにしたりして踊ること。

・リズムの取り方や動きの連続のさせ方を組み合わせて，動きに変化を付けて踊ること。

・リズムや音楽に合わせて，独自のリズムパターンや動きの連続や群の構成でまとまりを付けて踊ること。

[高等学校　入学年次の次の年次以降]

・ロックでは，軽快なリズムに乗って全身を弾ませながら，後打ち(アフタービート)のリズムの特徴を捉えたステップや体幹部を中心とした弾む動きで自由に踊ること。

・ヒップホップでは，リズムの特徴を捉えたステップやターンなどの組合せに上半身の動きを付けたり，音楽の拍に乗せ(オンビート)て膝の曲げ伸ばしによる重心の上下動を意識したリズム(ダウンやアップのリズム)を強調してリズムに乗ったり，リズムに変化を与えるためにアクセントの位置をずらしたりして自由に踊ること。

・リズムの取り方や床を使った動きなどで変化を付けたり，身体の部位の強調などで動きにメリハリを付けて，二人組や小グループで掛け合って全身で自由に踊ること。

・選んだリズムや音楽の特徴を捉え，変化のある動きを連続して，個と群や空間の使い方を強調した構成でまとまりを付けて踊ること。

●現代的なリズムのダンスの指導の要点

≪中学校≫

　現代的なリズムのダンスは，ロックやヒップホップなどの現代的なリズムの曲で踊るダンスを示しており，第1・2学年ではリズムの特徴を捉え，変化のある動きを組み合わせて，リズムに乗って体幹部(重心部)を中心に全身で自由に弾んで踊ることをねらいとしている。

　指導に際しては，現代的なリズムのダンスでは，シンコペーション(拍子の強弱を逆転させる)やアフタービート(後拍を強調した弱起のリズムで，後打ちともいう)のリズムの特徴を生かし，動きやすいビートとテンポを選んで踊るようにする。また，生徒の関心の高い曲目を用いたり，弾んで踊れるようなやや速めの軽快なテンポの曲や曲調の異なるロックやヒップホップのリズムの曲などを組み合わせたりする工夫も考えられる。その際，カウントに縛られすぎたり，単調になったりしないように工夫することが大切である。

　第3学年では，リズムの特徴を捉え，変化とまとまりを付けて，リズムに乗って体幹部を中心に全身で自由に弾んで踊ることができるように

する。指導に際しては，ロックやヒップホップなどのリズムに合った曲を，指導の段階に応じてグループごとに選曲させる。まとまりのある動きをグループで工夫するときは，一人一人の能力を生かす動きや相手と対応する動きなどを取り入れながら，仲間と関わりをもって踊ることに留意させたり，仲間やグループ間で，簡単な作品を見せ合う発表の活動を取り入れたりするようにする。また，現代的なリズムのダンスでは，既存の振り付けなどを模倣することに重点があるのではなく，変化とまとまりを付けて，全身で自由に続けて踊ることを強調することが大切である。

≪高等学校≫

入学年次では，「リズムの特徴を捉え，変化とまとまりを付けて，リズムに乗って全身で踊ること」を，入学年次の次の年次以降では，「リズムの特徴を強調して全身で自由に踊ったり，変化とまとまりを付けて仲間と対応したりして踊ること」を学習のねらいとする。

指導に際しては，指導の段階に応じてグループごとに選曲させ，リズムの特徴を捉えた独自な動きを楽しんで踊ることができるようにすることが大切である。また，まとまりのある動きをグループで工夫するときは，一人一人の能力を生かす動きや相手と対応する動きなどを取り入れながら，仲間と関わりをもって踊ることに留意させたり，仲間やグループ間で，簡単な作品を見せ合う発表や一緒に踊り合う交流の活動を取り入れたりするようにすることが大切である。現代的なリズムのダンスでは，リズムの特徴を強調して全身で自由に踊ったり，変化とまとまりを付けて仲間と対応したりして踊ることが大切である。

リズムダンス・現代的なリズムのダンスのリズムと動きの例

表現等	小学校 3・4年生	中学校 1・2年生	中学校3年 高校入学年次	高校 入学年次の次の年次以降
リズムに乗って全身で自由に踊る	・ロックやサンバなどのリズムの特徴を捉えて踊る ・へそ（体幹部）を中心にリズムに乗って全身で即興的に踊る ・動きに変化を付けて踊る ・友達と関わり合って踊る	・リズムの特徴を捉え，軽快なリズムに乗って体幹部を中心に全身で自由に弾んで踊る ・ロックはシンプルなビートを強調して踊る ・ヒップホップは一拍ごとにアクセントのある細分化されたビートを強調して踊る ・簡単な繰り返しのリズムで踊る	・リズムの特徴を捉え，リズムに乗って体幹部を中心に全身で自由に弾んで踊る ・ロックは全身でビートに合わせて弾んで踊る ・ヒップホップは膝の上下に合わせて腕を動かしたりして踊る ・仲間と関わって踊る	・リズムの特徴を捉えたステップや体幹部を中心とした弾む動きで全身を使って自由に踊る ・ロックやヒップホップのリズムの特徴を捉えて，重心の上下動や非対称の動きを強調して踊る ・仲間といろいろな対応をして踊る
まとまりを付けて踊る		・リズムに変化を付けて踊る ・仲間と動きを合わせたりずらしたりして踊る ・変化のある動きを組み合わせて続けて踊る	・踊りたいリズムや音楽の特徴を捉えて踊る ・動きの変化や，個と群の動きを協調してまとまりを付けて連続して踊る	・選んだリズムや音楽の特徴を捉えて踊る ・短い動きの連続と対立する動きの組合せなどでダイナミックな変化を付けて踊る ・個や群の動きを協調してまとまりを付けて連続して踊る
発表や交流の様子	・踊りで交流する	・動きを見せ合って交流する	・簡単な作品を見せ合う	・変化とまとまりを付けて発表する ・簡単な作品にして発表したり交流したりする

例題 1

ダンスについて，次の(1)，(2)の各問いに答えよ。

(1) ダンスにおけるモチーフを変化・発展させ，フレーズをつくり出していくために必要な4つの要素について，「顔の向き」以外の3つについて答えよ。

(2) 次の（ ア ）～（ ウ ）の説明に該当する社交ダンスの種類を，以下の語群から選び答えよ。

（ ア ）：ダンスのラテン種目の中で，最も優雅でゆっくりとした踊り。

（ イ ）：戦後日本で大流行した，ダイナミックにうきうきする気分になるリズムの踊り。

（ ウ ）：流れるような華麗さと回転，パートナーと組んだ形の美しい優雅な踊り。

[語群]　タンゴ　　　　ルンバ　　マンボ　　ワルツ
　　　　ヒップホップ　サンバ　　ジルバ

216

解答 (1) 速さ，空間，群または個の動き　　(2) ア　ルンバ　イ　マンボ　ウ　ワルツ

解説 (1) フレーズにおいて動きの緩急は重要な意味を持ち，モチーフに合わせた変化を行うことでフレーズ間の間が生まれ，動きのリズムを生み出すことができる。この時，フレーズはひとまとまりの動きを感じさせる。また，ダンサー同士の空間の使い方を変えることで，全体がまとまっていたりバラバラに見えたりする。空間をうまく使えると空気が動くように感じる。さらに個々で違った動きをしたり群舞で揃った動きをしたりすることで，場面の抑揚や強調を見せることができる。群の動きも，そろえて踊るだけでなくずらしながら同じ動きを行う「カノン」という技法もある。　(2) ア　ルンバはキューバのアフリカ系住民の間で生まれた。リズムの名前でもあり，そのままダンスの種目名称にも使われている。1955年から社交ダンスの種目にも採用された。　イ　マンボは1930年代後半にキューバで流行していたルンバにジャズの要素を加える形で作られた。1940年代後半にペレス・プラードにより，ダンスのためのマンボとして世界的に知られた。　ウ　13世紀頃の農民が踊っていたヴェッラーが起源のダンス。元々はゲルマン文化初の男女が体を接して共に回るダンスであった。

━━━━━━━━━━━━ **例題 2** ━━━━━━━━━━━━

「現代的なリズムのダンス」の学習を進める際，指導上の留意点として適切なものをA〜Eからすべて選べ。

A　ロックやサンバを選ぶようにし，ヒップホップは選ばないよう指導する。

B　リズムの取り方や動きを工夫したり，相手と対応したりして踊るよう指導する。

C　全身でリズムを捉えて自由に踊ることができるよう指導する。

D　決められた動きを覚えて，個々で踊るよう指導する。

E　まとまりのある動きを工夫して踊ったり，見せ合ったりするよう指導する。

解答 B・C・E

解説 A　ロックやヒップホップなどの現代的なリズムに乗って，リズム
の取り方や動き方，相手との対応の仕方などを自由に工夫してみん
なで踊りを楽しみ交流することができるようにする。　D　現代的
なリズムの動きの多様な関係を捉えてまとまりのある動きを工夫し
て踊ったり，作品にまとめてみんなで発表しあったりすることがで
きるようにする。

―――――――――――――― 例題 3 ――――――――――――――

次の文(1)～(3)は，ダンスの授業で使われる音楽のリズムの特徴を示した
ものである。それぞれの音楽の名称を書け。

(1)　1950年半ばに，アメリカで発生した。2拍目と4拍目とに強調を置
く，アフタービートが特徴。

(2)　ブラジルの代表的な民族音楽。2拍子系のリズムを基本とする。

(3)　1970年後半，ニューヨークで起こった。アップテンポで突き上げる
アフタービートが特徴。

解答 (1)　ロック　　(2)　サンバ　　(3)　ヒップホップ

解説 リズム系ダンスは人間の活力，健康と直結したダンスである。近年
では，若者の時代感覚とエネルギーから生まれた音楽との関係が深
い，流行を強く意識したダンスが生まれており，例としてストリー
トダンス，ジャズダンス，ファンク，ハウス，ウェーブ，クラブ系
ダンス，サルサ，エアロビクスがあげられる。

第 7 章

体育理論

保健体育科 体育理論

ポイント

　体育理論の運動やスポーツに関する知識は，豊かなスポーツライフを継続するための源となる。今回の改訂では，教室などで，まとまりで学習することが効果的な内容を「体育理論」に，それぞれの運動領域で学ぶことが効果的な内容は，各運動領域に整理されている。また，中学校と高等学校との内容の明確化と接続の視点から，中学校の名称も「体育に関する知識」を改めて「体育理論」と呼ぶことになった。

　体育理論の内容について，中学校では中学校期における運動やスポーツの合理的な実践や生涯にわたる豊かなスポーツライフを送る上で必要となる運動やスポーツに関する科学的知識等を中心に，運動やスポーツの多様性，運動やスポーツの効果と学び方，文化としてのスポーツの意義で構成されている。なお，運動に関する領域との関連で指導することが効果的な内容については，各運動に関する領域の「(1)知識及び技能」で扱うこととしている。

　高等学校では，中学校体育理論の学習成果を踏まえ，「する，みる，支える，知る」といった生涯にわたる豊かなスポーツライフを卒業後にも主体的に実践できるようにするため，主に現代におけるスポーツの意義や価値，科学的，効果的なスポーツの実践，豊かなスポーツライフの設計等に関わる内容で構成されている。なお，運動に関する領域との関連で指導することが効果的な内容については，各運動に関する領域の「(1)知識及び技能」で扱うこととしている。

　なお，「体育理論」は，各学年・各年次において，すべての生徒に履修させるとともに，中学校では各学年で3単位時間以上，高等学校では各年次で6単位時間以上を配当することとしている。

学習指導要領

●「体育理論」の内容

　「体育理論」については，基礎的な知識は，意欲，思考力，運動の技能の源となるものであり，確実な定着を図ることが重要であることから，各領域に共通する内容や，まとまりで学習することが効果的な内容に精選するとともに，中学校では高等学校への接続を考慮し，高等学校では中学校との接続を考慮して単元を構成している。以下，体育理論の学習内容を見ておこう。

[中学校]

○　運動やスポーツの多様性(主に中学校第1学年で学習)

　　運動やスポーツが多様であることについて理解すること。

　(ｱ)　運動やスポーツは，体を動かしたり健康を維持したりするなどの必要性及び競い合うことや課題を達成することなどの楽しさから生みだされ発展してきたこと。

　(ｲ)　運動やスポーツには，行うこと，見ること，支えること及び知ることなどの多様な関わり方があること。

　(ｳ)　世代や機会に応じて，生涯にわたって運動やスポーツを楽しむためには，自己に適した多様な楽しみ方を見付けたり，工夫したりすることが大切であること。

○　運動やスポーツの意義や効果と学び方や安全な行い方(主に中学校第2学年で学習)

　　運動やスポーツの意義や効果と学び方や安全な行い方について理解すること。

(ｱ)　運動やスポーツは，身体の発達やその機能の維持，体力の向上
などの効果や自信の獲得，ストレスの解消などの心理的効果及び
ルールやマナーについて合意したり，適切な人間関係を築いたり
するなどの社会性を高める効果が期待できること。

(ｲ)　運動やスポーツには，特有の技術があり，その学び方には，運
動の課題を合理的に解決するための一定の方法があること。

(ｳ)　運動やスポーツを行う際は，その特性や目的，発達の段階や体
調などを踏まえて運動を選ぶなど，健康・安全に留意する必要が
あること。

○　文化としてのスポーツの意義(主に中学校第3学年で学習)

文化としてのスポーツの意義について理解すること。

(ｱ)　スポーツは，文化的な生活を営みよりよく生きていくために重
要であること。

(ｲ)　オリンピックやパラリンピック及び国際的なスポーツ大会など
は，国際親善や世界平和に大きな役割を果たしていること。

(ｳ)　スポーツは，民族や国，人種や性，障害の違いなどを超えて人々
を結び付けていること。

［高等学校］

1　スポーツの文化的特性や現代のスポーツの発展

　　スポーツの文化的特性や現代のスポーツの発展について理解すること。

　（ア）　スポーツは，人類の歴史とともに始まり，その理念が時代に応じて多様に変容してきていること。また，我が国から世界に普及し，発展しているスポーツがあること。

　（イ）　現代のスポーツは，オリンピックやパラリンピック等の国際大会を通して，国際親善や世界平和に大きな役割を果たし，共生社会の実現にも寄与していること。また，ドーピングは，フェアプレイの精神に反するなど，能力の限界に挑戦するスポーツの文化的価値を失わせること。

　（ウ）　現代のスポーツは，経済的な波及効果があり，スポーツ産業が経済の中で大きな影響を及ぼしていること。また，スポーツの経済的な波及効果が高まるにつれ，スポーツの高潔さなどが一層求められること。

　（エ）　スポーツを行う際は，スポーツが環境や社会にもたらす影響を考慮し，多様性への理解や持続可能な社会の実現に寄与する責任ある行動が求められること。

2　運動やスポーツの効果的な学習の仕方

　　運動やスポーツの効果的な学習の仕方について理解すること。

　（ア）　運動やスポーツの技能と体力は，相互に関連していること。また，期待する成果に応じた技能や体力の高め方があること。さらに，過度な負荷や長期的な酷使は，けがや疾病の原因となる可能

性があること。

(イ)　運動やスポーツの技術は，学習を通して技能として発揮されるようになること。また，技術の種類に応じた学習の仕方があること。現代のスポーツの技術や戦術，ルールは，用具の改良やメディアの発達に伴い変わり続けていること。

(ウ)　運動やスポーツの技能の上達過程にはいくつかの段階があり，その学習の段階に応じた練習方法や運動観察の方法，課題の設定方法などがあること。また，これらの獲得には，一定の期間がかかること。

(エ)　運動やスポーツを行う際は，気象条件の変化など様々な危険を予見し，回避することが求められること。

3　豊かなスポーツライフの設計の仕方

　　豊かなスポーツライフの設計の仕方について理解すること。

(ア)　スポーツは，各ライフステージにおける身体的，心理的，社会的特徴に応じた多様な楽しみ方があること。また，その楽しみ方は，個人のスポーツに対する欲求などによっても変化すること。

(イ)　生涯にわたってスポーツを継続するためには，ライフスタイルに応じたスポーツとの関わり方を見付けること，仕事と生活の調和を図ること，運動の機会を生み出す工夫をすることなどが必要であること。

(ウ)　スポーツの推進は，様々な施策や組織,人々の支援や参画によって支えられていること。

(エ)　人生に潤いをもたらす貴重な文化的資源として，スポーツを未

来に継承するためには，スポーツの可能性と問題点を踏まえて適切な「する，みる，支える，知る」などの関わりが求められること。

(ｱ)	ライフステージにおけるスポーツの楽しみ方
(ｲ)	ライフスタイルに応じたスポーツとの関わり方
(ｳ)	スポーツ推進のための施策と諸条件
(ｴ)	豊かなスポーツライフが広がる未来の社会

3　豊かなスポーツライフの設計の仕方

■■■■■■■■■■　例題 1　■■■■■■■■■■

　中学校学習指導要領(平成29年3月告示)，中学校学習指導要領解説「保健体育編」(平成29年7月)に示された内容「体育理論」の領域について，各問いに答えよ。

(1)　各学年で指導する内容をア～カから選び，記号で答えよ。

　第1学年…(　①　)

　第2学年…(　②　)

　第3学年…(　③　)

　ア　運動とスポーツの文化的特性と歴史的変化

　イ　運動とスポーツの価値と生涯スポーツ

　ウ　運動やスポーツの多様性

　エ　運動とスポーツが与える心のリラクゼーション

　オ　運動やスポーツの意義や効果と学び方や安全な行い方

　カ　文化としてのスポーツの意義

(2)　「体育理論」は各学年とも何単位時間以上を配当して指導しなければならないのか。その時間数を答えよ。

解答　(1)　①　ウ　　②　オ　　③　カ　　(2)　3単位時間

解説　「体育理論」領域については，従前，第1学年で指導していた「(1)ウ　運動やスポーツの学び方」の内容を第2学年で指導する内容に整理するとともに，第1学年において「ア (ウ)　運動やスポーツの多様

な楽しみ方」を新たに示すなどした。そのため、従前の「運動やスポーツの多様性」、「運動やスポーツが心身の発達に与える効果と安全」、「文化としてのスポーツの意義」で構成していていたことを一部改め、「運動やスポーツの多様性」、「運動やスポーツの意義や効果と学び方や安全な行い方」、「文化としてのスポーツの意義」で構成することとした。

また、各領域との関連で指導することが効果的な各領域の特性や成り立ち、技術の名称や行い方などの知識については、各領域の「(1)知識及び技能」に示すこととし、知識と技能を相互に関連させて学習させることにより、知識の重要性を一層実感できるように配慮した。

━━━━━━━━━━ **例題 2** ━━━━━━━━━━

高等学校学習指導要領(平年30年3月告示)「保健体育」に示されていることがらの「H　体育理論」について、【入学年次】【入学年次の次の年次】【それ以降の年次】で取り上げる内容を次のア～ウから1つずつ選び、記号で答えよ。

ア　豊かなスポーツライフの設計の仕方について理解できるようにする。
イ　運動やスポーツの効果的な学習の仕方について理解できるようにする。
ウ　スポーツの文化的特性や現代のスポーツの発展について理解できるようにする。

解答　入学年次…ウ　　入学年次の次の年次…イ　　それ以降の年次…ア
解説　学習指導要領の改訂により、各領域との関連で指導することが効果的な技術の名称や行い方、課題解決の方法などの知識については、各領域の「(1)　知識及び技能」に示すこととし、知識と技能を相互に関連させて学習させることにより、知識の重要性を一層実感できるように配慮している。そのため、「内容の取扱い」に、引き続き、各年次において全ての生徒に履修させることを示すとともに、指導内容の定着がより一層図られるよう「各科目にわたる指導計画の作成と内容の取扱い」に、授業時数を各年次で6単位時間以上を配当することを示している。

スポーツの歴史

●スポーツの歴史と発展
① スポーツの語源

　スポーツは，英語でも，ドイツ語でも，フランス語でも「SPORT」と表記する。スポーツの語源は，古代ローマ人が使ったラテン語の「ポルターレ」PORTAREに由来する。そこからフランス語のDESPORTという言葉が生まれ，この言葉が中世にイギリスに渡り，DESPORT，DISPORTなどとつづられた。その頭のDE，DIが取れ，SPORTという言葉となっていった。意味は，「気晴らしをする，遊ぶ」ということから，現在の**運動競技の総称**へと変わってきた。

② スポーツの歴史

　古代のスポーツは，神への奉納や動物とのかかわり，健康の保持増進を目的に行われていた。その後，中世には，エリートの育成が目的となり，その地域，土地に密着したルールで行われていた。それが民族スポーツである。また，近世，近代になると，スポーツは生活を豊かにする1つの手段となり，19世紀のイギリスにおいて，多くの種目でルールが統一された。

　そして共通のルールで行われるようになって広がったものが，**国際スポーツ**である。スポーツは施設・用具の発達や競技運営上の問題などによって歴史と共に変化してきた。

●スポーツの発展
① スポーツの技術の変遷

　スポーツの技術面での進化は，よりよい記録を出したい，より美しいフォームで演技したいなどの向上心や，選手自身の肉体と精神を極限まで鍛えた努力の結果であるといえる。一方で，記録更新や競技レベルの向上は，**用具の改良**が支えてきた側面もある。

② スポーツのルール

　スポーツのルールは，時代背景や目的，選手の要求によって改定されてきたが，現在では，そのスポーツの**関係者以外の要望**からルールの改

定を求められることも多くなってきた。例えばバレーボールでは1998年に，従来のサーブ権を持った側が得点を得るのではなく「サーブ権の有無に限らず，ラリーに勝ったチームに得点を与える」というラリーポイント制が採択されている。これは大会運営やテレビ中継の都合から改定されたといわれている。

●世界のスポーツ

① 国際スポーツ

国際スポーツとは，多くの国や地域で行われ，国や地域を超えて競技をすることができる共通のルール，いわゆる国際ルールをもったスポーツのことである。その代表といわれるのが，国際オリンピック委員会(IOC)が主催する，**オリンピック競技大会**である。このオリンピック競技大会は，フェアプレイの精神に基づいて，平和でよりよい世界をつくるために，古代ギリシアのスポーツの催しにならって創設され，4年に1度開催されている。また，国際スポーツ大会には，言葉，宗教，政治などの違いを超えた国際間の交流という役割もある。

② 民族スポーツ

民族スポーツとは，特定の国や地域，あるいは特定の民族に限って行われるもので，その土地の人々の伝統的な生活文化のなかから生まれたスポーツのことをいう。国際スポーツと民族スポーツとの違いは，国際ルールを持っているか，それともその地域のローカルルールになっているかということである。民族スポーツを知ることで，その国の文化や習慣を理解することができる。そうした角度から国際交流につながっていくのも，民族スポーツの大切な要素である。

③ オリンピック

4年に1度行われるオリンピック競技大会には，夏季と冬季の2つの競技大会があり，2年に1度の割合で交互に開催されている。夏季オリンピックは1896年に第1回が開催されたが，当時は男子のみの参加で，ヨーロッパを中心にわずか14か国，250人程度の参加であった。その後，国際的なイベントとして発展し，2016年にブラジルのリオデジャネイロで開催された第31回大会には，世界の206の国および地域から約1万1千

人の選手が参加した。2020年には，1964年の第18回大会以降，東京では2回目となるオリンピックが開催予定だったが，新型コロナウイルス感染症のパンデミックにより2021年7月23日からの開催となった。日本は金27個を含む計58個のメダルを獲得して，史上最多の獲得数となった。

　一方，冬季オリンピックは，1924年フランスのシャモニーで最初に開催された。当初はオリンピックではなく冬季国際スポーツ大会として開催された。なお，第16回大会(アルベールビル)と第17回大会(リレハンメル)の開催間隔は2年だが，これは上述の「2年に1度の割合で交互に開催」を実現するため，調整されたものである(それまでは同年中に夏季と冬季オリンピックが開催されていた)。

オリンピック夏季大会開催地一覧（1964年〜）

回	開催年	開催地（国名）	地域
18	1964	東京（日本）	アジア
19	1968	メキシコシティー（メキシコ）	中南米
20	1972	ミュンヘン（西ドイツ）	ヨーロッパ
21	1976	モントリオール（カナダ）	北米
22	1980	モスクワ（ソビエト連邦）	ヨーロッパ
23	1984	ロサンゼルス（アメリカ）	北米
24	1988	ソウル（韓国）	アジア
25	1992	バルセロナ（スペイン）	ヨーロッパ
26	1996	アトランタ（アメリカ）	北米
27	2000	シドニー（オーストラリア）	オセアニア
28	2004	アテネ（ギリシャ）	ヨーロッパ
29	2008	北京（中国）	アジア
30	2012	ロンドン（イギリス）	ヨーロッパ
31	2016	リオデジャネイロ（ブラジル）	南米
32	2021	東京（日本）	アジア
33	2024	パリ（フランス）	ヨーロッパ
34	2028	ロサンゼルス（アメリカ）	北米

オリンピック冬季大会開催地一覧（1956年〜）

回	開催年	開催地（国名）	地域
7	1956	コルチナ・ダンペッツオ（イタリア）	ヨーロッパ
8	1960	スコーバレー（アメリカ）	北米

9	1964	インスブルック（オーストリア）	ヨーロッパ
10	1968	グルノーブル（フランス）	ヨーロッパ
11	1972	札幌（日本）	アジア
12	1976	インスブルック（オーストリア）	ヨーロッパ
13	1980	レークプラシッド（アメリカ）	北米
14	1984	サラエボ（ユーゴスラビア）	ヨーロッパ
15	1988	カルガリー（カナダ）	北米
16	1992	アルベールビル（フランス）	ヨーロッパ
17	1994	リレハンメル（ノルウェー）	ヨーロッパ
18	1998	長野（日本）	アジア
19	2002	ソルトレークシティー（アメリカ）	北米
20	2006	トリノ（イタリア）	ヨーロッパ
21	2010	バンクーバー（カナダ）	北米
22	2014	ソチ（ロシア）	ヨーロッパ
23	2018	平昌（韓国）	アジア
24	2022	北京（中国）	アジア
25	2026	ミラノ（イタリア）	ヨーロッパ

④ パラリンピック

　国際パラリンピック委員会(IPC)が主催する身体障害者を対象とした世界最高峰のスポーツ競技大会。オリンピックと同じ年に同じ場所で開催される。2004年のアテネ大会から夏季オリンピックと共同の開催組織委員会が運営している。戦争で負傷した兵士たちのリハビリとして「手術よりスポーツを」の理念で始まった。もともと，IOCとは全く関係がなく，オリンピックとは開催地が異なっていたが，ソウルオリンピック以後，オリンピック開催後に同じ場所でパラリンピックを開催することが義務付けられるようになった。「パラリンピック」の名称は，半身の不随(paraplegia)＋オリンピック(Olympic)の造語だが，半身不随者以外も参加するようになったため，1985年から，平行(parallel)＋オリンピック(Olympic)で,「もう1つのオリンピック」と解釈することになった。オリンピックと違いパラリンピックには障害の度合いに応じた階級が存在する。

⑤　ドーピング

　ドーピングとは，「競技者の競技能力を人為的かつ不公正に増強することを目的に，薬物などを使用したりして，特別な処置をおこなうことである」と定義されている。ドーピングとは，近年の科学技術の進歩による副産物ではなく古くから存在していた。競技スポーツにおけるドーピングの歴史をみると，1950年代にツール・ド・フランスという自転車レースで選手たちが薬剤を使用していたのが発覚したという記録がある。また，1988年のソウルオリンピックで，カナダのベン・ジョンソン選手がドーピングで失格となり金メダルを剥奪された事件が，ドーピングという言葉を世界中に広めるきっかけとなった。

⑥　アンチドーピング

　スポーツでドーピングが禁止されている理由について，大きく次の4つに分けられる。

　　1「選手自身の健康を害する」

　　2「スポーツのフェアプレーに反する」(不誠実・アンフェア)

　　3「ドーピングは社会悪になる」

　　4「スポーツ固有の価値を損ねる」

⑦　オリンピズムとオリンピック・ムーブメント

　オリンピズムとは「オリンピックのあるべき姿」と解されており，具体的には「スポーツを通して心身を向上させ，さらには文化・国籍など様々な差異を超え，友情，連帯感，フェアプレーの精神をもって理解し合うことで，平和でよりよい世界の実現に貢献する」を指す。そして，オリンピック・ムーブメントとはオリンピズムを実現させるための活動全体を指す。

──────── 例題 1 ────────

　次の文章は，夏季オリンピックについて書かれたものである。文中の（　①　）〜（　⑨　）にあとの語群より適語や数字を選び記号で答えよ。

　近代オリンピックは，クーベルタンの古代オリンピックにならって再興されました。第1回大会は，（　①　）年にギリシアで開催された。

日本は，クーベルタンからの呼びかけによって(　②　)が東洋で初の
IOC委員に就任した。

日本選手の初参加は，第5回ストックホルム大会で，陸上競技に
(　③　)名の選手が出場した。日本人初のメダリストは，第7回アント
ワープ大会に出場した熊谷一弥選手が(　④　)で銀メダルを獲得した。
そして，第9回アムステルダム大会で，日本人として初の金メダル獲得を
陸上競技(三段跳び)の(　⑤　)選手が果たしている。また，第11回大会
は(　⑥　)で開催され，日本人女性初の金メダルを前畑秀子選手が水泳
競技の(　⑦　)で獲得した。

その後，(　⑧　)年に東京大会が行われ，この大会より正式種目に加
わった(　⑨　)で，日本女子チームが見事金メダルを獲得した。

語群

ア	100m自由形	イ	5	ウ	テニス
エ	1904	オ	ベルリン	カ	200m平泳ぎ
キ	柔道	ク	1896	ケ	織田幹雄
コ	バレーボール	サ	1964	シ	器械体操
ス	坪井玄道	セ	2	ソ	ネイスミス
タ	嘉納治五郎	チ	モントリオール	ツ	1972

解答　①　ク　　②　タ　　③　セ　　④　ウ　　⑤　ケ
　　　⑥　オ　　⑦　カ　　⑧　サ　　⑨　コ

解説　オリンピックが開催された場所や年号，活躍した選手などについて
　　　は調べておく必要がある。本問のように歴史を知ると同時に，直近
　　　の大会結果についても知っておくと時事問題対策にもなる。

例題 2

次の(1)～(3)の問いに答えよ。

(1)　1948年，ルートヴィヒ・ガットマン卿は，スポーツにより戦争で負
　　傷した自国イギリスの帰還兵に再び生きる喜びを与えたいとの考えの
　　もと，スポーツイベントを開催し成功を収めた。これに端を発し，現

在では全世界から選手を迎える規模までに発展している大会名を書け。

(2) 全世界の学生たちが集まり，大学スポーツの発展や体育の振興のためにオリンピックの前年と翌年の2年おきに冬季，夏季に開催され，一般に「学生のためのオリンピック」と言われている大会名を書け。

(3) スポーツにおけるアンチ・ドーピング活動を促進することを目的として，1999年に設立された機構を書け。

解答 (1) パラリンピック　　(2) ユニバーシアード　　(3) 世界アンチ・ドーピング機構(WADA)

解説 (1) 国際パラリンピック委員会(IPC：International Paralympic Committee)が主催する身体障害者を対象とした世界最高峰のスポーツ競技大会。オリンピックと同じ年に同じ場所で開催される。2004年のアテネ大会から夏季オリンピックと共同の開催組織委員会が運営する。　(2) 国際大学スポーツ連盟(FISU)が主催する総合競技大会。全世界の学生たちが集まり，一般に「学生のためのオリンピック」といわれている。ユニバーシアードの名称は，大学(University)とオリンピアード(Olympiade)からきている。　(3) ドーピング(薬物使用)に反対する運動を世界的規模で推進するための，独立の国際的監視機関。国際オリンピック委員会 (IOC) が開催したスポーツにおけるドーピングに関する世界会議において採択されたローザンヌ宣言に基づき，1999年11月に設立された。WADAは，禁止薬物リスト・検査・分析などの国際的なドーピング検査基準やドーピング違反の罰則規定の統一化，アンチ・ドーピング活動に関する教育・啓発活動等を目的としている。なお，2001年には日本国内におけるアンチ・ドーピング活動のマネジメントを行う機関として日本アンチ・ドーピング機構(JADA)が設立されている。

例題 3

各競技の歴史に関して，(1)〜(7)に当てはまる人物名をあとのア〜セからそれぞれ1つずつ選び，記号で答えよ。

(1) 1891年に，マサチューセッツ州スプリングフィールドにある国際YMCAトレーニングスクール(現スプリングフィールド大学)において，バスケットボールを考案した人物

(2) 1895年に，アメリカのYMCAの体育指導者で，テニスにヒントを得てバレーボールを考案した人物

(3) 1887年に，アメリカにおいて冬期でも行える野球型の室内ゲーム(インドアベースボール)を考案した人物

(4) 1882年に，現在行われている講道館柔道を創始した人物

(5) 1870年代に，近代テニスを考案した人物

(6) 1902年に，イギリスから卓球の道具などを日本に持ち帰り，旧制高等学校を中心に卓球を紹介した人物

(7) 1899年に，日本においてはじめて慶応大学教授のE. B. クラークとともにラグビーを塾生に指導した人物

ア	イサドラ・ダンカン	イ	J. ネイスミス
ウ	D. クラマー	エ	ホルガー・ニールセン
オ	フレデリック・クヌッセン	カ	坪井玄道
キ	W. C. ウィングフィールド	ク	ジョージ・ハンコック
ケ	F. L. ヤーン	コ	クーベルタン男爵
サ	田中銀之助	シ	大森兵蔵
ス	ウィリアム. G. モーガン	セ	嘉納治五郎

解答 (1) イ　(2) ス　(3) ク　(4) セ　(5) キ　(6) カ
(7) サ

解説 語群の人物名のうち正解以外の業績は次の通り。　ア　イサドラ・ダンカン：20世紀を代表するダンサーで，モダンダンスの祖。
ウ　D. クラマー：ドイツの元サッカー選手・監督で，FIFAのコーチとしても活躍し，「日本サッカー育ての親」ともいわれる。　エ　ホルガー・ニールセン：7人制ハンドボールを創案(デンマーク)。
オ　フレデリック・クヌッセン：ドイツの11人制ハンドボールの利点も取り入れ，冬季室内用ゲームとして改良し，現在の7人制ハンドボールを考案。　ケ　F. L. ヤーン：今日の体操競技の原形となった，様々

な器械体操を考案(ドイツ)。　コ　クーベルタン男爵：フランスの教育者であり，近代オリンピックの創立者。　シ　大森兵蔵：元YMCA体育教授で，バスケットボールとバレーボールを日本に初めて紹介した。

━━━━━━━━━━ **例題 4** ━━━━━━━━━━

近代オリンピックに関する次の文章を読んで，以下の(1)～(5)の問いに答えよ。

　1896年，フランスの(ア)により，(イ)の精神にもとづき，平和でよりよい世界をつくるため，(ウ)において第1回オリンピック競技大会が開催された。

　日本においては，1964年(エ)，1972年(オ)，1998年(カ)の各都市において開催されている。

　オリンピック競技大会は，世界的大イベントに成長するにしたがい，政治に左右されるような問題も起こっている。また，ドーピングなど新たな問題も生じている。

(1)　文中の(ア)～(カ)に適する語句を答えよ。
(2)　オリンピックムーブメントについて，説明せよ。
(3)　下線部について，過去に参加ボイコットが起こった事例について，簡単に説明せよ。
(4)　ドーピングがなぜ禁止されているのか，その理由を2つ答えよ。
(5)　2001年に設立された国内におけるドーピング撲滅に取り組む組織をアルファベット4文字で答えよ。

解答　(1)　ア　クーベルタン　イ　フェアプレイ　ウ　アテネ　エ　東京　オ　札幌　カ　長野　(2)　オリンピック競技大会(スポーツ)を通じて，人びとの友好を深め世界の平和に貢献しようとする運動　(3)　・アパルトヘイトに対する抗議(ボイコット)…モントリオール大会　・旧ソ連のアフガニスタン侵攻に対する抗議(ボイコット)…モスクワ大会　・モスクワ大会のボイコットに対する抗議(ボイコット)…ロサンゼルス大会　(4)　・スポーツ

の基本理念，スポーツ精神に反する行為であるため。 ・選手の健康に有害(副作用がある)であるため。 ・社会に対する悪影響があるため。から2つ (5) JADA

解説 オリンピック競技大会の歴史と発展についての出題が増加傾向にあるので，教科書や参考書等で学習しておく必要がある。特に，オリンピックムーブメントとドーピングについては注意したい。現代スポーツは，国際親善や世界平和に大きな役割を果たしており，その代表的なものにオリンピックムーブメントがある。また，ドーピングは，フェアプレイの精神に反する不正な行為であり，能力の限界に挑戦するスポーツの価値を失わせる行為である。さらに頻出問題として，夏季・冬季大会の開催都市もあげられる。 (4) ドーピングを禁止する理由は，①選手自身の健康を害する，②不誠実(アンフェア)である，③社会悪である，④スポーツ固有の価値を損ねる，の4つがあげられる。 (5) 1999年，国際レベルのあらゆるスポーツにおけるアンチ・ドーピング活動を促進し，調整することを目的として世界ドーピング防止機構(WADA：World Anti-Doping Agency)が設立された。それを受け，2001年に国内におけるアンチ・ドーピング機構(JADA：Japan Anti-Doping Agency)が設立された。

文化としてのスポーツ・現代スポーツの特徴

● 文化としてのスポーツ

① 文化としてのスポーツ

　文化とは「人間が後天的に獲得し，学習によって後世の世代に継承する人間活動のすべて」であると言われている。スポーツもまた，人間が「走る」「投げる」「跳ぶ」といった運動を複雑に組み合わせて発展させてきた文化であると考えることができる。今では，スポーツは，芸術や学問，歴史や政治など様々な分野に影響を与える可能性を持っている文化領域となった。

② 文化としてのスポーツとのかかわり方

　スポーツ文化とのかかわり方は，スポーツを「行う」ことだけに限ったものではない。スポーツを「見る」ことは，オリンピックなどからもわかるように，大きな盛り上がりを見せている。オリンピックの招致活動が世界中で行われており，スポーツはもはや，現代社会の人々の生活にとって欠かすことのできないものになっている。また，スポーツ大会を運営したりする「支える」ことや，スポーツ文化の内容をさらに詳しく「調べる」ことも大切なかかわり方のひとつになっている。

③ ノーマライゼーション

　「ノーマライゼーション」とは，障害者もそうでない人も，高齢者も若者も，すべての人が特別に区別されることなく，同等の権利を得，共に暮らし，共に生き抜くのが本来の望ましい姿であるとする考え方である。障害者のスポーツを中心的に学習することにより，文化としてスポーツを捉えることの大切さを学ぶことができる。また，健常者の固定化されたスポーツに対する捉え方を，違った角度から見ることもできる。スポーツを行う障害者の方々は，自分の力量やニーズに合わせて様々な努力やルールの工夫をしている。障害者のスポーツから，人々が現代社会においてスポーツと多様なかかわり方があることを学ぶ必要がある。

▼関連用語

□バリアフリー……高齢者や障害のある人が地域の中で普通に暮らせる社会づくりをめざすノーマライゼーションの理念に基づいて，物理的，心

237

理的な障壁(バリア)を取り除こうという考え方のこと。

□**ユニバーサルデザイン**……高齢者や身体障害者だけでなく，一般の人にも使いやすい形の製品。バリアフリーをさらに発展させたコンセプトによるもので，誰もが共用できるものを目指している。

●現代生活とスポーツ

① 日常生活の変化とスポーツ

携帯電話やパソコンなどの情報機器の普及によって，私たちの生活は快適かつ，便利になってきた。また，世界中の人とつながることができ，直接会わなくてもコミュニケーションがとれるようになった。しかし，便利になった一方で，ストレスを多く生む社会ともなっている。このような日常生活の変化にともなうストレスを解消する手段として，スポーツが果たす役割は大きい。

② スポーツの役割と意義

これまで，わが国のスポーツの振興等に関する基本的な事項を定めた法律は，東京五輪を目前に控えた昭和36(1961)年に制定された「スポーツ振興法」であった。しかし，この法律が制定されてから，50年が経過する間に，わが国を取り巻く社会環境や価値観の変化，また，スポーツ界においてもプロスポーツ及び障害者スポーツの発展や国際化の進展等の大きな環境変化の中で，新たな課題が生じてきていた。このような変化や新たな課題に法律上も対応する必要が生じたため，スポーツ振興法を全面改正する形で，平成23(2011)年に「スポーツ基本法」が制定された。

③ スポーツとの関わり方の変化

「スポーツ」と言えば，以前は，気晴らしやストレス解消，健康づくり，仲間との交流が主なものであったが，社会環境の変化と同時に，スポーツとの関わり方は実に様々な広がりをもってきている。その関わり方を大きく分けると，「スポーツをおこなう」「スポーツをみる」「スポーツをささえる」「スポーツを調べる」と4つに分けられる。この4つのうち「スポーツをささえる」活動のひとつ，「スポーツボランティア」が最近注目されている。

▼スポーツボランティアの意義

　一般的に，文化や芸術，スポーツなどの活動は，まずは自分が参加し，楽しむことと，聴く・観るなど観客として楽しむという2つの関わり方ができる。スポーツボランティアは，この2つとは違う第3の関わり方である。スポーツに関するボランティアは，それぞれの発展に貢献できるのはもちろん，参加する側にも，趣味や特技を生かせるというメリットがある。それだけではなく，地域に密着して活動することで，まちを活性化させるまちづくりの担い手として，文化・スポーツボランティアが果たす役割もある。

●スポーツの社会的役割
① スポーツと経済

　人々がスポーツをしたり，スポーツを観戦するためには，スポーツ施設や様々なスポーツ用品，様々なサービスを必要とする。したがって，そこに市場が生じ，その市場に財・サービスを供給する各種のスポーツ産業が成長してくる。スポーツは人間にとって本源的な営みであり，スポーツ経済では，「スポーツ」を活かした市場の創出の視点が重要であると考えられる。スポーツをしたり，見たりするには，モノ・情報・施設が必要であり，そこに市場が生まれる。

② スポーツと国際交流

　スポーツを行うことで健康になるだけではなく，**国際交流**の面でも役に立っている。オリンピックをはじめとする国際的な競技会が様々な種目で行われている。言葉や習慣が違う国の人たちが集まって，スポーツをすることで，国際間や人種間の交流が生まれるのである。

●競技スポーツの意義
① 競技スポーツの現状

　スポーツは，その目的によって「生涯スポーツ」と「競技スポーツ」の2つに大きく分けられる。「生涯スポーツ」は，生活の楽しみを求めながら健康や体力の向上，仲間との交流，地域の連帯感の育成などの効果を目指して行われるもの，一方「競技スポーツ」は，他者に挑戦し，自己

の卓越性を誇示したり確保したりするという欲求に応えることを目指し行われるものである。

② スポーツが持つ競争の意味

競争をともなう競技スポーツは，対戦相手同士が互いに同意した**ルールの範囲内**で，どちらが時間・空間の中で身体や用具を動かす能力に優れているのかを互いに試しあうことによって成立する。

③ 競技スポーツの振興

文部科学省では，2003年度から，世界で活躍するトップレベルの競技者の育成を「**ニッポン復活プロジェクト**」として，競技力向上の6つの方策を重視し，展開している。

・専任コーチの設置，強化合宿事業等の充実，日本オリンピック委員会の補助拡充
・重点競技強化事業
・トップリーグ支援事業
・トップレベル・スポーツクラブ活動支援事業
・ナショナルコーチ等育成プログラム策定のためのモデル事業
・ナショナルトレーニングセンターの設置準備調査

●今後の日本のスポーツ政策

① スポーツ立国戦略－スポーツコミュニティ・ニッポン－

文部科学省では，平成22年(2010年)8月，おおむね10年間を見据え，スポーツ立国の実現に向けて必要となる施策の全体像を示す「スポーツ立国戦略」を策定した。

その中で，今後の我が国のスポーツ政策の基本的方向性を示す5つの重点戦略が明らかにされている。スポーツ立国戦略の概要は次の通りである。

(文部科学省ホームページより)

②

　スポーツ基本法は，昭和36年に制定されたスポーツ振興法を50年
ぶりに全面改正し，平成23年6月24日に公布され，同年8月24日に
施行された我が国のスポーツに関する施策の基本事項を定めた法律で
ある。

　この法律は，スポーツに関し，基本理念を定め，並びに国及び地方
公共団体の責務並びにスポーツ団体の努力等を明らかにするとともに，
スポーツに関する施策の基本となる事項を定めることにより，スポー
ツに関する施策を総合的かつ計画的に推進し，もって国民の心身の健
全な発達，明るく豊かな国民生活の形成，活力ある社会の実現及び国
際社会の調和ある発展に寄与することを目的としている。

　なお，スポーツに関する基本理念が，次のように8項目にわたって

定められている。

▼スポーツに関する基本理念

① スポーツを通じて幸福で豊かな生活を営むことが人々の権利であることに鑑み，国民が生涯にわたりあらゆる機会と場所において，自主的・自律的に適性や健康状態に応じてスポーツを行うことができるようにする

② 青少年のスポーツが国民の生涯にわたる健全な心と身体を培い，豊かな人間性を育む基礎となるものであるとの認識の下に，学校，スポーツ団体，家庭及び地域における活動を相互に連携を図る

③ 地域において，主体的に協働することによりスポーツを身近に親しむことができるようにするとともに，スポーツを通じて，地域の全ての世代の人々の交流を促進し，交流の基盤を形成する

④ スポーツを行う者の心身の健康の保持増進，安全の確保

⑤ 障害者が自主的かつ積極的にスポーツを行うことができるよう，障害の種類及び程度に応じ必要な配慮をする

⑥ 我が国のスポーツ選手(プロスポーツの選手を含む。)が国際競技大会等において優秀な成績を収めることができるよう，スポーツに関する競技水準の向上に資する諸施策相互の有機的な連携を図る

⑦ スポーツに係る国際的な交流及び貢献を推進することにより，国際相互理解の増進及び国際平和に寄与する

⑧ スポーツを行う者に対する不当な差別的取扱いの禁止，スポーツに関するあらゆる活動を公正かつ適切に実施することを旨として，スポーツに対する国民の幅広い理解及び支援が得られるようにする

また，同法では第3章でスポーツの推進のための基礎的条件の整備等，10の基本的施策が定められている。

▼基本的施策

①　指導者等の養成等

②　スポーツ施設の整備等

③　学校施設の利用

④　スポーツ事故の防止等

⑤　スポーツに関する紛争の迅速かつ適正な解決

⑥　スポーツに関する科学的研究の推進等

⑦　学校における体育の充実

⑧　スポーツ産業の事業者との連携等

⑨　スポーツに係る国際的な交流及び貢献の推進

⑩　顕彰

③　スポーツ基本計画

　　文部科学省では，スポーツ基本法の規定に基づき，平成24年3月，「第1期スポーツ基本計画」を策定した。「スポーツ基本計画」は，スポーツ基本法の理念を具体化し，今後の我が国のスポーツ施策の具体的な方向性を示すものとして，国，地方公共団体及びスポーツ団体等の関係者が一体となって施策を推進していくための重要な指針として位置付けられるものである。スポーツ基本法に基づく第1期スポーツ基本計画は，平成24～28年度の5年間に7つの政策目標に基づき施策を推進し，その間，子供の体力低下に歯止めをかけ，過去最多の総メダル数獲得といった成果の一方，スポーツ実施率等に課題が残った。新たに2回目の東京オリンピック・パラリンピック競技大会の開催が決定し，障害者スポーツの移管，スポーツ庁が創設された。

　　平成29年3月，第2期スポーツ基本計画が策定された。第2期計画では，計画の理念を「スポーツの価値」として具体化し，施策体系，数値目標を変更した。

　　令和4年3月には第3期スポーツ基本計画を策定した。ここでは第2期の成果を検証し，さらに新型コロナウイルス感染症の影響，東京オリンピック・パラリンピックの実施を踏まえ，2022年度から向こう5年間のスポーツ施策を示している。

●第2期スポーツ基本計画の検証

・成人における週1日以上のスポーツ実施率は策定時(平成28年)より上昇したが,目標値は達成できなかった。

・障害者や女性のスポーツ実施率は上昇傾向にあるが,相対的には低い。

・東京オリンピック・パラリンピックにおける総メダル数は過去最高,とりわけオリンピックにおける金メダル数は過去最高であった。これを一過性のものにしないようにするため,施策を効果的・効率的に進めることが必要。

・スポーツ・インテグリティ(スポーツが様々な脅威により欠けるところなく,価値ある高潔な状態)の確保については,ガバナンスコードの策定や適合性審査の実施等に取り組んだところであり,引き続き問題事案等は生じており,体罰・暴力の根絶や団体のガバナンスの強化等を図ることが必要。

●第3期におけるスポーツ施策の考え方

第2期計画で掲げた

①スポーツで「人生」が変わる

②スポーツで「社会」を変える

③スポーツで「世界」とつながる

④スポーツで「未来」を創る

の中長期的な基本方針は今後も踏襲する一方,スポーツを取り巻く環境や社会状況の移り変わりとともに,基本的方針の指す内容や,実現するための手立ては大きく変化していることから,国民がスポーツを「する」「みる」「ささえる」ことを実現できる3つの「新たな視点」を新設。

①「つくる／はぐくむ」

社会の変化や状況に応じて,既存の仕組みにとらわれずに柔軟に見直し・改善し,最適な手法・ルールを考え,作り出す。

②「あつまり，ともに，つながる」

　　様々な立場・背景・特性を有した人・組織があつまり，課題の対応や活動の実施を図る。

③「誰もがアクセスできる」

　　性別や年齢，障害，経済・地域事情等の違いによって，スポーツ活動の開始や継続に差が生じないような社会の実現や機運の醸成を図る。

●今後５年間に総合的かつ計画的に取り組む施策

①多様な主体におけるスポーツの機会創出

②スポーツ界におけるDXの推進

③国際競技力の向上

④スポーツの国際交流・協力

⑤スポーツによる健康増進

⑥スポーツの成長産業化

⑦スポーツによる地方創生，まちづくり

⑧スポーツを通じた共生社会の実現

⑨担い手となるスポーツ団体のガバナンス改革・経営力強化

⑩スポーツの推進に不可欠な「ハード」「ソフト」「人材」

⑪スポーツを実施する者の安全・安心の確保

⑫スポーツ・インテグリティの確保

例題 1

　次の記述の（　ア　）～（　エ　）に当てはまる適切な語句の組み合わせとして正しいものを，あとの①～⑤の中から１つ選べ。

　日本においては，国のスポーツ振興施策として，1957年以降各自治体に（　ア　）が配置され，（　イ　）年にはスポーツ振興法が制定された。また，その中で各都道府県にスポーツの振興に関する重要事項について諮問する（　ウ　）が設置されることが示された。

また，2000年には（　エ　）が策定され，総合型地域スポーツクラブの育成をめざすことがうたわれた。

① ア　スポーツ指導員　　　　　イ　1961
　　ウ　スポーツ振興審議会　　　エ　スポーツ振興基本計画
② ア　体育指導委員　　　　　　イ　1961
　　ウ　スポーツ振興審議会　　　エ　スポーツ振興基本計画
③ ア　スポーツ指導員　　　　　イ　1962
　　ウ　スポーツ振興委員会　　　エ　スポーツ振興計画
④ ア　体育指導委員　　　　　　イ　1962
　　ウ　スポーツ振興審議会　　　エ　スポーツ振興計画
⑤ ア　体育指導委員　　　　　　イ　1962
　　ウ　スポーツ振興委員会　　　エ　スポーツ振興基本計画

解答　②

解説　1961年に制定されたスポーツ振興法は，わが国のスポーツ振興に関する施策の基本を明らかにした法律である。体育指導委員を制度化することや各都道府県にスポーツ振興審議会を置くことが示されている。2000年にはスポーツ振興法に基づいて，長期的・総合的な視点から国が目指すスポーツ振興の基本方向を示すスポーツ振興基本計画が定められた。

───────────── 例題 2 ─────────────

次の文章は，「スポーツ基本法(平成23年法律第78号)」の前文の一部である。文中の（　ア　）～（　オ　）に当てはまる言葉を書け。

スポーツは，（　ア　）を担う青少年の（　イ　）を向上させるとともに，他者を尊重しこれと（　ウ　）する精神，公正さと規律を尊ぶ態度や（　エ　）心を培い，実践的な思考力や判断力を育む等（　オ　）の形成に大きな影響を及ぼすものである。

解答　ア　時代　　イ　体格　　ウ　共同　　エ　探求　　オ　人間

解説 スポーツ基本法は全35条から成る法律である。「基本法」と名のつ
く法律には前文を付すものが多く(例えば教育基本法,男女共同参
画社会基本法など),スポーツ基本法にも前文が付されている。ス
ポーツに対する崇高な理念が掲げられているので,何度も読んで内
容を理解しておきたい。特に,「他者と協同する」というフレーズ,
「克己心」というワードは重要である。

―――――――――― **例題 3** ――――――――――

次の文章は,快適な生活環境づくりについて述べたものである。文中の
(ア),(イ)に当てはまる言葉を書け。

　誰もが不自由なく生活できるように,道路の段差をなくすなどの生活
上の障壁を取り除くことを(ア)という。また,シャンプーの容器に
凹凸をつけたり,アルコール飲料の缶に点字を記したり,障害の有無や
年齢,国籍などに関わらず,できるだけ多くの人が気持ちよく使えるよ
うに,製品,建物,空間をデザインすることを(イ)デザインという。

解答 ア　バリアフリー　　イ　ユニバーサル

解説 バリアフリーとは,高齢者や障害のある人が地域の中で普通に暮ら
せる社会づくりをめざすノーマライゼーションの理念に基づいて,
物理的,心理的な障壁(バリア)を取り除こうという考え方のことで
ある。ユニバーサルデザインとは,高齢者や障害のある人だけでな
く,一般の人にも使いやすい製品のことで,バリアフリーをさらに
発展させたコンセプトによるもので,誰もが共用できるものを目指
している。また,ユニバーサルデザインの7つの原則は,「誰でも使
えて手に入れることができる(公平性)」,「柔軟に使用できる(自由
度)」,「使い方が簡単にわかる(単純性)」,「使う人に必要な情報が簡
単に伝わる(わかりやすさ)」,「間違えても重大な結果にならない(安
全性)」,「少ない力で効率的に楽に使える(省体力)」,「使うときに適
当な広さがある(スペースの確保)」である。

━━━━━━━━━━ **例題 4** ━━━━━━━━━━

　次の文章は，「第3期スポーツ基本計画」(令和4年3月25日　スポーツ庁)に関する文である。(　①　)～(　⑦　)に当てはまる数字や語句を書け。

　　今回の計画は令和4年度から令和(　①　)年度までの計画であり，(　②　)のスポーツ・レガシーの発展に向けて，特に重点的に取り組むべき施策を示すとともに，「新たな3つの視点」である，

　1　スポーツを「(　③　)/(　④　)」，

　2　「あつまり」，スポーツを「(　⑤　)」行い，「(　⑥　)」を感じる，

　3　スポーツに「(　⑦　)」できる，

と支える具体的な施策を示している。

解答　①　8　　②　東京オリンピック・パラリンピック競技大会
　　③　つくる　　④　はぐくむ　　⑤　ともに　　⑥　つながり
　　⑦　誰もがアクセス

解説　平成23(2011)年施行されたスポーツ基本法の規定に基づいて，平成24(2012)年には「スポーツ基本計画」が策定された。これは，スポーツ基本法の理念を具体化し，今後の我が国のスポーツ施策の具体的な方向性を示すものとして，国，地方公共団体及びスポーツ団体等の関係者が一体となって施策を推進していくための重要な指針として位置付けられるものである。スポーツ基本計画は，その後，第2期，第3期と策定されている。

スポーツライフの設計

●ライフスタイルとスポーツ

①　ライフスタイルの考え方とスポーツ

　人によって好みが違うように，人によって現代は様々なライフスタイルが存在する。ライフスタイルは，青年期や中年期などの各ライフステージにおける生活課題に応じて変化する。スポーツへのかかわりを深めるために，スポーツを意図的にライフスタイルの中に位置づけていくことや，スポーツとライフスタイルの関係を築いていくことが重要である。一般的なスポーツの行い方は，大きく5つのタイプに分けることができる。

スポーツクラブ 中心型	クラブ型
エリア型	エリア型
スポーツ教室・ レッスン利用型	プログラム型1つ目のタイプ
スポーツ大会・ イベント参加型	プログラム型2つ目のタイプ
長期滞在型	クラブ型，エリア型，プログラム型の要素を 組み合わせた非日常型

②　豊かなスポーツライフの設計

　私たちの日常の生活や行動の範囲を時間と組み合わせることによって，自分自身のスポーツライフを設計することができる。また，高校生時代には，運動部活動や体育の授業などを通じて，上記の5つのタイプのスポーツ活動を行う機会がある。将来のスポーツライフスタイルをシミュレーションし，スポーツライフを設計していく。

●ライフステージとスポーツ

①　生涯スポーツの捉え方

　生涯スポーツの重要性を考える上で，「ライフステージ」と「ライフサイクル」という考え方は欠かせない。なぜなら，生涯スポーツの前提に

は，平均寿命が伸びたことが背景にある。戦後急速に平均寿命は伸びたが，スポーツはこれまで男性，若者などに代表されるように，人生50年を前提とした右肩上がりの直線のイメージで語られてきたため，特に人生後半の「老い」や「弱さ」を視野に入れたライフステージやライフサイクルの考え方をあまり必要としなかったが，今後はライフステージやライフサイクルの考え方から生涯スポーツは重要となってくる。

② レジャー時代とスポーツ

日本人の平均寿命は，約80年という時代を迎えた。これを時間単位で捉えてみると約70万時間になる。このうち，睡眠，食事，排泄など生理的に必要な時間をのぞくと，約35万時間となり，さらに労働時間や就学時間をのぞくと，約20万時間となる。この約20万時間が，生涯にわたって自由に使える「**自由時間**」となる。この時間は，これまで「**余暇時間**」と呼ばれてきた。現在は，平均寿命の伸長や労働時間の短縮に伴う自由時間の増大の時代を迎え，みんなが自己開発や能力の可能性を探求するような文化的な活動によって，より積極的な自由時間の活用を求めるようになってきており，気軽にスポーツを行う「生涯スポーツ」の考えへと移行してきている。

●地域におけるスポーツライフ

① 地域におけるスポーツの意義と発展

これまでの地域におけるスポーツは，運動不足解消のほかに，住民同士のコミュニケーションを図るための重要な機会であった。運動会などのイベントを開催することによって，住民が一体となることができ，地域の連帯感を生み出すという役割を果たしてきた。特に高度経済成長期には，大都市に人口が集中し，地方で人口が減少していった。よって地域におけるスポーツの意義がさらに強く求められるようになったのである。

② 総合型地域スポーツクラブ

今日の地域におけるスポーツには，**生涯スポーツ**実践の拠点として地域住民の多様なスポーツ参加への要求を受けとめ，定期的なスポーツ活動を保障するしくみを整えることが，よりいっそう求められている。具

体的には，市町村体育館や学校の体育館，運動場などを開放して地域の人々が気軽にスポーツができる施設的環境を整えたり，スポーツ教室からスポーツクラブへ発展させたり，近年では複数の種目や幅広い年齢層で構成される**総合型地域スポーツクラブ**の育成など，様々な施策が展開されている。

▼総合型地域スポーツクラブとは

　文部省(現・文部科学省)が2000年9月に発表した「スポーツ振興基本計画」に示され，かつ推進する地域でのスポーツクラブ育成事業の対象スポーツクラブの名称である。多世代，多種目で「いつでも，どこでも，気軽に」スポーツをおこなえるようなスポーツクラブであり，自主運営を基盤にした地域でのスポーツ拠点となるようなヨーロッパ型のスポーツクラブを想定したものである。

③　自分が住んでいる地域とスポーツ

　スポーツ環境について考えるときは，自分の住んでいる身近な地域のスポーツ環境をよく理解することが重要である。スポーツ環境について，どのようにしたら自分たちのスポーツライフに生かすことができるのかを考える。

例題 1

次の文章は，地域におけるスポーツの意義と発展について述べたものである。文中の(　　)に該当する最も適切な語句を，あとのa～dから1つ選べ。

　地域におけるスポーツは，学校体育や職場スポーツとならんで，(　　)を実践する場を人びとに提供する。また同時に，それはどのような集団や組織に属している者でも参加することができる，広範囲なスポーツの機会を提供している。地域におけるスポーツは，スポーツ行事中心の時代からしだいに範囲を広げ，スポーツ教室の開催，スポーツ施設の拡充，スポーツクラブの育成や支援など，総合的・全体的なスポーツ振興の役割を果たしてきた。具体的には，行政や地域住民が公共スポーツ施設や学校開放施設を拠点とするスポーツ活動を推進したり，総合型地域スポーツクラブなど，地域におけるスポーツの組織化をはかったりし

ている。
  a　競技スポーツ　　b　生涯スポーツ　　c　スポーツイベント
  d　健康体操

解答　b

解説　総合型地域スポーツクラブとは，人々が，身近な地域でスポーツに親しむことのできる新しいタイプのスポーツクラブで，子どもから高齢者まで(多世代)，様々なスポーツを愛好する人々が(多種目)，初心者からトップレベルまで，それぞれの志向・レベルに合わせて参加できる(多志向)，という特徴をもち，地域住民により自主的・主体的に運営されるスポーツクラブをいう。

━━━━━━━━━ **例題2** ━━━━━━━━━

次の文中の(　　)に当てはまる語句として，最も適当なものを，以下の1～4から1つ選べ。

　地域住民が自主的・主体的に運営し，地域の誰もが参加できる「多世代」「多種目」「多志向」の形態であり，中学校区程度の地域において，学校体育施設や公共スポーツ施設を拠点としながら，地域の実情に応じて民間スポーツ施設も活用した，地域住民の誰もが参加できるスポーツクラブを(　　)地域スポーツクラブという。
  1　複合型　　2　連携型　　3　参加体験型　　4　総合型

解答　4

スポーツによる心身の発達と効果

●スポーツの効果

① 運動と健康

　私たちの身体は，運動をすることで体力が高まっていく「身体の適応」と言われるものがある。運動をすることで健康面にどのような影響が出るか，考える必要がある。

② 有酸素運動の効果

　「有酸素運動」とはウオーキング(速歩)，ジョギング，サイクリング，水中運動等であり，運動の強さは，自分の能力の半分程度，つまり，軽く汗ばむ程度がよいとされている。有酸素運動により心肺の機能が強化され，末梢の血液循環は改善し，代謝も改善され，中性脂肪値が下がり，善玉コレステロール値(HDL-C)は上がってくる。運動には，高脂血症，高血圧，糖尿病などの危険因子の予防・治療効果のほか，持久力をつけ，ストレスを解消するといった効果もある。

③ 体力の必要性

　体力を高めることによって，医療費の節減や生産性の向上などの経済的効果だけでなく，人々の生活に充実感や連帯感を与え，国民に生きがいをもたらすものであり，本格的な高齢社会を迎えるにあたり，体力の必要性は今後ますます増してくる。

●トレーニングの効果

① トレーニングの意義

　トレーニングとは，運動に対する身体の適応性を利用して，身体の「行動力」と「抵抗力」を望ましい水準に高めようとする過程のことをいう。生涯を通して，健康で生活できるようにするために「体力を高める」ことを意識して生活することが重要である。

② 体力トレーニングの目的

　体力トレーニングの目的は，大きく分けて，「健康を保持増進させるためのトレーニング」と「競技力を向上させるためのトレーニング」がある。状況に応じて，それぞれのトレーニングを行う。

▼健康を保持増進させるためのトレーニング

　日ごろの運動不足や社会の急激な変化にともなうストレスを解消させ，精神機能と身体バランスを正常に保持するためのトレーニングである。無理をせず規則的に実施すると，心身の機能がバランスよく正常に保たれ，健康の保持増進に大いに役立つ。軽い運動を比較的長い時間行うことで，習慣的に行うのが効果的なトレーニングにつながる。代表的なトレーニングには，ウォーキング，ジョギング，エアロビクスなどの有酸素運動が挙げられる。この他にも，様々な軽スポーツやトレーニングマシンを使っての運動も有効であるといえる。健康を保持増進させるためのトレーニングは，健康状態や個々の体力レベルや日ごろの生活状況に応じて，無理なく，楽しく継続することが大切であるといえる。

▼競技力を向上させるためのトレーニング

　競技大会に出場して，勝負を競い合う競技スポーツに必要な体力(フィットネス)を養成するためのトレーニングである。競技力を高めるトレーニングでは，競技者として必要な基礎体力を増強させるトレーニングに加えて，専門種目特有の体力を局所的に強化するトレーニングが必要不可欠であるといえる。基礎体力強化を全面的トレーニングと呼び，その目的は，筋力，持久力，スピード，パワー，調整力などの体力要素をバランスよく，満遍なく鍛錬して，基礎体力を増強させることにある。専門種目特有の体力強化を専門的トレーニングと呼び，専門とする種目の特性に応じて行われる。陸上競技といっても，マラソンのように競技時間が長い種目では，呼吸，循環器系の働きを高める持久力トレーニングが大切になってくるし，砲丸投げや棒高とびなど，瞬発力などの一瞬の動きが勝負を左右する種目の選手にとっては，筋力や瞬発力のトレーニングが重要になってくる。トレーニングはそれぞれの目的や状況に応じて行う必要がある。方法や理論は多種多様である。

●**スポーツの技術と技能**

　個々の運動やスポーツを特徴づけている技術は，練習を通して身に付けられた合理的な動き方としての技能という状態で発揮されること，技術には，絶えず変化する状況の下で発揮されるオープン・スキル型と状況の変化が少ないところで発揮されるクローズド・スキル型があること，その型の違いによって学習の仕方が異なることを理解しておくことが大切である。

①　クローズド・スキル

　外的条件に左右されることのない状況下で発揮される部分技能。ボウリング，射撃，体操，水泳，陸上競技など。

②　オープン・スキル

　対応すべき相手やボールが常に変化するような状況下で発揮される部分技能。剣道，柔道，空手など。

●**スポーツの技能の上達過程**

　運動やスポーツの技能の上達過程を試行錯誤の段階，意図的な調整の段階及び自動化の段階の三つに分ける考え方がある。これらの上達過程の段階や技能の特徴及び目的に即した効果的な練習方法がある。

　その際，技能の上達過程は，各段階で上達の速度が異なること，プラトーやスランプの状態があることを理解しておく。

①　プラトー

　運動技能の上達過程で，比較的長期間にわたって上達が停滞する現象(高原状態)。

②　スランプ

　運動技能がある程度上達した段階で，成績が一定期間低下する現象。

■■■■■■■■■■■■■■■■ 例題 1 ■■■■■■■■■■■■■■■■

　次の文章は，「運動技能」について述べたものである。（　Ａ　）～（　Ｄ　）
に当てはまる正しい語句の組み合わせを①～⑤の中から1つ選べ。

　　陸上競技や器械運動，水泳などのように直接相手と向き合う対応動作
がなく，外的条件に左右されない状況下で発揮される技能を（　Ａ　）と
いう。一方，柔道や剣道，空手などの武道のように相手の動きに対応
し，変化する状況下で発揮される技能を（　Ｂ　）という。また，バレー
ボール，サッカー，テニスなど多くの球技では，これら2つの技能が混
在し，例えばバレーボールの（　Ｃ　）は前者，（　Ｄ　）は後者である。

- ①　Ａ　クローズド・スキル　　　Ｂ　オープン・スキル
　　　Ｃ　サーブ　　　　　　　　Ｄ　レシーブ
- ②　Ａ　オープン・スキル　　　　Ｂ　クローズド・スキル
　　　Ｃ　レシーブ　　　　　　　Ｄ　トス
- ③　Ａ　オープン・スキル　　　　Ｂ　クローズド・スキル
　　　Ｃ　トス　　　　　　　　　Ｄ　スパイク
- ④　Ａ　オープン・スキル　　　　Ｂ　クローズド・スキル
　　　Ｃ　スパイク　　　　　　　Ｄ　サーブ
- ⑤　Ａ　クローズド・スキル　　　Ｂ　オープン・スキル
　　　Ｃ　レシーブ　　　　　　　Ｄ　サーブ

解答　①

解説　外的条件に左右されない状況下で発揮される技能をクローズド・ス
　　　キル，変化する状況下で発揮される技能をオープン・スキルと呼ぶ。

■■■■■■■■ **例題 2** ■■■■■■■■

次の文章は，「健康の保持増進と運動」について述べたものである。
(A)～(D)に当てはまる正しい語句の組み合わせを，以下の①～⑤
から1つ選べ。

健康の保持増進を図るための代表的な運動に，ウォーキング，(A)，
エアロビクスなどの(B)がある。これらの運動は全身持久力を高める
のに効果的で，比較的低い強度で長い時間おこなうとよい。こうした運
動により(C)の機能が向上して多量の酸素が筋肉に送られるようにな
り，運動によって生じた(D)もすみやかに除去される。個人の健康状
態や体力レベル等に応じて，無理なく，楽しくおこなうことが大切であ
る。

① A マラソン　　　B 全身運動　　　C 呼吸循環器系
　 D 乳酸
② A マラソン　　　B 有酸素運動　　C 内臓諸器官
　 D 老廃物
③ A ジョギング　　B 有酸素運動　　C 呼吸循環器系
　 D 老廃物
④ A ジョギング　　B 有酸素運動　　C 内臓諸器官
　 D 乳酸
⑤ A ジョギング　　B 全身運動　　　C 内臓諸器官
　 D 乳酸

解答　③

解説　比較的運動強度が弱く，酸素を十分に取り入れて行う運動を有酸素
　　　運動と呼ぶ。適切な有酸素運動は，呼吸循環器系に十分な刺激を与
　　　えて心肺機能を向上させ，毛細血管を発達させて酸素の運搬能力を
　　　高めるなど，全身持久力を向上させる効果がある。

━━━━━━━━━━━━━ **例題 3** ━━━━━━━━━━━━━

「スランプ」と「プラトー」を，次の図中にグラフをかいて示し，「スランプ」と「プラトー」の違いを説明せよ。

解答

説明…プラトーは，練習の初期に見られる高原現象をいう。いくら練習をしても一向に上達せず，一時的に進歩が停滞することがある。いわゆる壁にぶつかった状態。スランプは，技術がある程度上達した段階で技能が低下したり，停滞することをいう。

解説 言葉で説明できても図やグラフで表そうとすると，なかなか難しい。解答を参照しよう。

第 8 章

保健分野

保健体育科 保健分野

ポイント

　中学校は，保健分野の内容について，個人生活における健康に関する課題を解決することを重視する観点から，従前から示されていた中学校における基礎的な知識，ストレス対処や心肺蘇生法等の技能に関する内容，及び健康に関わる事象や健康情報から自他の健康に関する課題を発見し，よりよい解決に向けて取り組む思考力，判断力，表現力等の内容を示すこととした。その際，従前の内容を踏まえるとともに，個人生活における健康に関する課題を解決することを重視する観点から配列を見直し，「健康な生活と疾病の予防」，「心身の機能の発達と心の健康」，「傷害の防止」及び「健康と環境」の4つの内容で構成した。

　高等学校は，「保健」の内容については，個人及び社会生活における健康・安全に関する理解を通して健康についての総合的な認識を深め，保健の見方・考え方を働かせ，生涯を通じて自他や社会の健康に関する課題を解決していくための資質や能力の育成を図ることに重点を置き，小学校，中学校の内容を踏まえた系統性のある指導ができるようにした。内容のまとまりについては，個人及び社会生活における健康課題を解決することを重視する観点から，従前の「現代社会と健康」，「生涯を通じる健康」及び「社会生活と健康」の3項目を「現代社会と健康」，「安全な社会生活」，「生涯を通じる健康」及び「健康を支える環境づくり」の4項目とした。内容については，個人及び社会生活に関する事項を正しく理解し，思考・判断・表現できるようにするため，他教科及び小学校，中学校の内容との関連を考慮して高等学校における基礎的事項を明確にした。

本章を学習するにあたって
(高等学校保健体育教員志望者)

　本章は中学校学習指導要領の学習内容(健康な生活と疾病の予防，心身の機能の発達と心の健康，傷害の防止，健康と環境)に沿って構成されています。高等学校では中学校と異なる学習内容(現代社会と健康，安全な社会生活，生涯を通じる健康，健康を支える環境作り)で構成されていますが，細目については中学校の学習内容を踏まえているため，本書の内容や例題を学習することは有効であると考えられます。資料として，中学校・高等学校における保健分野の学習分野の対応表を示しますので，参考にしてください。

中学校			高等学校
1年	2年	3年	入学年次及びその次の年次

健康な生活と疾病の予防
・健康の成り立ちと疾病の発生要因
・生活習慣と健康　・生活習慣病などの予防
・喫煙，飲酒，薬物乱用と健康
・感染症の予防
・個人の健康を守る社会の取組

現代社会と健康
・健康の考え方
・現代の感染症とその予防
・生活習慣病などの予防と回復
・喫煙，飲酒，薬物乱用と健康
・精神疾患の予防と回復

心身の機能の発達と心の健康
・身体機能の発達と個人差
・生殖に関わる機能の成熟と適切な行動
・精神機能の発達と自己形成
・欲求やストレスへの対応と心の健康

安全な社会生活
・安全な社会づくり
・応急手当

傷害の防止
・交通事故や自然災害などによる障害の発生要因
・交通事故などによる傷害の防止
・自然災害による傷害の防止
・応急手当の定義と実際

生涯を通じる健康
・生涯の各段階における健康
・労働と健康

健康と環境
・身体の環境に対する適応能力・至適範囲
・飲料水や空気の衛生的管理
・生活に伴う廃棄物の衛生的管理

健康を支える環境づくり
・環境と健康
・食品と健康
・保健・医療制度及び地域の保健医療機関
・様々な保健活動や社会的対策
・健康に関する環境づくりと社会参加

※高等学校においては，原則として，入学年次及びその次の年次の2か年にわたり履修

心身の機能の発達と心の健康

●呼吸機能

　呼吸とは人間が生きていくために酸素をとり入れ，炭酸ガス(二酸化炭素)を排出することである。肺は酸素と炭酸ガスとの交換を肺胞を通じて行う器官であり，その大きさは成人になるまで年齢とともに増大する。胸郭の発達は簡単に胸囲によって知ることができる。胸郭が大きくなるにしたがって肺の容積が増していく。肺の中のガス交換の行われる肺胞の表面積も新生児で$2.8m^2$であるが成人では$75m^2$と，約26倍になる。肺容積の増大は換気能力の増大を意味する。肺の大きさは一般に男子の方が女子よりも大きく，青年期の男子左肺の体積は約$1200～2500cm^3$，同じく女子では$900～2000cm^3$である。通常，右肺は左肺より10%ぐらい体積が大きい。肺の重量は年齢とともに増加し，出生時から15歳頃までに肺活量は10倍に増加する。そして，特に14～15歳の頃に著しい発達を示す。また，肺容量は年齢とともに増加するが，70歳を境に減少していく。肺活量は，肺の機能的容積を示すものであり，身長発育のほぼ3乗に比例して増大していくことが知られている。身長1m当たりの肺活量は20歳頃までは年齢とともに増加していくが，その後減少する傾向がある。

●循環機能

　肺の換気作用によって血液中のヘモグロビンと結合した酸素は心臓に流れ込む。心臓は心筋の収縮と弛緩によるポンプ作用によって血流を循環させている。心臓の重量の発達は体重の発達曲線によく似ていて発達の盛んな時期は生後1～2年と，男子では12～16歳，女子は11～15歳との2期であるが，20歳頃になって頂点に達する。心臓が発達するということは，心臓の拍出能力が増すことで，心臓の収縮力が強く，多量の血液を拍出するために，心筋が完全に収縮し，残留血液を残さない。また，十分に拡張するため心臓容量も増える。正常状態では脈拍数は心拍数に等しい。心拍数は神経性および体液性の影響を強く受ける。出生時は，心拍数は毎分130回くらいである。始めはすみやかに，後はゆっ

くりと減少していき，10歳ぐらいまでに90回くらいとなり，成人では
60～90回になる。心拍数は同一人物でも時とともに大いに変動する。
思春期になると，男女の差異が現われてくる。ときとして不整脈をおこ
すことがあり，**思春期不整脈**ということもある。

▼関連用語

□**ルーの法則**……ヒトの器官や機能は，適度に使えば発達し，使わなけ
れば退化・萎縮するという法則。これは，安静が必要でないときにも
動きを制限していると，さらに体力や筋力が低下し，悪循環に陥って
しまうことである。例えば，腰痛に関して，安静にし筋肉を弛緩させ
ることも必要であるが，予防するためには腹筋や背筋を鍛えておくこ
とが最良の予防策となる。

●内分泌腺

　内分泌腺の発達はその重量の変化から知ることができる。下垂体・甲
状腺・胸腺・副腎などの内分泌腺は，それぞれ異なった発育経過を示す。
胸腺は，内分泌腺のうちで最も早い時期に発達して**12～16歳**頃に最大
値となり，内分泌活動も盛んになる。下垂体や**甲状腺**がこれにつぎ，年
齢とともに発達し，15～20歳頃に最大値となる。副腎は**胎生期**に発達が
盛んであって，生後はかえって小さくなる時期がある。そして2歳頃に
最も小さくなるが，再び大きくなり，さらに**思春期**になると急激に発達
する。

●スキャモンの成長曲線

　神経型は「運動能力」・「手先」などの器用さやリズム感などを指し，
脳の重量や頭囲によって発達を測定できる。出生直後から急激に発育し，
4，5歳までに成人の80％，6歳で90％にまで発達する。リンパ型とはリ
ンパ節などのリンパ組織や免疫力を向上させる扁桃などを指す。リンパ
型は，出生直後から12，13歳まで急激に発達するが，思春期を過ぎると
成人レベルへと戻る。一般型は身長・体重や肝臓や腎臓など胸腹臓器の
ことを指す。乳幼児期まで急速に発達，その後は次第に緩やかになり，
第二次性徴が出現し始める思春期に再び著しく発達する。一般型は思春

期で成人とほぼ同等になり，それ以降はあまり成長しない。生殖型は男子の陰茎・睾丸や女子の卵巣・子宮などの成長を指す。生殖型は小学校低学年までは成長はあまり見られないが，思春期あたりから急激に発達する。また，生殖型の発達によって男性ホルモンや女性ホルモンの分泌が増える。

スキャモンの発達曲線
①神経型
②リンパ型
③一般型
④生殖型

●第一次性徴と第二次性徴

　「男」「女」の性は，受精のときに精子や卵子がもっている**染色体**によって決定される。出生時にみられる男女の性器官の違いを第一次性徴という。また，思春期になると両性の特徴がはっきりしてくる。これを第二次性徴という。男子の二次性徴は精巣の間細胞から分泌させる男性ホルモン(アンドロジェン)のはたらきによって発現される。思春期になると，急に男性ホルモンの分泌量が増えて骨格や筋肉が発達し，肩幅も広くなりがっしりした男らしい体つきになる。また，12〜15歳頃になると，声変わり，**喉頭隆起**の突出が目だつようになり，男子特有のひげ，胸毛，すね毛なども生えてくる。男性ホルモンの分泌は下垂体前葉から分泌される**間質刺激ホルモン(ICSH)**によって分泌がおこる。女子の二次性徴は卵巣から分泌される女性ホルモン，これには，①**卵胞ホルモン(エストロジェン)**と②**黄体ホルモン(プロジェステロン)**の2種類があり，これらのホルモンによって発現される。思春期になると卵胞の発育が進み，卵胞ホルモンの分泌量が増え，乳房や骨盤が発達，胸部や**腰部**をはじめ身体全体に**皮下脂肪**も増し，丸味をおびた女らしい体つきになる。

●思春期と健康

① 思春期の体の発達

　人間の発達段階の中で，「思春期」の後半にあたる高校生の時期は，体が大人に近い状態になっていく。ただし，性機能はまだ未熟で，十分な発達をとげていない状態である。この思春期には，体の変化に驚き，心

理的に不安定になることがある。自分自身を受け入れるためにも自分の体の変化を知ることは大切である。

② **思春期の行動・心理面の特徴**

思春期である高校生の時期には，体の変化に戸惑いを感じ，同時に心の変化を感じる。この時期は，自分らしさを確立する時期であり，自立したいがために自分との葛藤に苦しんで，問題行動を起こしてしまったり，思うようにいかないことから，落ち込んだりする時期でもある。そんな時期に，どのようなことを考え，行動を起こし，自分らしさを見つけていくのか，そして自分の**能力**や**適性**を発見し，将来の生き方や人生設計を構築していくことが重要である。

●妊娠・出産と健康

① **胎児の環境としての母体**

妊娠・出産は，新しい命が女性の体内で生まれ育って，この世に誕生してくるという過程である。この妊娠から出産に至るまでの**約9カ月間**は，胎児にとっての母体，つまり母親のおなかの中が育つ環境のすべてとなる。そのため，妊娠中の健康管理はとても重要である。

② **妊娠の始まりと胎児の各器官の形成**

受精卵は，約1週間で子宮に運ばれて子宮の内膜にくっつき，胎盤を作り始める。これを「**着床**」という。月経が停止することで妊娠したことに気づく場合が多く，月経が止まり，産婦人科にかかるころには，妊娠週数は満5週から6週ごろになっている。また，妊娠週数と胎児の生育週数に，約2週間のずれが生じる。

③ **妊娠週数について**

妊娠週数とは，最終月経，すなわち最後にあった月経の第1日を起点として数える。したがって，実際の胎児の成育週数とは，約2週間のずれが生じる。若い女性の場合には，性周期が不規則なことも多く，月経がくるかどうか様子をみたりしているうちに，すでに妊娠8週，3カ月目に入っていることも少なくない。妊娠週数の数え始めである起点を知り，妊娠週数の数え方を具体的に理解することは必要なことである。

④　公的サービスの活用

　妊娠・出産に関する公的サービスには様々なものがある。医師によって妊娠が確認されたら，妊娠届を役所に提出して**母子健康手帳**を受け取る。この母子健康手帳は，妊娠，出産，育児に関する記録簿であり，本人や医師，保健師などが記入するようになっている。この手帳を受け取ることで，母子ともに健康な生活を送り，安全な妊娠・出産をサポートするための公的なサービスを受けることができる。

⑤　生活上の注意と周囲の支援

　妊娠中は，日常生活を送る中で様々な注意を払わなくてはいけない。妊娠がわかったら，胎児への悪影響となる行動や生活習慣を避けること，母体の健康を守るために心身の状態や生活行動に配慮することなどを学習する。また，胎児の発育が盛んな妊娠初期や，早産の危険がある妊娠後期は特に注意が必要である。

●心身の相関とストレス

①　心と体の関わり

　人前に出た時，緊張で脈が速くなったり，顔が赤くなったり，汗をかいたりすることがある。また，精神的に疲れた時に，スポーツをして汗をかくと，さわやかな気分になることがある。このように，心と体が互いに影響し合っていることを「心身相関」という。

②　ストレスと心身の健康

　現代社会には，実に多くの「ストレス」があり，私たちは毎日「ストレス」にさらされながら生活している。ストレスが強かったり，長く続いたりすると，「心身相関」のしくみが働き，体に様々な悪影響が出てくることもある。

③　ストレスへの耐性

　私たち人間は，ある程度のストレスに耐えられる力，「ストレス耐性」を持っている。しかし，耐性には個人差があり，同じストレスでも，さほど苦痛に感じない人もいれば，とても苦痛に感じる人もいる。

④　PTSD

　心的外傷後ストレス障害のこと。脅威にさらされた者は，だれでも心

の傷を体験する。その中で「通常の人間的経験の範囲を逸脱し，ほとんどの人間に極めて障害的であるような事態」で体験される精神障害が，1カ月以後になっても続いているものをいう。

● ストレスへの対処

① 原因への対処

　ストレスに対処しようとするとき，まず考えるべきことは「原因への対処」である。これは，もっとも難しい対処方法かもしれないが，もっとも有効な対処方法である。

② 方法を変えることによる対処

　ストレスに対しては，「見方や考え方を変える」ことも方法の1つである。これはストレスの原因には**直接触れないで**対処する方法である。そのかわり，自分自身のストレスの状況を冷静に論理的・客観的に見直し，自分のストレスを調整する能力が必要になる。

③ リラクセーションなど

　何かに熱中している間は，他のことを完全に忘れてしまう。どうしてもストレス状態から逃げることができない時は，何かに熱中して気分転換やリラクセーションを図ったり，運動をするなどして，ストレスを発散させることが必要となる。ストレスを発散する方法は人それぞれであり，様々な方法の中から，自分に合った方法を探しておくことが重要である。リラクセーション方法の1つとしては「**筋弛緩法**」がある。

▼関連用語

□**筋弛緩法**……意識的かつ一時的に筋肉を緊張させた後，一気に緊張を解放させることでリラックス状態を得るために行うリラクセーション法。「筋肉を弛緩させる」といってもなかなか意識的に行うことは難しいものだが，最初に慢性的に疲労した部分に力を入れて緊張させるという反対の行為を行い，その後スッと力を抜いて筋肉の緊張を解放させると，その反動でより深い弛緩状態をつくることができる。

④ 信頼できる人や専門家への相談

　自分だけではストレスを解消できない時や，ストレスの原因となっている問題を解決する糸口すら見つからない場合，友人や専門家など誰か

に相談することも重要なことである。

⑤　自分に合った対処法

　今まで「原因への対処」，「方法を変える対処」，「リラクセーションによる対処」，「信頼できる人や専門家への相談」という，4つのストレスへの対処法について示してきた。これらの対処法を上手に使ってストレスを解消することが大切である。そのためには，自分の状態を把握することが必要である。

●自己実現

①　自己実現とは

　「自己実現」とは自分の目標に対して，近づくことや達成することである。一般的に「自己実現」という言葉を聞くと，まず社会で成功した人やスポーツで結果を残した人などが思い浮かぶかもしれない。しかし，誰にでも「自己実現」は可能だし，人それぞれの「自己実現」の形があるはずである。

②　自己実現の過程

　自己実現の過程に決まった形はない。自己実現の数だけ，実現に向けての過程が存在するといってよいだろう。今現在，成功している人すべてが自己実現を果たした人とは限らないし，他人からはそう見えても，その人自身は納得をしておらず，まだ途中の段階かもしれないのである。

③　自己実現に向けての計画化

　自己実現は，人生の最終目標ではない。子どもには子どもの，大人になれば大人の自己実現がある。例えば高校生であれば，高校生である今の自分としての自己実現があり，それを目指して行動する段階にあるといえる。自己実現に向けてどのように目標を設定するのか，また，どのような意識を持って行動するのか，成長段階によって適した対応が必要である。

●欲求不満と適応機制

①　欲求とその種類

　人間には本能的な様々な欲求がある。「欲求は行動の原動力」であり，

欲求というものが備わっていなければ，生きていくことはできない。この欲求はおおきく「一次的欲求」と「二次的欲求」の2つに分けることができる。「一次的欲求」は生理的欲求ともいわれ，生命を維持するための食物・水分・空気・休息・睡眠・排泄などの欲求，また身体機能の維持に必要な活動の欲求，さらに種族保存のための性欲求などがある。「二次的欲求」は，心理的欲求または社会的欲求ともいわれ，一次的欲求を基盤とし，社会生活を通して，後天的に発達し獲得される欲求である。すなわち二次的欲求には，他人から愛されたり，好かれたりしたい愛情の欲求，何かの集団に属したいという所属の欲求，優位な地位を得たいという地位の欲求などがある。

② 欲求不満と心の健康状態

　欲求がいろいろな原因で充足させることを妨げられた状態を欲求不満(フラストレーション)という。この欲求の充足を妨げるものを障壁といい，これには次のようなものがある。1. 物理的障壁…時間，空間，気象条件，地形，災害など。2. 個人的障壁…心身の能力や特性不足，努力不足など。3. 社会的障壁…伝統，社会習慣，道徳，法律・制度，人間関係など。4. 経済的障壁…家庭の経済など。

③ さまざま適応機制

　私たちの心には，欲求不満の状態をやわらげ，心のバランスを保とうとする働きが備わっている。これを「適応機制」と呼ぶ。「適応機制」には様々なものがある。

種　類	内　　　容	意識のレベル	病的	健康者
抑圧	苦痛な感情や欲動，記憶を意識から閉め出す。	抑制(禁圧) 臭いものにフタ	○	△
逃避	空想，病気，現実，自己へ逃げ込む。	回避 逃げるも一手	○	△
退行	早期の発達段階へ戻る。幼児期への逃避。	童心に帰る	○	○
置き換え	欲求が阻止されると，要求水準を下げて満足する。	妥協する	△	○
転移	特定の人へ向かう感情を，よく似た人へと向きをかえる		○	△
転換	不満や葛藤を身体症状へ置きかえる。	もの言わねば腹ふくるる	○	

昇華	反社会的な欲求や感情を，社会的に受け入れられる方向へ置きかえる。			○
補償	劣等感を他の方法で補う。	碁で負けたら将棋で勝て		○
反動形成	本心とウラハラなことを言ったり，したりする。	弱者のつっぱり	○	△
打ち消し	不安や罪悪感を別の行動や考えで打ち消す(復元)。	やり直し	○	△
隔離	思考と感情，感情と行動が切り離される(区分化)。		○	△
取り入れ	相手の属性を自分のものにする。同化して自分のものとする(取り込み)。	相手にあやかる真似	○	○
同一視(化)	相手を取り入れて自分と同一と思う。自他未分化な場合は一次同一化(→融合，合体)。		○	○
投射(投影)	相手へ向かう感情や欲求を，他人が自分へ向けていると思う。	疑心暗鬼を生ず	○	
合理化	責任転嫁	いいわけ	○	
知性化	感情や欲動を直接に意識化しないで知的な認識や考えでコントロールする。	屁理屈	○	△

例題 1

身体機能の発達に関して述べた次のア～オの文章のうち，記述に誤りのあるものを1つ選び，記号で答えよ。

ア　呼吸器のうち，肺の機能であるガス交換を行っているのは肺胞で，その他の器官を一括して気道と呼んでいる。気道は毛細血管との接触面を増やしてガス交換の効率を高めるために，末端までに平均23回もの枝分かれを繰り返しているといわれている。

イ　呼吸運動は，間脳にある呼吸中枢を中枢とする自律神経の働きによって調節される。自律神経は，血液中の二酸化炭素濃度が上昇すると呼吸を促進させ，逆に低下すると抑制される。

ウ　肺活量とは，1回の呼気で吐き出すことのできる最大の空気の量のことをいう。肺活量には，肺の容積と呼吸筋の機能が関与する。したがって，肺活量は肺における換気能力を表すものと見ることができる。わが国の平均は，中学生男子で2600～3600mL，女子で2300～

2700mLであり，20歳男子で約4400mL，20歳女子で約3000mLであるといわれている。

エ　直径3cmほどの大動脈は，動脈，細動脈へと分岐を繰り返し，最後には，赤血球がやっと通れるほどの直系7〜10μmほどの毛細血管となる。毛細血管は次々と合流し，静脈，大静脈となり，血液は心臓へと帰っていく。血管の総延長は9万kmにも及ぶ。

オ　安静時に1回の心臓の拍動で押し出される血液の量を1回拍出量といい，1分間に押し出される血液の量を分時拍出量という。1回拍出量は中学生で40〜50mL，成人で60〜80mLであり，運動時には100mLになることもある。分時拍出量は中学生で3〜4L，成人で5〜6Lであり，運動時には20〜40Lになることもある。

解答　イ

解説　呼吸中枢は主として動脈血の二酸化炭素分圧によって調節されており，二酸化炭素分圧が低下すると呼吸運動は低下し，上昇すると呼吸運動は促進され，二酸化炭素を体外に追い出そうとする。

━━━━━━━━━━ 例題2 ━━━━━━━━━━

スキャモンの発育曲線について，次の表中に示した①を参考に，残り3つの発育の型とそれぞれに対応する体の器官を2つずつ表に記入せよ。また，①〜④の発育曲線を図に記入し，それぞれの曲線に①〜④の番号を記せ。ただし，縦軸は20歳時を100とした比率とする。

発育の型	体の器官	
①　神経型	脳	視覚器
②		
③		
④		

解答 表：② 一般型…身長・体重，肝臓(腎臓)　③ リンパ型…扁桃，リンパ節　④ 生殖型…男児の陰茎・睾丸，女児の卵巣・子宮

図：

解説 スキャモンの発育曲線とは成長発育を20歳を100％として考え，各体組織の発育の特徴を4つのパターンに分けてグラフ化したもの。
　(神経型)器用さやリズム感をになう神経系の発達は，脳の重量や頭囲で計る。出生直後から急激に発育し，4～5歳までには成人の80％程度(6歳で90％)に達する。　(一般型)身長・体重や肝臓，腎臓などの胸腹部臓器の発育を示す。特徴は，乳幼児期まで急速に発達し，その後は次第に緩やかになり，二次性徴が出現し始める思春期に再び急激に発達する。思春期以降に再び発育がみられ大人のレベルに達する。　(リンパ型)免疫力を向上させる扁桃，リンパ節などのリンパ組織の発達，生後から12～13歳までにかけて急激に成長し，大人のレベルを超えるが，思春期すぎから大人のレベルに戻る。　(生殖型)男児の陰茎・睾丸，女児の卵巣・子宮などの発育。小学校前半まではわずかに成長するだけではあるが，14歳あたりから，急激に発達する。生殖器系の発達で男性ホルモンや女性ホルモンなどの性ホルモンの分泌も多くなる。

■■■■■■■■■■ **例題 3** ■■■■■■■■■■

次の文章を読んで，以下の各問いに答えよ。

人間の大脳皮質には，系統的に下等な脊椎動物の段階からすでに存在している_ア<u>古い皮質</u>と，高等な脊椎動物の段階で発達してくる新しい皮質とがある。これらは，人間の欲求やそれに基づく行動に深く関係している。

人間の欲求には，生きるために必要な一次的欲求と，よりよく生きるための_イ<u>二次的欲求</u>がある。我々の日常生活では，_ウ<u>「〜したいが，できない」とか「〜したくないが，しなければならない」というような「板ばさみ」の状態</u>になることもあり，常に欲求が満たされているとは限らない。欲求が満たされない状態を[①]といい，これによる不安や悩みなどをやわらげ，心の安定を保とうとする働きを[②]という。

(1) 文中の[①]及び[②]に当てはまる最も適切な語句を答えよ。

(2) 下線部アは，皮質部の中心部ではなく，へりにあることから何というか。

(3) 下線部イは，心理的欲求ともいわれ，2つに分類できる。成長の過程で早く発達する欲求から順に答えよ。

(4) 下線部ウについて，このような状態のことを何というか。

(5) [②]の1つである昇華について説明せよ。

解答 (1) ① 欲求不満 (フラストレーション) ② 適応機制
(2) 大脳辺縁系 (3) 自我欲求 → 社会的欲求 (4) 葛藤
(5) 抑えられた性的欲求や攻撃欲求を学問，芸術，スポーツなど文化的価値のあるものに向けること。

解説 (1) 欲求不満：一般に要求や欲求によって，行動への傾向が生じているにもかかわらず，それが阻止されたり，干渉されたりして，十分実現されなかったときの状態。 適応機制：人間が，自然的，社会的環境に適合し，精神の安定を保つためにとるはたらきのことで，その過程において，欲求不満を経験すると，それを解消し，より安定

した状態に自分を保とうとする自然のはたらき。　(2)　大脳辺縁系とは大脳皮質下部の領域で系統発生的に古く，生存，生殖，情動などに関与すると考えられている部分であり，認知などに関わるとされる新皮質の下にある。　(3)　二次的欲求は，社会生活におけるもろもろの経験や人間関係を通して形成されていく欲求である。人格的欲求には達成・親和・攻撃・中和・獲得などがあり，社会的欲求には承認・優越・顕示・支配・屈辱回避・集団所属などがある。

(4)　日常生活において，個体がほぼ同じ程度の強さの競合する2つ以上の欲求や動機によって，同時に影響を受けたときにおこる迷い，あるいは不決断の心理的状態のこと。　(5)　もとの欲求と密接に関係しており，その代わりとして，より高尚な社会的に価値のあるものによって代償されること。

例題 4

次のような適応機制を何というか答えよ。

(1)　自分の不得意な面をほかの面で補おうとする。

(2)　自分にない名声や権威に自分を近づけることによって，自分を高めようとする。

(3)　もっともらしい理由をつけて自分を正当化する。

(4)　耐えがたい事態に直面したとき，子どものようにふるまって自分を守ろうとする。

(5)　実現困難な欲求や苦痛な体験などを心のなかに抑えこんで忘れようとする。

解答　(1)　補償　　(2)　同一化　　(3)　合理化　　(4)　退行　　(5)　抑圧

解説　(1)　同じ代償行動である昇華と混同しないように注意する。昇華は社会的に承認されたより価値の高いものに欲求を向けることである。(2)　例としては，映画や本の主人公と自分を重ねてみることが挙げられる。

■■■■■■■■■■■■■■■■■■■■■■■ **例題 5** ■■■■■■■■■■■■■■■■■■■■■■■

次の内容は，生殖にかかわる機能の成熟に関する一部である。以下の各問いに答えよ。

　思春期には，下垂体から分泌される(　①　)刺激ホルモンの働きにより生殖器の発育とともに生殖機能が発達し，男子では(　②　)，女子では月経が見られ，(　③　)が可能となることを理解できるようにする。また，身体的な成熟に伴う性的な発達に対応し，個人差はあるものの，性衝動が生じたり，異性への関心などが高まったりすることなどから，異性の尊重，性情報への対処など性に関する適切な態度や行動の選択が必要となることを理解できるようにする。

　　　　〜中学校学習指導要領解説「保健体育編」平成29年7月より〜

(1)　(　①　)〜(　③　)に適語を入れよ。

(2)　性に関する指導に当たっては，どのようなことに配慮することが大切であると解説に示されているか，3点あげよ。

解答　(1)　①　性腺　　②　射精　　③　妊娠　　(2)　・発達の段階を踏まえる。　・学校全体で共通理解を図る。　・保護者の理解を得る。

解説　思春期には，下垂体から分泌される性腺刺激ホルモンのはたらきにより生殖器の発育とともに生殖機能が発達し，男子では射精，女子では月経が見られ，妊娠が可能となることを理解できるようにする。また，身体的な成熟に伴う性的な発達に対応し，性衝動が生じたり，異性への関心などが高まったりすることなどから，異性の尊重，性情報への対処など性に関する適切な態度や行動の選択が必要となることを理解できるようにする。

■■■■■■■■■■■■■■■■■■■■■■■ **例題 6** ■■■■■■■■■■■■■■■■■■■■■■■

次は，女性の性周期における子宮内膜の変化及び基礎体温の変化について述べたものである。正しい順序のものをあとの(1)〜(4)の中から1つ選べ。

①　黄体ホルモンの影響で基礎体温が上昇する。

② 子宮内膜がしだいに厚くなり充血する。

③ 排卵があると基礎体温が低下する。

④ 基礎体温が低下し，月経が開始する。

(1) ④→①→③→②

(2) ②→③→①→④

(3) ③→②→①→④

(4) ④→③→①→②

解答 (2)

解説 女性のからだは，妊娠の準備のために周期的に変化する。ホルモンの作用により，卵巣では卵胞が発育・成熟・排卵する。子宮内膜は，妊娠に備え，受精卵が着床しやすいように厚く変化する。妊娠に至らない場合には，子宮内膜の準備は不要になり，体外に排出する(月経)。排卵後に分泌量が急増するプロゲステロン(黄体ホルモン)の影響で排卵から次の月経までは，基礎体温は高温期となる。高等学校学習指導要領「保健」では，生殖に関する機能については必要に応じて関連付けて扱う程度とするが，指導者の基礎知識として女性の性周期のホルモンの作用，卵巣の変化，子宮内膜の変化，基礎体温の変化等を，高校の教科書に記述されている内容程度，学習しておく必要がある。

健康と環境

●私たちの健康のすがた

① わが国の健康水準の現状

　健康状態をはかることのできる物差しのことを**健康指標**といい，具体的には**平均寿命**や乳児死亡率などがある。この物差しによって測られた健康の程度が健康水準となる。**平均寿命**とは，生まれたばかりの乳児がこれから生きていくことが期待できる年数のことを意味する。わが国における平均寿命は，終戦直後まで低い水準にとどまっていたが，その後，急速にのび続け，2021年では，男性81.47年，女性87.57年と世界最高水準となっている。平均寿命ののびは，初期には乳児死亡率の大幅な改善，近年では**高齢者の死亡率の改善**が主な要因となっている。

▼関連用語

□**健康寿命**……平均寿命の内訳として世界保健機関(WHO)が定義した，健康という生命の質も含めた指標。WHOが2019年に発表したところによると，わが国の健康寿命は男女あわせて平均74.09歳であり，世界最長となっている。

□**平均余命**……ある年の各年齢における死亡率が今後ともそのまま持続すると仮定した時，各年齢の人が平均してあと何年生きられるかを理論的に示した数値をいう。

② 健康水準向上の背景

　わが国における健康水準の向上は，第二次世界大戦後の経済成長によって国が豊かになったことが大きな要因といえる。人々の生活水準は高まり，食料事情がよくなり，生活環境が衛生的になった結果，**感染症**は減少し，それによって亡くなる人や乳児の死亡率も大きく減少した。乳児の生存は，胎児期の母体の健康状態や生後の成育環境などの影響を強く受けるので，乳児死亡率はその社会の栄養状態や衛生状態の状況を反映するといえる。

③ わが国における健康問題の変化

　わが国では，戦後まもなくまでは，結核や肺炎などの感染症で死亡する人が多くみられた。現在では，感染症で死亡する人は大きく減少し，

生活習慣病が原因で死亡する人が**全体の半数近く**を占めている。わが国は栄養状態や衛生状態は改善されたことで感染症は減ってきたが，食べすぎや運動不足につながっている面もある。現代は，個人がどのような生活習慣を実践していくかが健康を大きく左右する時代といえる。

▼関連用語

□**健康日本21**……厚生省(現厚生労働省)が2000(平成12)年に制定した「21世紀における国民健康づくり運動」の略称であり，壮年期死亡率の減少や健康寿命を延ばすこと，および生活の質(QOL：quality of life)の団体・国民が一体となって健康づくり運動を推進しようとするものである。

□**健康増進法**……「健康日本21」を中核とする国民の健康づくり・疾病予防をさらに積極的に推進するため，医療制度改革の一環として2002(平成14)年に公布された。病気になる前の健康な生活習慣に重点を置き，生涯にわたる国民の健康の増進に取り組むための法律。法律制定の背景には，我が国における急速な高齢化の進展，及び疾病構造の変化(感染症での入院・死亡がきわめて少なくなり，それに代わって，がん，心臓病，脳卒中(脳血管疾患)などの生活習慣病が死因順位の上位を独占するようになった)に伴い，国民の健康の増進の重要性が著しく増大していることにかんがみ，国民の健康の増進の総合的な推進に関する基本的な事項，国民の栄養の改善，その他の措置を講じて，国民保健の向上を図る必要性があげられる。

●至適範囲

環境条件の至適範囲のこと。気温の場合，運動，睡眠，勉強といった，それぞれの目的がうまく達成でき，その間主観的にも生理的にも最も快適で無理のない温度範囲を**至適温度範囲**という。至適温度範囲は個人差があり，主な要因として男女，年齢，季節，昼夜，民族，着衣条件等があげられる。一方，音の場合，仕事を行うにしてもあまり静かなところでは適当でないとされている。身体を動かす活動では50〜60dB，睡眠時には30〜40dBくらいが至適環境騒音レベルといわれている。

●熱中症の手当

　　直射日光や高温多湿の環境下で激しい運動やスポーツを行うと，体温調節機能や血液循環機能が十分にはたらくことができず，「熱中症」になってしまう。「熱中症」には，「熱失神」「熱疲労」「熱けいれん」「熱射病」など数種類の症状がある。

熱けいれん （Ⅰ度）	大量に汗をかき，水だけを補給して血液の塩分濃度が低下した時に，足，腕，腹部の筋肉に痛みを伴ったけいれんがおこる。暑熱環境下で長時間の運動をして大量の汗をかく時におこる。
熱失神 （Ⅰ度）	皮膚血管の拡張によって血圧が低下，脳血流が減少しておこるもので，めまい，失神などがみられる。顔面蒼白，呼吸回数の増加，唇のしびれなどもみられる。脈は速くて弱くなる。
熱疲労 （Ⅱ度）	大量の汗をかき，水分の補給が追いつかないと脱水がおこり，熱疲労の原因となる。脱水による症状で，脱力感，倦怠感，めまい，頭痛，吐き気などがみられる。
熱射病 （Ⅲ度）	体温の上昇のため中枢機能に異常をきたした状態である。意識障害が特徴で，頭痛，吐き気，めまいなどの前駆症状やショック状態などもみられる。また，全身臓器の血管がつまって，脳，心，肺，肝，腎などの全身の臓器障害を合併することが多く，死亡率も高くなる。スポーツで主に問題となるのは熱疲労と熱射病である。

　　熱中症が疑われる場合は次のような処置を行うことがあげられる。

① 涼しい環境への避難

　風通しのよい日陰やできればクーラーが効いている室内等に避難させる。

② 脱衣と冷却

　　○ Ⅰ度（軽症），Ⅱ度（中等症）の場合

　　　・涼しい場所に移し，衣服を緩める。

　　　・皮膚を濡らしてうちわや扇風機で扇いだり，氷やアイスパックなどで冷やす。

　　　・冷やした水のペットボトルやビニール袋入りのかち割氷，氷のう等を前頸部の両側脇，腋窩部，鼠径部に広く当てる。

　　○ 意識障害がある，またはⅢ度の場合

・水道につないだホースで全身に水をかけ続ける。
・救急車を要請する場合も，その到着前から冷却を開始する。
③　水分・塩分の補給
・冷たい水を持たせて，自分で飲んでもらう。大量の発汗があった場合には，汗で失われた塩分も適切に補える経口補水液やスポーツドリンク等を用いる。食塩水を補給する場合は水1Lに1〜2gの食塩が適当。
・重度であっても応答が明瞭で，意識がはっきりしているなら，冷やした水分を口から与える。
・「呼びかけや刺激に対する反応がおかしい」「答えがない(意識障害がある)」時は，口から水分を飲むのは禁物であり，病院での点滴が必要である。

●水質汚濁と健康
①　水質汚濁とかつての原因
　大気と違い，水の場合は，「濁り」が問題となることが多いので「汚濁」という言葉を使い，「水質汚濁」という。
　1960年前後に起こった水質汚濁と，現在起こる水質汚濁では原因が異なる。現在における水質汚濁の原因の7割近くは生活排水によると考えられている。
②　水質汚濁による健康影響
　水を汚染している有害物質は，様々なルートを経て私たちの体に入ってくる。例えば，汚濁した水で育った魚を食べることにより，有害物質が私たちの体内に蓄積されることが考えられる。

●大気汚染と健康
①　公害
　わが国では，環境の保全について基本理念を定め，国，地方公共団体，事業者及び国民の責務を明らかにするとともに，環境保全に関する施策の基本となる事項を定めるため，1993(平成5)年に**環境基本法**が公布・施行された。(同法の施行によって公害対策基本法(1967年)は廃止された。)

　かつては典型7公害(大気汚染・水質汚濁・騒音・振動・地盤沈下・土壌汚染・悪臭)と自然環境項目(地形・地質・動植物・自然景観)についてなされるのが通例であったが，アメニティ(快適さ)，生物多様性，日照，廃棄物，里山，干潟など，さらに多様な項目の環境影響評価をすることが必要となった。

　近年，これらの公害による被害が全国の多くの地域で発生しており，その防止や患者の救済が大きな社会問題となっている。公害で被害を受けた人には，**公害健康被害補償法**の汚染者負担の原則に基づき，事業者が医療費や補償費を負担する健康被害補償制度がある。

　健康被害補償制度に基づいて認定された患者を**公害認定患者**という。認定された公害病は，大気汚染系には**慢性気管支炎・気管支ぜんそく・ぜんそく性気管支炎・肺気腫**，水質汚濁系には**水俣病・イタイイタイ病・慢性ひ素中毒**がある。

② 大気汚染の定義と影響

　大気汚染は通常存在しない汚染物質が大気に含まれること，大気に存在する物質が何らかの影響によって，異常に大量に存在し人体等に影響するといった現象の総称である。大気汚染には火山の噴火など自然的なものもあるが，通常は人為的なものを指す。

　大気中の汚染物質は風に飛ばされたり，雨に含まれたりすることによって，高濃度になることは少ない(**自浄作用**)。しかし，自浄作用の限度を超えると汚染物質の濃度が高まり，人体等に影響を及ぼすようになる。大気汚染の例として，**四日市ぜんそく**があげられる。

③ 大気汚染の原因

　大気汚染には，石炭等の燃焼によって，煤塵が大気中に放出されるといった**第1次汚染**と，工場等から排出された物質が大気中での化学反応により，有害物質に変化するといった**第2次汚染**がある。第2次汚染の具体例として，炭化水素と窒素酸化物が太陽の紫外線によって光化学反応を起こし，オキシダントが生成されるといったことがあげられる(光化学オキシダント)。

　わが国では，1960年代から1980年代にかけて工場から大量の二酸化硫黄(SO_2)等が排出され，工業地帯など工場が集中する地域を中心として

著しい大気汚染が発生した。続いて，大都市を中心に自動車特にディー
ゼル車から排出される二酸化窒素 (NO_2) 及び浮遊粒子状物質 (SPM) に
よる大気汚染が問題となった。これらの大気汚染物質は，呼吸器に望ま
しくない影響を与えるものとされている。

●健康被害の防止と環境対策

① 環境汚染の防止対策

　大気・水質・土壌にかかわる環境汚染のところで学習したように，環
境汚染は，私たち人間の命にかかわるほどの重大な健康影響を及ぼすこ
とがある。環境汚染を防ぐためには，汚染物質を出さないことである。
しかし，私たちが生活をしていくうえで，汚染物質をまったく出さない
ということは不可能である。そこで，環境汚染を防ぐためには，汚染物
質を出す場合，自然の自浄能力の範囲内であることが必要である。その
ためには排出量の基準を設けたり，汚染物質の濃度を監視するなどの対
策が必要である。

② 個人と社会の取り組み

　かつては，環境汚染といえば，特定地域での産業活動が原因で起こる
ものと考えられてきた。しかし，今日の環境汚染は，**大量生産・大量消
費・大量廃棄**という社会のしくみや個人のライフスタイルに起因してい
る。つまり，私たち一人ひとりが加害者であると同時に被害者でもある，
という構図になっている。

③ 産業廃棄物の処理と健康

　廃棄物は，私たちの生活の中から出る「**一般廃棄物**」と事業活動に
伴って工場などから排出される「**産業廃棄物**」の2つに分類することが
できる。一般廃棄物は，自治体が回収し処理しているが，産業廃棄物
は，廃棄物を出した業者が責任を持って処理しなくてはいけない。この
産業廃棄物はどのように処理されているか，また，処理の過程で私たち
の健康にどんな影響を及ぼしているかを学ぶ。

●保健活動と対策

① わが国の活動

人々の健康を保持増進するための活動として，わが国では，乳幼児期から老年期までのライフステージや，学校，職場，家庭といった主な生活場面に応じた保健活動が行われている。母子保健活動，学校保健活動，産業保健活動，老人保健活動などがあり，健康診断や健康相談，保健指導などが行われている。また民間では，**日本赤十字社**が中立の立場で災害救護活動，血液事業，国際救援，医療事業，看護師等の養成，救急法等の講習，ボランティア，社会福祉事業などの活動を，幅広く展開している。**NGO**は，市民主導の営利を目的としない**非政府組織**で，難民救援や医療協力，開発途上国での保健衛生活動など，現地の人々のニーズに応じた支援をしている。

② 国際機関の活動

WHO(世界保健機関)は1948年に設立され，2020年現在で194カ国が加盟しており，「すべての人々に可能な限りの高い水準の健康をもたらす」ことを目標としている。具体的には感染症の撲滅，衛生統計・基準等の作成，薬物乱用対策，医薬品の供与，健康増進教育や環境保健の推進など，きわめて多岐にわたる活動を行っている。UNICEF(国連児童基金)は，主に開発途上国の子どもたちに対して予防接種や栄養・水分の補給などを行っており，UNEP(国連環境計画)は，オゾン層保護や地球温暖化防止，有害廃棄物の越境移動問題など，地球環境問題を解決するために中心的な活動をしている。難民救済では，UNHCR(国連難民高等弁務官事務所)が中心となって，祖国への帰還や難民の自立を促進している。

―――――――――― **例題 1** ――――――――――

環境について述べた次の文を読み，文中の(①)～(⑤)に当てはまる言葉をあとの語群A～Jの中からそれぞれ1つずつ選び，その記号を書け。ただし，同じ番号には同じ言葉が入る。

世界的な気候変動に対して，(①)で合意された2020年以降の国際

的な枠組みが(②)である。(②)の長期目標の到達度合いについ
ては，全体的な進捗を測るために，2023年から5年ごとに，実施状況を
確認し，各国の次の削減・抑制目標などが検討されている。また，わが
国では，途上国と協力して温室効果ガスの削減に取り組み，削減の成果
を両国で分け合う(③)にも取り組んでいる。政府は国全体の温室効
果ガス排出量を2030年度に26％削減するため「地球温暖化対策計画」を
閣議決定し，エネルギーミックスの実現へ向けて再生可能エネルギーと
して，風力発電や水力発電，(④)発電などの利用を推進したり，エ
ネルギー効率の高い(⑤)の開発や実用化が進められている。

A 人工光合成　　B 二国間クレジット制度：JCM　　C 燃料電池
D 天然ガス　　　E 緑の気候基金：GCF　　　　　　F パリ協定
G COP21　　　　H 京都議定書　　　　　　　　　　I バイオマス
J IPCC

解答　① G　② F　③ B　④ I　⑤ C

解説　2015年にパリで開催されたCOP21(Conference of Parties)気候変動
　　枠組条約締約国会議では，主に2020年以降の温暖化対策について
　　議論，COP3時に採択された「京都議定書」に変わる新たな国際枠組
　　み，①世界全体の温室効果ガス排出量削減のための方針と長期目標
　　の設定，②各国の温室効果ガス排出量削減目標などが設定された。
　　パリ協定と呼ばれる。日本は2030年までに温室効果ガス26％削減
　　(2013年比)を目標に掲げた。これを踏まえて，政府は「地球温暖化
　　対策計画」を策定した。

■■■■ 例題 2 ■■■■

　健康は，様々な要因の影響を受けながら，主体と環境の相互作用の下に
成り立っている。このうち環境要因を，物理的環境，化学的環境，生物学
的環境，社会的環境に分類したとき，その組合せとして最も適切なものを，
あとの1〜4のうちから1つ選べ。

	物理的環境	化学的環境	生物学的環境	社会的環境
1	気圧 紫外線	ダイオキシン 水銀	ウイルス 昆虫	家庭 労働条件
2	ダイオキシン 水銀	気圧 紫外線	病原体 昆虫	家庭 学校
3	医療機関 社会情勢	温度 湿度	植物 動物	カドミウム 水銀
4	ホルムアルデヒド 薬品	細菌 植物	人間関係 社会情勢	紫外線 騒音

解答 1

解説 環境要因には大きく分けて，自然環境と社会環境がある。自然環境では，物理的環境要因として温度，湿度，気圧，光，音など，化学的環境要因として空気中の成分，有害化学物質など，生物学的環境要因として細菌，ウイルス，寄生虫，媒介する昆虫等の生物などがある。また，社会環境の要因としては，人間関係，職場，経済状態，交通機関，保健制度，医療制度などがある。

―――――――――――― 例題 3 ――――――――――――

次の文は，熱中症に関する内容について示したものである。以下の問いに答えよ。

熱中症の発症には(①)等の「ₐ環境」及び(②)等の「行動」と(③)等の「からだ」の条件が複雑に関係する。また，熱中症は_b病態別には4つに分かれるが，実際の例ではこれらの病態が明確に分かれるわけではなく，脱水，塩分の不足，循環不全，体温上昇等がさまざまな程度に組み合わさっていると考えられる。

(1) 文中の(①)～(③)に当てはまる語句の組み合わせとして正しいものを，次のア～エから1つ選んで，その符号を書け。

ア ① 気温 ② 循環不全 ③ 暑熱順化

イ ① 気流 ② 活動強度 ③ 輻射熱

ウ　①　輻射熱　　　②　持続時間　　　③　性別

エ　①　暑熱順化　　②　年齢　　　　　③　体調

(2)　文中の下線部aに関して，次の表は熱中症予防のための運動指針(日本スポーツ協会. 2019)である。表中の(　①　)～(　⑤　)に当てはまる最も適した語句を，以下のア～コからそれぞれ1つ選んで，その符号を書け。

(　①　)℃	(　②　)℃	(　③　)℃	運動は原則中止	特別の場合以外は運動を中止する。特に(　④　)の場合には中止すべき。
31 - 28	27 - 24	35 - 31	厳重警戒（激しい運動は中止）	熱中症の危険性が高いので，激しい運動や持久走など体温が上昇しやすい運動は避ける。10～20分おきに休憩をとり水分・塩分を補給する。暑さに弱い人は運動を軽減または中止。
28 - 25	24 - 21	31 - 28	警戒（積極的に休憩）	熱中症の危険が増すので，積極的に休憩をとり適宜，水分・塩分を補給する。激しい運動では，(　⑤　)おきくらいに休憩をとる。
25 - 21	21 - 18	28 - 24	注意（積極的に水分補給）	熱中症による死亡事故が発生する可能性がある。熱中症の兆候に注意するとともに，運動の合間に積極的に水分・塩分を補給する。
21	18	24	ほぼ安全（適宜水分補給）	通常は熱中症の危険は小さいが，適宜水分・塩分の補給は必要である。市民マラソンなどではこの条件でも熱中症が発生するので注意。

ア　気温　　　イ　湿球温度　　ウ　60分　　　　エ　子ども

オ　30分　　　カ　乾球温度　　キ　不快指数　　ク　湿度

ケ　WBGT　　コ　体温

(3)　文中の下線部bに関して，症状から見た4つの診断名を重症度の高い順に書け。

(4)　環境省と気象庁は，危険な暑さへの注意を呼びかけ，熱中症予防行動を促すための情報発信として，熱中症の危険性が極めて高い暑熱環境になると予想される日の前日の夕方，または当日の早朝に都道府県ごとに発表している。この情報発信を何というか，正式名称を書け。

解答　(1)　ウ　　(2)　①　ケ　　②　イ　　③　カ　　④　エ　　⑤　オ　　(3)　(高い)　熱射病，熱疲労，熱けいれん，熱失神　(低い)　　(4)　熱中症警戒アラート

解説 (1) 「環境」の要因としては，気温が高い，湿度が高い，風が弱い，日差しが強い，閉め切った屋内などがある。「行動」の要因としては，激しい筋肉運動やなれない運動，長時間の屋外作業，水分補給できない状況などがある。「からだ」の要因としては，高齢者や乳幼児，肥満の人，糖尿病や精神疾患などの持病をもつ人，低栄養状態などがある。 (2) 熱中症予防の温度指標として，暑さ指数(WBGT)が用いられる。暑さ寒さに関係する環境因子として気温，湿度，輻射熱，気流の4つがある。暑さ指数(WBGT)は，湿球温度(湿度)，黒球温度(輻射熱)と乾球温度(気温)の3項目から算出されるが，湿球温度と黒球温度には気流の影響も反映されるので，暑さ指数(WBGT)は4因子すべてを反映した指標といえる。 (3) 熱中症は3段階に分けられる。Ⅰ度が現場での応急処置で対応できる軽症で，熱失神と熱けいれんがある。Ⅱ度が病院への搬送を必要とする中等症で，熱疲労が分類される。Ⅲ度が入院して集中治療の必要性のある重症で，熱射病が分類される。 (4) 環境省が発表している全国の暑さ指数について，33以上になると予測される地点があるときに発表される。発表は，都府県単位であるが，北海道，鹿児島県，沖縄県については，より細かい発表区分があり，全国は58に区分けされている。発表は1日2回，前の日の夕方17時と，その日の朝5時に行われ，発表の後に，天候が変わっても，発表の追加や取り消しはない。

傷害の防止

●運動によるけが・病気の予防

① 運動によるけがの実態

　スポーツによるけがの代表として，捻挫，骨折，創傷，脱臼などがある。そして，種目別にけがの原因が違ってくる。けがの原因を具体的に示すとともに，けがを防ぐためにどのようにしたらよいかを考える。

※運動を行うときの注意点

> ① 運動前に必ず体調等をチェックする。
> ② ウオーミングアップとクールダウンを十分に行う。
> ③ 水分を補給する。
> ④ オーバートレーニングをさける。

② 記録の工夫

　ここでいう記録の工夫とは，「日誌」をつけることである。日誌をつけることで，トレーニングによる変化を後から確認することができる。

●日常的な応急手当

① 止血，固定，RICE

　けがの応急手当では，まずけがをした部位と種類，程度を確認する。そして，痛みや出血，腫れの様子，手や足であればその動き具合も確かめる。さらに，本人や周囲の人に，けがをしたときの状況や今の痛みなどについて尋ね，けがの判断や手当の方法に役立てることも必要である。けがの応急手当の代表的な方法には「止血，固定，RICE」の3つがある。RICEとは，「Rest(安静)」「Ice(冷却)」「Compression(圧迫)」「Elevation(挙上)」の頭文字をとったものである。

② 止血法

　止血法は，体の出血部位や血管の種類によって，それぞれ次のように使いわけられている。

(1) 厚めにした消毒ガーゼなどを，直接傷口にあてて，強く圧迫する方法を圧迫包帯法という。最も簡単な方法であり，ほとんどの出血は，

この方法で止血できる。

(2) 出血部より心臓に近いところで，動脈を骨に向かって指で圧迫する方法を**指圧止血法**という。この方法は効果的であるが，術者が疲れる。また，患者を運搬するときには適さない。

(3) ゴム管・布などの止血帯で，出血部より心臓に近いところで強くしばり止血する方法を，**止血帯法**という。この方法は，上腕や大腿の動脈を圧迫するのに適している。しかし2時間以上続けていると，その部分より先の組織が死ぬことがあるので，止血帯をときどき緩めて，血液を通す必要がある。

③ **脳貧血**

長時間起立，乗り物，入浴，大出血，睡眠不足などの原因から，**脳の血液**が一時的に減少したものを脳貧血という。

〔症状〕急に気分が悪くなって，頭痛・耳なり・目まい・なまあくびなどが起こり，**顔面蒼白**，ときには冷汗を流して意識を失う。

〔処置〕換気のよいところで安静をとらせ，衣服をゆるめて，呼吸を容易にさせる。頭部は**低く**して，下肢を**高く**する。

④ **挫傷(打撲傷)**

打撃，衝突，投石などによって起こるもので，いわゆるうちみである。皮膚には損傷がなく皮下出血があって膨隆する。内臓が損傷したり，骨折や脱臼を起こしたりすることもある。

〔症状〕内出血や皮下出血を起こし，痛みやはれがある。

〔処置〕**患部**を冷やし，高位安静を保ち，急いで医師の手当てを受ける。

⑤ **骨折**

打撲，衝突，転落，跳躍，転倒などによって，直接または間接に起こる骨組織の離断を**骨折**という。骨折部の皮膚に損傷を伴わないものを，**単純骨折**といい，皮膚にも損傷の伴うものを，**複雑骨折**という。この場合は，創傷の処置，止血などを行ってから，骨折の処置をしなければな

らない。

> 〔症状〕骨折は，局所の疼痛，**腫張**，**変形**などがあって動かすことが
> できない。さらに骨折部の異常運動・軋音などがある。
> 〔処置〕骨折端が転位して，短縮あるいは屈曲などが起きて，変形
> を起こしているときは，骨折部の**末梢**の部分を牽引して整
> 復する。その後，骨折端の移動を防ぐため，骨折部の上下
> の二関節を越えるように，副木で固定し，冷やし，安静を
> 保ち，医師の手当てを受ける。

⑥　ねんざ・脱臼

外力によって，関節に無理な力がかかり，関節を包んでいる関節包や
関節のまわりにあるじん帯が引き伸ばされる，あるいは一部が切れて，
いったん脱臼を起こそうとして，再び旧位に復した状態のものを**ねんざ**
といい，関節を構成する骨端部が，関節臼を脱出して転位している状態
を**脱臼**という。

> 〔症状〕関節部の，疼痛・腫張・運動障害がある。脱臼の場合には，
> **延長**または**短縮**・捻転した状態のものもある。ねんざの場合
> は皮下出血があって皮膚の変色が認められる。
> 〔処置〕脱臼は末梢に牽引して整復を試みる。整復される音を発し
> て生理的位置にもどる。整復の困難なものは冷やし，固定
> して安静を保ち，医療を受ける。ねんざの場合は，冷やし
> て，包帯で固定する。

●応急手当と救命処置

応急手当とは，けがや急病などで倒れた人に対して，「人命救助」「傷
病の悪化防止・苦痛の軽減」「救急隊員や医師による処置や治療の効果
の向上」を目的として行う手当のことをいう。フランスの救急専門医・
カーラーが発表した「緊急事態における時間経過と死亡率の関係」によ
ると，心臓停止ではおよそ3分間放置されると死亡率が50％に，呼吸停
止では10分間放置されると死亡率が50％になる。

▼カーラーの救命曲線

①心臓停止後約3分で50%死亡
②呼吸停止後約10分で50%死亡
③多量出血後約30分で50%死亡

よって，事故などにより，けが人や急病人が発生した場合，その場に居合わせた人の迅速かつ適切な応急手当が大変重要となる。

① 応急手当の場面における状況判断

応急手当をする時は的確な状況判断が必要である。応急手当の時の状況判断には「周囲の状況の確認」と「全身の状態の確認」そして「救援の依頼」の3つがある。

② 応急手当の手順

「応急手当の手順」は次の5つである。

> 1. 周囲の状況の確認
> 2. 必要があれば移動
> 3. けが人や急病人の全身の確認
> 4. 救援の依頼
> 5. 必要な応急手当の実施

5の「必要な応急手当」で大切なことは，「大出血はないか」「反応はあるか」「呼吸はあるか」の3つの状況を確認することである。

③ 救命の連鎖

急変した傷病者を救命し，社会復帰させるために必要となる一連の行いを「救命の連鎖」という。「救命の連鎖」を構成する4つの輪がすばやくつながると救命効果が高まる。鎖の1つめの輪は心停止の予防，2つめの輪は心停止の早期認識と通報，3つめの輪は一次救命処置(心肺蘇生とAED)，4つめの輪は救急救命士や医師による高度な救命医療を意味する。

心停止の予防　　早期認識と通報　　一次救命処置　　二次救命処置と
　　　　　　　　　　　　　　　　（心肺蘇生と AED）　心拍再開後の集中治療

【一次救命処置（BLS）の手順】（日本赤十字社ホームページより）

293

●心肺蘇生法

① 心肺蘇生

　病気や怪我により，突然に心停止，もしくはこれに近い状態になったときに，胸骨圧迫や人工呼吸を行うことを**心肺蘇生**(Cardiopulmonary Resuscitation：CPR)という。傷病者を社会復帰に導くために大切な心肺蘇生，**AED**(Automated External Defibrillator：自動体外式除細動器)を用いた除細動，異物で窒息をきたした場合の**気道異物除去**の3つを合わせて**一次救命処置**(Basic Life Support：BLS)という。一次救命処置はAEDや感染防護具などの簡便な器具以外には特殊な医療資材を必要とせず，特別な資格がなくても誰でも行うことができる。

② 胸骨圧迫

　胸骨圧迫は，心臓のポンプ機能を代行するものである。救助者は両手掌基部を使い，胸の真ん中付近(胸骨の下半分)を圧迫する。6歳以上の子どもの場合，胸骨を約5cm下げるまで押し，力を緩める。この作業を1分間当たり100～120回のテンポで30回続けて行う。幼児・乳児の場合は胸の厚さの約 $\frac{1}{3}$ がくぼむ程度まで押す。圧迫のテンポは6歳以上と同じである。

〈胸骨圧迫をする場所〉

〈手の置き方〉

〈胸骨圧迫をする姿勢〉

③ 人工呼吸

　頭部後屈あご先挙上法で傷病者の気道を確保したまま，口を大きく開いて傷病者の口を覆って密着させ，息を吹き込む。この際，吹き込んだ息が傷病者の鼻から漏れ出さないように，額を押さえているほうの手の親指と人差し指で傷病者の鼻をつまむ。息は傷病者の胸が上がるのが見てわかる程度の量を約1秒間かけて吹き込む。吹き込んだら，いったん口を離し，傷病者の息が自然に出るのを待ち，もう一度，口で口を覆って息を吹き込む。このような人工呼吸の方法を「**口対口人工呼吸**」と呼ぶ。

④ AED

　AEDとは，心臓がけいれんして，血液循環をさせる機能を失った状態の心臓に，電気ショックを与えて，正常な状態に戻すための機器である。このAEDは，傷病者に普段どおりの呼吸がないことを確認した後，できるだけ早い時期に使用することがのぞましい。

　一般的にはAEDの電源を入れると，使い方について音声ガイドが案内するので，その案内にしたがえばよい。電極パッドを装着するのは一般的に右胸と左脇腹であり，電気ショックが必要な場合は周囲の人を遠ざけてからスイッチを入れる。小児の場合は小児用パッドを使用するが，ない場合は成人用パッドが使用できる場合もある。

━━━━━━━━━━━━ 例題 1 ━━━━━━━━━━━━

次の(1), (2)について，文中の(ア)～(オ)に適する語句を①～⑨から選べ。

(1)　突き指をした場合は，指を引っ張らずに，すぐに冷やし，その後(ア)する。(イ)していたり，指が動かなかったりしたときは，医師の診断を受ける。

(2)　骨折したとき，(ウ)が伴う場合は，先ずその手当をする。前腕の骨折では，患部の上と下の(エ)を固定具を用いて(ア)する。巻いた(オ)が締まりすぎていないか，看て，締まりすぎていたらゆるめる。医師の診断を受ける。

① 搬送　　② 運搬　　③ 関節　　④ 安静　　⑤ 出血
⑥ 固定　　⑦ 部分　　⑧ 止血　　⑨ 変形

解答　ア ⑥　　イ ⑨　　ウ ⑤　　エ ③　　オ ⑦

解説　(1)　RICE処置を損傷直後に適切に行うことで，治癒を早めることができる。　Rest(安静)：受傷直後から体内で痛めた部位の修復作業が始まる。しかし，患部を安静させずに運動を続けることでその作業の開始が遅れてしまう。その遅れが結果的に完治を遅らせリハ

295

ビリテーションに費やす時間を長引かせてしまうので，受傷後は安静にすることが大切である。 Ice(アイシング)：冷やすことで痛みを減少させることができ，また血管を収縮されることによって腫れや炎症をコントロールすることができる。 Compression(圧迫)：適度な圧迫を患部に与えることで腫れや炎症をコントロールすることができる。 Elevation(挙上)：心臓より高い位置に挙上をすることで重力を利用し腫れや炎症をコントロールすることができる。

(2) 骨折の部分にそえ木を当て，安静を保つようにする。局所を冷やす。体を温める。速やかにかつ安静に医療機関へ運搬するようにする。

例題 2

応急手当について，次の問いに答えよ。

次の文章は，高等学校学習指導要領解説保健体育編・体育編(平成30年7月　文部科学省)「各科目」第2節保健「4　内容の取扱い」の応急手当に関する内容である。下の各問いに答えよ。

> (6)　内容の(2)のアの(イ)については，(a)を行うものとし，(b)系及び(c)系の機能については，必要に応じ関連付けて扱う程度とする。

① 文中の(a)～(c)に適する語句を答えよ。
② 上記において効果的な指導を行うため，配慮するものとすると示されている内容を答えよ。

解答 ① a 実習　b 呼吸器　c 循環器　② 「体育」の「D水泳」などとの関連を図るよう配慮するものとする

解説 ① 問題文中の「内容の(2)のアの(イ)」とは，応急手当に関する指導を指す。「応急手当は，傷害や疾病によって身体が時間の経過とともに損なわれていく場合があることから，速やかに行う必要があること。」とされている。

━━━━━━━━━━ **例題 3** ━━━━━━━━━━

次の文章は，呼吸停止からの経過時間と生存の可能性について述べたものである。(①)〜(③)に入る正しい数値の組み合わせを，以下の(1)〜(4)の中から1つ選べ。

呼吸停止から蘇生開始までの経過時間は短ければ短いほど，蘇生の可能性は高まる。呼吸停止から3分の時点では(①)％の可能性があるのに対して，4分では(②)％に，5分では(③)％に低下すると言われる。

(1) ① 75 ② 60 ③ 55
(2) ① 75 ② 55 ③ 35
(3) ① 70 ② 60 ③ 50
(4) ① 75 ② 50 ③ 25

解答 (4)

解説 人間の脳は呼吸が止まってから4〜6分で低酸素による不可逆的な状態に陥る。呼吸停止後から人工呼吸や心肺蘇生法を始めるまでの時間と蘇生する割合を示したものを，ドリンカーの救命曲線という。2分以内に心肺蘇生が開始された場合の救命率は90％程度であるが，3分後は75％，4分後は50％，5分後は25％となり，10分後にはほぼ0％近くになる。なお，ドリンカーの救命曲線は心肺停止における指標，カーラーの救命曲線は，心停止・呼吸停止・大量出血における指標となっている。

━━━━━━━━━━ **例題 4** ━━━━━━━━━━

次の文は，「救急蘇生法の指針2020(厚生労働省)」の一部を抜粋したものである。文中の各空欄に適する語句を答えよ。

○ 心臓が止まると，普段どおりの呼吸がなくなります。傷病者の呼吸を確認するには，胸と(①)の動きを見ます。胸と(①)の動きから呼吸をしていない，または呼吸が普段通りではないと判断した場合は(②)と考え，直ちに(③)圧迫を開始してください。

○ 突然の(②)直後にはしゃくりあげるような途切れ途切れの呼吸が見られることも少なくありません。これは「(④)」と呼ばれるもので,「普段通りの呼吸」ではありません。ただちに(③)圧迫を開始してください。

○ 約(⑤)秒かけても判断に迷う場合は,普段どおりの呼吸がない,すなわち(②)停止とみなして,ただちに(③)圧迫を開始してください。

解答 ① 腹部　② 心停止　③ 胸骨　④ 死戦期呼吸
⑤ 10

解説 突然の心停止,もしくはこれに近い状態になった傷病者を社会復帰に導くための方法を一次救命処置という。一次救命処置には胸骨圧迫や人工呼吸による心肺蘇生,AED(自動体外式除細動器)を用いた電気ショックなどがある。一次救命処置は特別な資格がなくても誰でも行うことができるものである。命を守るために大きな役割を果たす。保健体育にかかわらず,覚えておきたい重要な内容である。
④ 死戦期呼吸では,頭部や顎は動いていることがあり,通常の呼吸との判別が難しいとされるが,この時,肺は機能しておらず,必要な酸素が供給されていない状態である。そのため,心停止と考え胸骨圧迫を開始する必要がある。

―――――――――― **例題 5** ――――――――――

次の文章は,「救急蘇生法」に関する内容である。次の各文が正しい場合には○を記入し,誤っていれば×を記入せよ。

(1) 市民が行う救急蘇生法は一次救命処置と簡単なファーストエイドであるが,実施にはライセンスを取得する必要がある。

(2) AED(自動体外式除細動器)は,心室細動の状態にある人の心臓を,正常な拍動に戻すため用いられる。

(3) AEDによる心電図の解析後,AEDから除細動の指示がない場合は,胸骨圧迫を行うなど心肺蘇生を再開する。

(4) 傷病者に普段どおりの呼吸が戻って呼びかけに反応したり目的のある仕草が認められたりした場合は，心肺蘇生をいったん中断して様子をみる。その際，AEDの電極パッドは傷病者の胸から剥がさないが，電源は切る。

(5) 突然の心停止直後には，「死亡期呼吸」と呼ばれる，しゃくりあげるような途切れ途切れの呼吸がみられることがある。

(6) 感染症等の疑いがあっても傷病者が普段通りの呼吸をしていない場合には，人工呼吸と胸骨圧迫を続けて行う義務がある。

(7) 捻挫や打撲の手当ては，安静・冷却・圧迫・挙上を基本に行う。

(8) 「救急蘇生法の指針2020(市民用)」では，「救命の連鎖」を構成する1つめの輪は，「早期認識と通報」とされている。

解答 (1) ×　(2) ○　(3) ○　(4) ×　(5) ×　(6) ×
(7) ○　(8) ×

解説 (1) 市民が行う救急蘇生法にライセンスは不要である。これについては，厚生労働省より「救急蘇生法の指針2020(市民用)」が示されている。　(4) 傷病者が動き出す，うめき声を出す，あるいは正常な呼吸が出現した場合は心肺蘇生法を中止する。ただし，気道確保が必要になるかもしれないため，慎重に傷病者を観察しながら救急隊を待つ。この場合でも，AEDの電極パッドは，剥がさず電源も入れたままにしておく。　(5) この呼吸を「死戦期呼吸」という。この呼吸が見られたら心停止と判断して，直ちに胸骨圧迫を開始する。(6) 義務はない。傷病者に出血がある場合や，感染防護具を持っていないなどにより口対口人工呼吸がためらわれる場合には，人工呼吸を省略し，すぐに胸骨圧迫に進む。簡易型の感染防護具(一方向弁付きの感染防止用シートあるいは人工呼吸用マスク)を持っていると役立つ。　(8) 出題の指針では，「心停止の予防」，「早期認識と通報」，「一次救命処置」，「二次救命処置と集中治療」という「救命の連鎖」をすばやくつなげることで救命効果が高まるとしている。

健康な生活と疾病の予防

●疾病の発生要因とその相互関係

　ガーニイ・クラークは疾病の発生要因を**主体**(発病する人側の要因)，**病因**(発病の直接作用要因)，**環境**(発病を促す周囲の環境要因)の3要因の相互関係から疫学的に説明している。主体とは，私たちの身体自身の条件で，遺伝・体質・抵抗力・免疫などの条件や個人の日常の生活習慣・性・年齢・性格などである。病因とは，栄養障害・物理的病因作用・化学的病因作用・生物学的病因作用・社会的病因作用などであり，この病因の量と強さと性質が疾病の発生に重大な影響力をもってくる。環境とは私たちをとりまく物理的・化学的・生物的な諸環境(空気・水・光・有毒ガス・蚊・のみ・植物など)である。この3つの要因変化が不健康状態を引き起こす。すなわち，①**主体の悪化**(抵抗力・免疫の低下，不規則な生活で体力が衰えていたとき)，②**病因の悪化**(結核菌の毒力がましたり，侵入する量が多かったとき)，③**環境要因の悪化**(居住地が過密のため，空気の汚染がはなはだしく呼吸機能が弱められてしまったとき)，④**主体・病因・環境要因のそれぞれが悪化した場合**があげられる。

●生活習慣病と日常の生活

①　成人病から生活習慣病へ

　がん(悪性新生物)，心臓病(虚血性心疾患)，脳卒中(脳血管疾患)などは死亡率が高く，40～60歳くらいに多い病気であったため，昭和30年代前半，当時の政府はこれらの病気を「**成人病**」と総称した。ところがその後，これらの病気の発生や進行には，若いときからの食生活や運動不足，また喫煙など，個人の生活習慣が深く関係していることが明らかになった。そこで"生活習慣を改善することで病気を予防していくのが最善の方法"という考えから，これらの病気を新たに「**生活習慣病**」と呼ぶことになった。

②　生活習慣病の恐ろしさ

　「生活習慣病」は，生活習慣で誘発された後，数十年は自覚されない軽い症状で進行し，症状がはっきり表われた段階では完全な回復が不可

能であるケースもみられる。

▼代表的な生活習慣病の病名と主な症状

□がん……体の細胞が変化し，無秩序に増えて転移したりする。
□心臓病……冠状動脈の硬化で心臓の血流が悪くなる。
□脳卒中……脳内の血管が破れて出血を起こす脳出血と，脳内の血管がつまる脳梗塞がある。
□脂質異常症……血液中のコレステロールや中性脂肪などの脂質が基準以上に増加した状態。
□糖尿病……血液中の糖の濃度が高くなってしまう病気。
□歯周病……歯肉(歯茎)が炎症を起こす歯肉炎，歯肉の周囲にまで進行した歯周炎がある。

③ 生活習慣病の予防

　生活習慣病は，症状があらわれたときにはすでに重症化しているケースもあることから，予防がとくに重要視されている。このことを「一次予防」といい，次の段階として発病の早期発見・早期治療を「二次予防」という。生活習慣病を防ぐための「一次予防」では，食事や運動など基本的な生活習慣を整えることが大切になる。また，病気になったら医師に治療してもらうという受け身の考え方を，自分で自分の健康をコントロールするセルフケアの考え方に変えていくことが大切になる。アメリカのブレスロー教授が，健康習慣について重要視した項目が次の「7つの健康習慣」である。

〈7つの健康習慣〉

1. 適切な睡眠をとる
2. 朝食をほぼ毎日食べる
3. ほとんど間食をしない
4. 適正体重を保つ
5. 運動を規則的にする
6. 過度の飲酒をしない
7. 喫煙をしない

④ 生活習慣病の管理

　生活習慣病の管理のためには，医師だけが病状を把握するのではなく，患者自身が疾病を理解し，行動変容を起こすように指導する必要がある。自分の体は自分のものなので治療を受ける前に，医師から病態や治療方

法について十分に説明を受け，メリットやデメリットなどをしっかりと理解しなくてはならない。そして最終的な治療方針は患者自身が決定しなくてはならない。そのための考えとして「インフォームド・コンセント」という概念が生まれた。

▼関連用語

□インフォームド・コンセント……直訳すれば「知らされた上での同意」という意味。医師が患者に対して診療の目的や内容を十分に説明し，患者の同意を得たうえで治療することをいう。日本では従来，患者は診療行為に口出ししないのが一般的であったが，アメリカなどでは，医療過誤の裁判においてインフォームド・コンセントを行っていないことが医師の責任を認定する法的根拠ともなることから，インフォームド・コンセントは基本になっている。

□セカンドオピニオン……医療機関で医師の診察を受けているなかで，主治医などの診断，治療法の選択などに必ずしも納得できない場合や，確かめたい場合などに，別の医療機関や医師などに意見をもとめることをいう。

⑤　食事と健康

　近年，自分の好きなものばかりを食べたり，必要以上に食べ過ぎたりと，バランスの悪い食事が目立つ。バランスの悪い食事は，身体にとって良くないばかりか，将来的には生活習慣病になる恐れもある。では，食事をはじめ，将来生活習慣病になるリスクを避けるためにはどのような生活をしたらいいのか。政府は，健康な体づくりのための指針をまとめている。

▼「食生活指針」

○食事を楽しみましょう。

○1日の食事のリズムから，健やかな生活リズムを。

○適度な運動とバランスのよい食事で，適正体重の維持を。

○主食，主菜，副菜を基本に，食事のバランスを。

○ごはんなどの穀類をしっかりと。

○野菜，果物，牛乳・乳製品，豆類，魚なども組み合わせて。

○食塩は控えめに，脂肪は質と量を考えて。

○日本の食文化や地域の産物を活かし，郷土の味の継承を。

○食料資源を大切に，無駄や廃棄の少ない食生活を。

○「食」に関する理解を深め，食生活を見直してみましょう。

⑥　運動と健康

　科学技術の進歩は，日常生活の多くを自動化や機械化により便利にした。それによって，生活の中で身体を動かすことが少なくなってしまい，体力の低下や生活習慣病の増加などが新しい社会問題になってきた。普通に日常の生活を送るだけでは，**運動不足になりやすいことをよく理解**し，積極的に日常生活において身体を動かし，定期的にスポーツを行うようにしなければならない。政府は，「健康づくりのための身体活動指針」をまとめている。

⑦　休養および睡眠と健康

　健康づくりのための休養には，「休む」ことと「養う」ことの2つの機能が含まれている。健康づくりのための休養とは，消極的な「休」の部分と積極的な「養」の部分から成る幅の広いものである。自分にあった休養が実現されてこそ，生活の質の向上につながり，健康で豊かな人生の基礎が築かれることとなる。

● **飲酒と健康**

　お酒はエチルアルコールが含まれる飲み物で，含まれる量は種類によって異なる。長い間アルコールを飲み続けると起こる健康問題の代表的なものとして，アルコール依存症がある。アルコールに関連する問題は，個人の健康面だけではなく社会にも及ぶため，WHO(世界保健機関)では総合的な対策を講じるように提言している。

● **喫煙と健康**

①　タバコの煙の有害物質

　タバコの煙に含まれる代表的な有害物質に**ニコチン，タール，ニトロソアミン，一酸化炭素**の4種類がある。WHO(世界保健機関)の推計では，年間500万人以上の人が，タバコが原因で亡くなっている。さらに，問題となっているのが**受動喫煙**である。受動喫煙はタバコを吸わない子ど

もにも影響を与える。

▼関連用語

□受動喫煙……受動喫煙とは，室内またはこれに準ずる環境において，他人のたばこの煙を吸わされることをいう。タバコの煙は喫煙者が吸う主流煙とタバコから立ち上がる副流煙に大別される。受動喫煙とは一般的に喫煙する以外の人が副流煙を吸うことを指すが，副流煙は主流煙より低い温度で燃焼した煙であるため，主流煙より上記の4種類をはじめとする有害物質が多く含まれている。

　健康増進法で，学校，体育館等の多数の者が利用する施設を管理する者は，これらを利用する者について，受動喫煙を防止するために必要な措置を講ずるように努めなければならないということが定められている。

② 日本のたばこ対策

　日本では，未成年者の喫煙に対して対策が取られてきた。世界と日本における「たばこ対策」では，WHO(世界保健機関)が提案した保健医療に関する初めての国際条約「たばこ規制枠組条約」がある。

▼たばこ規制枠組条約

●条約の目的
　たばこの消費，および受動喫煙が健康，社会，環境，および経済に及ぼす破壊的な影響から，現在，および将来の世代を保護する。

●条約の概要
1. 全体的な事項
　○条約の実施について，定期的な報告を締約国会議に提出する。
　　→ 第2回締約国会議以降報告(第21条　報告及び情報の交換)
　○たばこの規制のための仕組み，または中央連絡先を確立，または強化する。
　　→ たばこ対策関係省庁連絡会議の設置(第5条　一般的義務)
2. 個別事項
　○たばこの需要を減少させるための価格，および課税に関する措置　(第6条)
　　様々な人々，特に年少者のたばこの消費を減少させる上で効果的，かつ重要な手段であることを認識し，課税政策，および価格政策を実施。
　○たばこの煙にさらされることからの保護　(第8条)
　　屋内の職場，公共交通機関，屋内の公共の場所等におけるたばこ煙から

の保護についての措置をとる。

○たばこ製品の含有物に関する規制　(第9条)

締約国会議は，たばこの含有物，および排出物の規制に関しガイドラインを提示し，各国は効果的な規制措置を講じる。

○たばこ製品の包装，およびラベル　(第11条)

健康警告表示(権限のある国家当局により承認)のサイズ(理想的には50%以上，最低30%)，ローテーションを義務付け。

○教育，情報の伝達，訓練，および啓発　(第12条)

喫煙の健康に与える悪影響についての普及・啓発，教育，禁煙指導の実施。

○たばこの広告，販売促進，および後援　(第13条)

憲法に抵触しない範囲内でたばこに関する広告に関して，全面禁止，または適切な制限措置をとる。

○未成年者への，および未成年者による販売　(第16条)

未成年者がアクセスできないよう，自動販売機について適切な措置をとる。

●薬物乱用と健康

①　薬物乱用の現状

薬物犯罪の大きな部分を占めるのは覚せい剤だが，最近では大麻，合成麻薬，睡眠薬や精神安定剤などの向精神薬の乱用も増加してきている。薬物事犯全体の検挙人員は、令和3年より減少している。うち大麻事犯の検挙人員は、過去最多を更新した昨年と同水準であり，麻薬事犯の検挙人員は、過去11年で最多となっている。薬物事犯の検挙人員の減少について，関係省庁との連携が強化され，薬物乱用者に対する適切な治療・処遇と効果的な社会復帰支援の推進政策の効果が徐々に現れていると考えられる。

薬物事犯検挙状況の推移

区分＼年別	平26年	平27年	平28年	平29年	平30年	令和1年	令和2年	令和3年	令和4年
薬物事犯検挙人員	13,437	13,887	13,841	14,019	14,322	13,860	14,567	14,408	12,621
うち覚醒剤事犯検挙人員	11,148	11,200	10,607	10,284	10,030	8,730	8,654	7,970	6,289
うち大麻事犯検挙人員	1,813	2,167	2,722	3,218	3,762	4,570	5,260	5,783	5,546
うち麻薬・向精神薬犯検挙人員	452	516	505	505	528	558	638	639	783
うちあへん事犯検挙人員	24	4	7	12	2	2	15	16	3

② 薬物乱用の定義

　薬物乱用とは，「医薬品を医療の目的からはずれて使用したり，医薬品でない薬物を不適切な目的で使用すること」である。つまり，1度でも上記に該当する使用があった場合は“乱用”となる。乱用を繰り返すうちに依存状態になり，慢性の中毒や精神疾患へとつながる。乱用されて健康に害を与える薬物を「**乱用薬物**」といい，100種類以上あるといわれる。政府は，青少年に対する予防教育，薬物依存者の社会復帰支援，密売組織の徹底した取締り，密輸入防止に向けた水際対策などに取り組んでいる。内閣府は，企画・立案や総合調整を担う官庁として施策全体の基本方針として「**薬物乱用防止五か年戦略**」をとりまとめ，これに基づき関係省庁が対策を実施している。

③ 薬物乱用の健康影響

　代表的な乱用薬物として，シンナーやトルエンなどの有機溶剤，覚せい剤，大麻等があるが，それを乱用した場合，当然健康への悪影響が生じる。薬物乱用は，乱用した人だけでなく，家族をはじめ，多くのところに影響を及ぼす。薬物乱用の問題は，世界的にも深刻な問題になっている。

▼関連用語

□フラッシュバック……再燃現象のこと。薬物乱用(とくに覚せい剤や麻薬)によって，一度幻覚などの精神症状が生じると，治療などで表面上は回復したかに見えても，飲酒やストレスなどの何らかの刺激によって突然，再び幻覚などの精神症状が再燃することがある。

④ 薬物乱用への対策

　我が国の社会全体で取り組んでいる薬物乱用への様々な対策がある。1つ目は**法律による規制**，2つ目は**社会や学校での教育**，3つ目は**地域社会での活動**である。

　薬物乱用対策推進会議が平成30年8月に策定した「**第5次薬物乱用防止五か年戦略**」では，5つの目標

目標1　青少年を中心とした広報・啓発を通じた国民全体の規範意識の向上による薬物乱用未然防止

目標2　薬物乱用者に対する適切な治療と効果的な社会復帰支援による

　　　　　　再乱用防止

目標3　薬物密売組織の壊滅，末端乱用者に対する取締りの徹底及び多
　　　　　様化する乱用薬物等に対する迅速な対応による薬物の流通阻止

目標4　水際対策の徹底による薬物の密輸入阻止

目標5　国際社会の一員としての国際連携・協力を通じた薬物乱用防止
　　　　　を設定し，関係府省庁が緊密に連携し，各目標の達成に向けた
　　　　　取組を推進することとしている。

⑤　薬物の誘いを断る

　薬物乱用への一番の対策は「薬物の誘いがあったときに，はっきり断ること」である。様々なシチュエーションを考え，薬物の誘いを断ることが重要である。

●感染症の予防

① 感染症問題の変化

　感染症とは，人の体内にほかの生物やウイルスが侵入し，特有の症状を起こす病気のことである。かつては恐れられていた感染症が改善されてきたのは，抗生物質という医薬品の普及やワクチンの開発，衛生環境や生活水準の向上，栄養状態の改善などの結果である。しかし近年，克服されたと思っていた感染症が再び流行を始めたり，新しい感染症も発見されたりするようになった。

② 感染症を取り巻く状況の変化

　いったんは克服された感染症が再び問題となってきた。その背景として，a. 国際間，国と国との交流が盛んになったこと。b. 熱帯雨林などの開発により，新たな病原菌と出会う機会が増えたこと。c. **薬剤耐性菌**が登場したこと。d. 感染症への警戒心が薄まってきていること，があげられる。

③ 感染症の種類(学校保健安全法施行規則第18条)

第1種	エボラ出血熱, クリミア・コンゴ出血熱, 痘そう, 南米出血熱, ペスト, マールブルグ病, ラッサ熱, 急性灰白髄炎, ジフテリア, 重症急性呼吸器症候群(病原体がベータコロナウイルス属SARSコロナウイルスであるものに限る。), 中東呼吸器症候群(病原体がベータコロナウイルス属MERSコロナウイルスであるものに限る。)及び特定鳥インフルエンザ(感染症の予防及び感染症の患者に対する医療に関する法律(平成10年法律第114号)第6条第3項第六号に規定する特定鳥インフルエンザをいう。次号及び第19条第二号イにおいて同じ。)
第2種	インフルエンザ(特定鳥インフルエンザを除く。), 百日咳, 麻しん, 流行性耳下腺炎, 風しん, 水痘, 咽頭結膜熱, 新型コロナウイルス感染症(病原体がベータコロナウイルス属のコロナウイルス(令和2年1月に, 中華人民共和国から世界保健機関に対して, 人に伝染する能力を有することが新たに報告されたものに限る。)であるものに限る。次条第二号チにおいて同じ。), 結核及び髄膜炎菌性髄膜炎
第3種	コレラ, 細菌性赤痢, 腸管出血性大腸菌感染症, 腸チフス, パラチフス, 流行性角結膜炎, 急性出血性結膜炎その他の感染症

④ 感染症の予防活動

　感染症の発生は, **感受性者**(主体側の感染要因), **感染源**(病因)および**感染経路**(環境的要因)の3要因の相互作用によって起こるので, 感染症の予防活動としては, これら3要因についてそれぞれ適切な防止対策をとることが必要である。

感受性者	感受性者とは, 感染を受ける可能性のある人をいい, 特に抵抗力の弱い人(高齢者・乳幼児・基礎疾患のある者)のことをいいます。対策としては, 抵抗力をつけるためには, 十分な栄養・睡眠をとることや予防接種などが大切である。
感染源	感染源とは, 病気の原因となる微生物(細菌, ウイルス等)などを持つ物や人, 汚染された器具や食品, 患者等をいいます。対策としては, 発病者の早期発見と治療, 定期的な清掃による清潔保持, 適切な消毒など, 感染源を持ち込まない・増やさない対策をとる。
感染経路	感染経路とは, 病原体(細菌, ウイルス等)が体内に侵入する経路のことで, 接触感染, 飛沫感染, 空気感染がある。対策としては, 手洗いの励行, 患者の血液, 便, 嘔吐物等の排泄物には直接触れないなどの標準予防策の徹底及び感染経路別予防策を行うことにより, 感染症を施設内で拡げない・持ち出さない対策をとる。

●エイズとその予防

① エイズとは

　エイズは，エイズウイルス(HIV：human immunodeficiency virus)によって起こる病気である。Acquired(後天性)，Immuno(免疫)，Deficiency (不全)，Syndorome(症候群)の頭文字をとって，AIDSと名付けられた。

　AIDSはHIVというウイルスに感染した結果，ウイルスや細菌から体を守る力がうまく働かなくなり，身体や精神に出る様々な症状のことをいう。

② エイズの現状

　日本で最初にエイズ患者が確認されたのは1985年で，当時HIV感染者・エイズ患者の多くは，**血液製剤**によって感染した血友病患者だった。そのため血友病患者を「エイズ」に結びつけてしまう誤った図式ができてしまい，差別や偏見が強まった。今日では，血液製剤による新たな感染はなくなったが，**性行為による感染者**が増えてきている。

③ エイズ流行の原因

　「エイズ流行の原因」は2つある。1つは「**確実な治療が見つかっていない**」ことと，もう1つは「**発症するまでに時間がかかる**」ことである。

④ エイズの個人的対策

　エイズの感染経路は「HIVに感染している人との性行為」(性感染症)，「注射の回し打ちや，HIVを含んだ血液の輸血や感染した人の血液が直接体内に入る」(血液感染)，「母親のHIVが胎盤を通じて胎児に感染したり，出産時に産道で赤ちゃんがこすれることにより感染する」(母子感染)の3つに限定される。そのため，一般の人が感染する機会となるのは，HIVに感染している人との性行為に限られることになる。

⑤ エイズの社会的対策

　エイズの社会的対策には，大きく分けると，「感染者の増加を防ぐ予防活動や啓発活動」「感染者の治療の充実を図る事業」「感染者・患者の理解と支援を行うための事業」がある。また，HIV感染者やエイズ患者への支援活動として，代表的な「レッドリボン」がある。レッドリボン(赤いリボン)は，エイズに対する理解と支援の象徴である。元々はヨーロッパに古くから伝承される風習の1つで，病気や事故で人生を全うできな

かった人々への追悼の気持ちを表すものであったが，アメリカでエイズが社会的な問題となってきた1980年代の終わり頃からエイズ感染者を差別しない運動を示すものとなった。

▼関連用語

□STD……「Sexually Transmitted Diseases」の略で「性感染症」をいう。性感染症とは主として性行為に伴う性的な接触が原因となって，直接ヒトからヒトへ，皮膚や粘膜を通して病原微生物が感染することによって生じる疾患の総称である。

━━━━━━━━━━ **例題 1** ━━━━━━━━━━

生活習慣病について述べた次の文の(ア)～(オ)に当てはまる語を答えよ。

　生活習慣病とは，食習慣，(ア)習慣，休養，喫煙，(イ)などの生活習慣が，その発症・進行に関係する病気である。特に，循環器関係では(ウ)のとり過ぎやストレスが関係する高血圧症，動物性脂肪のとり過ぎによる(エ)症などがある。これらによって，血管の血液が通る部分がせまくなったり，細くなったり，血管がもろくなったりする(オ)を引き起こし，脳卒中や心臓病の原因となる。

解答 ア 運動　イ 飲酒　ウ 塩分　エ 脂質異常　オ 動脈硬化

解説 生活習慣病とは，食習慣や運動習慣，休養，喫煙，飲酒といった生活習慣が，その発症・進行に深く関わる病気や症状の総称である。具体的には，これまで「成人病」と呼ばれてきた，ガン，脳卒中，糖尿病などに加え，肥満，高血圧症，脂質異常症，アルコール性肝疾患，骨粗しょう症，歯周病なども含まれる。医学用語ではないので病気の範囲に厳密な規定はないが，諸外国で成人病の表現がないこと，成人病の低年齢化が進んだことなどから，1996年10月に旧厚生省が名称を改めた。

━━━━━━━━ 例題 2 ━━━━━━━━

次の文章は，「生活習慣病」について述べたものであるが，適切でないものを①〜⑤の中から1つ選べ。

① がんは喫煙や高脂肪，高塩分，低食物繊維などの食生活と深く関係している。

② 心臓病は冠状動脈の硬化が原因で，心筋が壊死するものを狭心症という。

③ 脳卒中は食塩の過剰摂取や飲酒が危険な要因とされている。

④ 脂質異常症は動脈硬化をもたらし，心臓病や脳卒中につながるおそれがある。

⑤ 糖尿病は肥満と運動不足が危険な要因で，失明や足の壊疽をおこすおそれがある。

解答 ②

解説 冠状動脈の硬化による心臓病は虚血性心疾患などと総称され，具体的なものとして狭心症や心筋梗塞があげられる。一般的に心筋の壊死が見られない軽度なものは狭心症，心筋の壊死が見られるものは心筋梗塞と区別される。

━━━━━━━━ 例題 3 ━━━━━━━━

次の(1)〜(3)の感染症に関する各問いに答えよ。

(1) 感染症を予防するための基本対策を3つあげよ。

(2) 正常の宿主に対しては病原性を発揮しない病原体が，宿主の抵抗力が弱っている時に病原性を発揮しておこる感染症のことを何というか，答えよ。

(3) 医薬品に対して抵抗力をもつようになった菌を何というか，答えよ。

解答 (1) 感染源，感染経路，感受性　　(2) 日和見感染症　　(3) 薬剤耐性菌

解説 (1) 感染源とは，病気の原因となる微生物(細菌，ウイルス等)など

を持つ物や人,汚染された器具や食品,患者等をいう。感染経路には,接触感染,飛沫感染,空気感染がある。感受性のある人とは,感染を受ける可能性のある人をいい,特に抵抗力の弱い人(高齢者・乳幼児・基礎疾患のある者)のことをいう。 (2) 過去に不顕性感染し潜在化したが,免疫能が低下したため活性化され発病する病原体として,結核菌やヘルペスなどがある。 (3) 薬剤耐性菌には,MRSA(メチシリン耐性黄色ブドウ球菌)やバンコマイシン耐性腸球菌などがある。従来の抗生物質が効きにくいだけに,感染し発病した場合の症状は重く,場合によっては命を落とすこともある。

― 例題 4 ―

性感染症及びエイズについて述べた次の文の(ア)~(カ)に当てはまる語句を答えよ。

性感染症とは,(ア)によって感染する病気であり,梅毒,性器ヘルペス,せん圭コンジローマ,淋病などがある。近年では,オーラルセックスでも感染する(イ)が増加しており,特に若い世代の感染率が高くなっている。病原体が感染者の(ウ)や膣分泌液,血液などに含まれているため,性器の粘膜や皮膚の傷口からも感染する。

エイズは,(エ)というウイルスの感染によって起こる病気で,感染経路は,(ア)による感染,(オ)による感染,(カ)感染の三つがある。

解答 ア 性的接触 イ 性器クラミジア(感染症) ウ 精液
エ HIV オ 血液(母子) カ 母子(血液)

解説 エイズ及び性感染症の増加傾向とその低年齢化が社会問題になっていることから,その疾病概念や感染経路等について理解しておくようにする。性行為によって感染する疾患を「性感染症」(Sexually Transmitted Disease:STD, Sexually Transmitted Infection:STI)と呼ぶ。性感染症の原因となる病原体は体液(精液,膣液,血液など)の中に含まれ,おもに人体の粘膜(陰茎,膣,肛門,尿路)

を 通 過 し て 感 染 す る。 エ イ ズ(Acquired Immunodeficiency Syndrome：AIDS，後天性免疫不全症候群)は，本来，血液を介して感染する疾患であり，輸血，濃厚な接触(性交，注射針などによる医療事故等を含む)によりヒト免疫不全ウイルス(Human Immunodeficiency Virus：HIV)が血液内に侵入し，白血球の1種であるヘルパーTリンパ球に感染することによって，免疫不全(抵抗力が低下)の状態に陥る疾患である。HIV(エイズウイルス)に感染すると，免疫力がほとんどないため，健康な人なら接触しても発病しないような弱い病原菌に対しても，容易に感染・発病し(日和見感染という)，命を失うという致命的な病気となる。

━━━━━━━━━ **例題 5** ━━━━━━━━━

飲酒と健康について，次の(1)～(5)に答えよ。

(1) 急性アルコール中毒で，生命に危険を及ぼすのは，血中アルコール濃度が何％を超える場合とされているか，書け。

(2) アルコールは体内に入ると何という有害物質に変わるか，書け。また，この物質を無害にする酵素の名称を書け。

(3) 飲酒により，頭痛や吐き気がおこったり，顔が赤くなったりする。このような反応を何というか，書け。

(4) 大正11年に施行された，飲酒に関する法律の名称を書け。

(5) 胎児性アルコール症候群について説明せよ。

解答 (1) 0.4％ (2) 有害物質：アセトアルデヒド 酵素：アルデヒド脱水酵素 (3) フラッシング反応 (4) 未成年者飲酒禁止法 (5) 妊娠中の女性が飲酒することで，アルコールが胎盤を通して胎児に作用し，胎児に①顔面奇形，②発育の遅れ，③中枢神経の問題など様々な障害がおこる。

解説 急性アルコール中毒は，短時間に多量のアルコール(エタノール)を摂取することによって生じる中毒である。急性アルコール中毒の症状は，血液中のアルコール濃度に比例する。血中アルコール濃度が0.4％を超えた場合，脳を麻痺させてしまい，呼吸機能や心拍機能を

313

停止させて，1〜2時間で約半数が死亡する。一般的に，エタノールの体内での代謝過程で生成されるアセトアルデヒドのフラッシング反応(アセトアルデヒド脱水酵素による代謝能力の差からくる)の有無を指し，お酒に強い体質とお酒に弱い体質と定義する場合がある。しかし急性アルコール中毒の発生は，その体質とは関係がなく，あくまでも血中のアルコール濃度(飲んだアルコールの量)に比例し，誰もが陥る急性中毒である。　(4)　未成年者飲酒禁止法は，未成年者の飲酒の禁止に関する法律である。未成年者の飲酒は喫煙とならんで，青少年の非行の温床になるという懸念などを背景に，親権者やその他の監督者，酒類を販売・供与した営業者に罰則を科すなど取り締まりを強化するために，相次いで改正されている。

例題 6

　たばこの煙に含まれる主な有害物質を2つあげ，その作用と健康被害(健康への影響)について説明せよ。

解答　・ニコチン：末梢血管を収縮させ，血圧を上昇させる。タバコを吸うのがやめられなくなる(依存症)。動脈硬化を引き起こす。　・タール：健康な細胞をがん細胞に変化させ，増殖させる。　・一酸化炭素：ヘモグロビンと強く結合し，血液が運ぶ酸素の量を減少させ，細胞が酸素不足になる。血管壁を傷つける。　・シアン化合物：組織呼吸を妨げたり，気道の繊毛を破壊する。慢性気管支炎や肺気腫を引き起こす。　から2つ。

解説　たばこの煙には，喫煙者が吸い口から吸い込む主流煙と，喫煙者が吐き出す煙，それに点火部からの副流煙の3つがあるが，そのうち副流煙は主流煙よりも有害物質の含有率が約2〜3倍高い。

314

■■■■■ **例題 7** ■■■■■

薬物乱用に関して，次の問1〜問3に答えよ。

問1　薬物を乱用するうちに，薬物の使用を自分の意志でやめることができなくなることを何というか，書け。

問2　薬物の乱用を止めた場合に，不安や疲労感，不快な症状など特有の耐えがたい苦痛が現れることを何というか，書け。

問3　次の①，②の語句を説明せよ。

①　薬物耐性　　②　フラッシュバック現象

解答　問1　薬物依存(薬物依存症)　　問2　禁断症状(退薬症状)

問3　①　薬物の乱用を続けていると，薬物がはじめ(同じ)の(摂取)量では効果がなく(弱く)なること。(そのため，同じ効果を得るために次第に摂取量が増える)　　②　薬物の乱用を繰り返すと，乱用を止めた後でも(ストレスなどで)幻覚や妄想などの精神異常が現れること。

解説　薬物乱用の背景には，自分の体を大切にする気持ちや社会の規範を守る意識の低下，周囲の人々からの誘い，断りにくい人間関係といった不適切な社会環境などがあることを取り上げ，薬物乱用を決して行わないことが必要であることを理解できるようにする。

第 9 章

学習指導要領

保健体育科 学習指導要領

ポイント

　専門教養全体の出題割合からも，学習指導要領からの出題は，その多くを占めている。採用者である教育委員会としても，しっかりとした理解を求めて学習指導要領の内容を重視しているため，出題傾向を分析し，的確な予測をしないと受験対策が困難になってくる。

　この分野からは，学習指導要領改訂の要点，教科の目標，体育分野・保健分野の目標と学年別の内容，内容の構造とその取扱い，標準授業時数・標準単位数，年間指導計画作成上の留意事項，単元の配列とその留意事項，各運動領域の内容構成，各運動領域の特性及びねらいと指導法，評価の観点，総則「体育」，など広い範囲で出題されている。また，保健の内容と指導項目，必修内容と選択内容の取扱い，小・中・高の一貫したねらい，などの出題もみられる。出題形式は適語補充式や語群選択が多いが，地域によっては記述式での出題もあり，傾向に合わせた対策が必要である。

※学習指導要領及び学習指導要領解説は，文部科学省のホームページから閲覧できます。

●中学校学習指導要領
　(平成 29 年告示)

●中学校学習指導要領
　(平成 29 年告示)
　解説「保健体育編」

●高等学校学習指導要領
　(平成 30 年告示)

●高等学校学習指導要領
　(平成 30 年告示)
　解説「保健体育編」

学習指導要領改訂の要点

　中央教育審議会答申(平成28年12月21日)では「何ができるようになるか」という学習の意義を明確にするという方針から，全ての教科を①知識及び技能，②思考力，判断力，表現力等，③学びに向かう力，人間性等の3つの柱で整理するという方針が示された。

　また，今回の学習指導要領改訂では生徒の主体的・対話的で深い学びの実現を図ることが全教科にわたり示されることとなった。答申では，保健体育科における学びに対する視点について，以下の通り示されている。

「主体的な学び」の視点

・「主体的な学び」は，運動の楽しさや健康の意義等を発見し，運動や健康についての興味や関心を高め，課題の解決に向けて粘り強く自ら取り組み，それを考察するとともに学習を振り返り，課題を修正したり新たな課題を設定したりする学びの過程と捉えられる。各種の運動の特性や魅力に触れたり，自他の健康の保持増進や回復を目指したりするための主体的な学習を重視するものである。

「対話的な学び」の視点

・「対話的な学び」は，運動や健康についての課題の解決に向けて，児童生徒が他者(書物等を含む)との対話を通して，自己の思考を広げ深めていく学びの過程と捉えられる。自他の運動や健康についての課題の解決を目指して，協働的な学習を重視するものである。

「深い学び」の視点

・「深い学び」は，自他の運動や健康についての課題を発見し，解決に向けて試行錯誤を重ねながら，思考を深め，よりよく解決する学びの過程と捉えられる。児童生徒の発達の段階に応じて，これらの深い学びの過程を繰り返すことにより，体育科，保健体育科の「見方・考え方」を豊かで確かなものとすることを重視するものである。

　また，保健体育科における今後の課題としては，あとのようなものが示された。

・習得した知識や技能を活用して課題解決すること
・学習したことを相手に分かりやすく伝えること
・運動する子供とそうでない子供の二極化傾向が見られること
・子供の体力について，低下傾向には歯止めが掛かっているものの，体力水準が高かった昭和60年ごろと比較すると，依然として低い状況が見られること
・健康課題を発見し，主体的に課題解決に取り組む学習が不十分であり，社会の変化に伴う新たな健康課題に対応した教育が必要

　これらの課題を踏まえ，具体的には以下の方針で内容の改善を図ることとなった。

・心と体を一体として捉え，生涯にわたる心身の健康の保持増進や豊かなスポーツライフの実現を重視し，健康に関する概念や「する・みる・支える・知る」の多様な関わりと関連付けて内容等の改善を図る。また，体力や技能の程度，年齢や性別及び障害の有無等にかかわらず，運動やスポーツの多様な楽しみ方が共有できるよう配慮する。

・運動やスポーツの習慣化につなげる観点から，体つくり運動の内容等について改善を図るとともに，オリンピック・パラリンピックに関する指導を通して，スポーツの意義や価値等に触れることができるよう内容等の改善を図る。

・心の健康，現代的な健康課題の解決に関わる内容及び一次予防のみならず，二次予防や三次予防に関する内容の改善を図る。また，けがの手当や心肺蘇生法等の技能に関する内容の改善を図る。

━━━━━━━ **例題 1** ━━━━━━━

　中央教育審議会答申(平成28年12月)の保健体育科の具体的な改善事項について，次の文中の(①)～(⑧)に適する語句を答えよ。ただし，同じ問いの空欄には，同じ解答が入るものとする。

・体育については，スポーツとの多様な関わり方を楽しむことができるようにする観点から，(①)に対する興味や関心を高め，技能の指導に偏ることなく，「する，みる，支える」に「(②)」を加え，三つの資質・能力をバランスよく育むことができる学習過程を工夫し，充実を図る。また，粘り強く意欲的に課題の解決に取り組むとともに，自らの学習活動を振り返りつつ，(③)と共に課題を解決し，次の学びにつなげる主体的・(④)的な学習過程を工夫し，充実を図る。

・保健については，(⑤)に関心をもち，自他の(⑤)の保持増進や回復を目指して，(⑥)等のリスクを減らしたり，(⑦)を高めたりすることができるよう，(⑧)に偏ることなく，三つの資質・能力をバランスよく育むことができる学習過程を工夫し，充実を図る。また，健康課題に関する課題解決的な学習過程や，主体的・(④)的な学習過程を工夫し，充実を図る。

解答　①　運動　　②　知る　　③　仲間　　④　協働　　⑤　健康
　　　　⑥　疾病　　⑦　生活の質　　⑧　知識の指導

解説　この答申を受けて，平成29年3月に小中学校の新学習指導要領が告示された。中学校保健体育科では，生涯にわたって運動やスポーツに親しみ，スポーツとの多様な関わり方を場面に応じて選択し，実践することができるよう，「知識及び技能」，「思考力，判断力，表現力等」，「学びに向かう力，人間性等」(資質・能力の三つの柱)の育成を重視するとともに，個人生活における健康・安全についての「知識及び技能」，「思考力，判断力，表現力等」，「学びに向かう力，人間性等」(資質・能力の三つの柱)の育成を重視して改善を図っている。

例題 2

中学校学習指導要領解説「保健体育編」(平成29年7月 文部科学省)の「第1章　総説」「2　保健体育科改訂の趣旨及び要点」の「(2)　保健体育科改訂の要点」の抜粋である。文中の(　①　)～(　⑧　)に適する語句を答えよ。

中央教育審議会答申において，教育課程の基準の改善のねらいが示されるとともに，各教科等の主な改善事項を示している。この度の中学校保健体育科の改訂は，これらを踏まえて行ったものである。

保健体育科については，これらの中央教育審議会答申の趣旨を踏まえて，次の方針によって改訂を行った。

(1)　体育分野においては，育成を目指す資質・能力を明確にし，生涯にわたって豊かなスポーツライフを実現する資質・能力を育成することができるよう，「知識及び技能」，「思考力，判断力，表現力等」，「学びに向かう力，(　①　)等」の育成を重視し，目標及び内容の構造の見直しを図ること。

(2)　「カリキュラム・マネジメント」の実現及び「主体的・(　②　)的で深い学び」の実現に向けた授業改善を推進する観点から，発達の段階のまとまりを考慮し，各領域で身に付けさせたい具体的な内容の(　③　)を踏まえた指導内容の一層の充実を図るとともに，保健分野との一層の関連を図った指導の充実を図ること。

(3)　運動やスポーツとの多様な関わり方を重視する観点から，体力や技能の程度，性別や(　④　)の有無等にかかわらず，運動やスポーツの多様な楽しみ方を共有することができるよう指導内容の充実を図ること。その際，(　⑤　)の視点を重視して改善を図ること。

(4)　生涯にわたって豊かなスポーツライフを実現する基礎を培うことを重視し，資質・能力の三つの柱ごとの指導内容の一層の明確化を図ること。

(5)　保健分野においては，(　⑥　)にわたって健康を保持増進する資質・能力を育成することができるよう，「知識及び技能」，「思考力，判断力，表現力等」，「学びに向かう力，(　①　)等」に対応した目標，内容に改善すること。

(6) （　⑦　）や疾病の予防に関する健康課題の解決に関わる内容，ストレス対処や心肺蘇生法等の技能に関する内容等を充実すること。

(7) 個人生活における健康課題を解決することを重視する観点から，健康な生活と疾病の予防の内容を（　⑧　）ごとに配当するとともに，体育分野との一層の関連を図った内容等について改善すること。

解答　①　人間性　　②　対話　　③　系統性　　④　障害
　　　　　⑤　共生　　⑥　生涯　　⑦　心の健康　　⑧　学年

解説　学習指導要領解説に掲載されている保健体育科改訂の要点である。平成30年3月に告示された高等学校新学習指導要領「保健体育」も同様の趣旨で改訂が行われた。保健体育科に限ったことではないが，今回の学習指導要領の改訂は，「主体的・対話的で深い学びの実現に向けた授業改善の推進」や「各学校におけるカリキュラム・マネジメントの推進」，この他，「言語能力の確実な育成」，「理数教育の充実」，「伝統や文化に関する教育の充実」，「体験活動の充実」，「外国語教育の充実」などについて，総則や各教科等において，その特質に応じて内容やその取扱いの充実を図っている。

中学校学習指導要領

●教科の目標

教科の目標は，次のように設定された。

> 体育や保健の見方・考え方を働かせ，課題を発見し，合理的な解決に向けた学習過程を通して，心と体を一体として捉え，生涯にわたって心身の健康を保持増進し豊かなスポーツライフを実現するための資質・能力を次のとおり育成することを目指す。
>
> (1) 各種の運動の特性に応じた技能等及び個人生活における健康・安全について理解するとともに，基本的な技能を身に付けるようにする。
>
> (2) 運動や健康についての自他の課題を発見し，合理的な解決に向けて思考し判断するとともに，他者に伝える力を養う。
>
> (3) 生涯にわたって運動に親しむとともに健康の保持増進と体力の向上を目指し，明るく豊かな生活を営む態度を養う。

今回の改訂では，学習指導要領の第1章総則第1の2に示される3つの事項を反映した形で目標が示されるようになった。(1)が「知識及び技能」を，(2)が「思考力，判断力，表現力等」を，(3)が「学びに向かう力，人間性等」を反映している。

「体育の見方・考え方」については，中教審答申にて「運動やスポーツを，その価値や特性に着目して，楽しさや喜びとともに体力の向上に果たす役割の視点から捉え，自己の適性等に応じた『する・みる・支える・知る』の多様な関わり方と関連付けること」と整理している。

同じく「保健の見方・考え方」については，「個人及び社会生活における課題や情報を，健康や安全に関する原則や概念に着目して捉え，疾病等のリスクの軽減や生活の質の向上，健康を支える環境づくりと関連付けること」としている。

●各分野・各学年の目標

〔体育分野〕

※下線部は第1学年及び第2学年と，第3学年で異なる箇所を示す。

第1学年及び第2学年

(1)　運動の合理的な実践を通して，運動の楽しさや喜びを味わい，運動を豊かに実践することができるようにするため，運動，体力の必要性について理解するとともに，基本的な技能を身に付けるようにする。

(2)　運動についての自己の課題を発見し，合理的な解決に向けて思考し判断するとともに，自己や仲間の考えたことを他者に伝える力を養う。

(3)　運動における競争や協働の経験を通して，公正に取り組む，互いに協力する，自己の役割を果たす，一人一人の違いを認めようとするなどの意欲を育てるとともに，健康・安全に留意し，自己の最善を尽くして運動をする態度を養う。

第3学年

(1)　運動の合理的な実践を通して，運動の楽しさや喜びを味わい，生涯にわたって運動を豊かに実践することができるようにするため，運動，体力の必要性について理解するとともに，基本的な技能を身に付けるようにする。

(2)　運動についての自己や仲間の課題を発見し，合理的な解決に向けて思考し判断するとともに，自己や仲間の考えたことを他者に伝える力を養う。

(3)　運動における競争や協働の経験を通して，公正に取り組む，互いに協力する，自己の責任を果たす，参画する，一人一人の違いを大切にしようとするなどの意欲を育てるとともに，健康・安全を確保して，生涯にわたって運動に親しむ態度を養う。

〔保健分野〕

> (1) 個人生活における健康・安全について理解するとともに，基本的な技能を身に付けるようにする。
> (2) 健康についての自他の課題を発見し，よりよい解決に向けて思考し判断するとともに，他者に伝える力を養う。
> (3) 生涯を通じて心身の健康の保持増進を目指し，明るく豊かな生活を営む態度を養う。

　各分野の目標，教科の目標と同様，(1)が「知識及び技能」を，(2)が「思考力，判断力，表現力等」を，(3)が「学びに向かう力，人間性等」の内容を反映した形に再編された。

●教科の内容

　教科の内容は，体育分野と保健分野で構成されており，内容構成は次表のとおりである。

保健体育科	
[体育分野]	[保健分野]
体つくり運動 器械運動 陸上競技 水泳 球技 武道 ダンス	健康な生活と疾病の予防 心身の機能の発達と心の健康 傷害の防止 健康と環境
体育理論	

●年間授業時数

　保健体育の年間標準授業時数は，各学年105単位時間。合計で315単位時間となる。

●体育分野の内容

　体育分野の内容は，運動に関する領域及び知識に関する領域で構成されている。運動に関する領域は，「体つくり運動」，「器械運動」，「陸上競

技」,「水泳」,「球技」,「武道」及び「ダンス」, 知識に関する領域は,「体育理論」である。

運動に関する領域では, (1)技能(「体つくり運動」は運動), (2)態度, (3)知識, 思考・判断を内容として示している。知識に関する領域では, (1), (2), (3)に内容のまとまりごとの指導内容を示した上で, ア, イ, ウに具体的な指導内容を示している。また, 内容の取扱いにおいて, 地域や学校の実態に応じて, スキー, スケートや水辺活動(野外活動)を加えて指導するとともに, 能率的で安全な集団としての行動の仕方(集団行動)を各領域において適切に行うこととしている。

●体育分野の主な改訂点

以下に, 主な改訂点を示す。

〔内容の取扱い〕

・(2)ア 「A体つくり運動」の(1)のイの運動については, 第1学年及び第2学年においては,「音楽に合わせて運動をするなどの工夫を図ること」が追加された。

・(2)エ 「D水泳」の(1)の運動については,「なお, 学校や地域の実態に応じて, 安全を確保するための泳ぎを加えて履修させることができること。」が追加された。

・(2)カ 「F武道」については,「柔道, 剣道, 相撲, 空手道, なぎなた, 弓道, 合気道, 少林寺拳法, 銃剣道などを通して, 我が国固有の伝統と文化により一層触れることができるようにすること。」が追加された。また, 従前で「なお, 地域や学校の実態に応じて, なぎなたなどのその他の武道についても履修させることができること。」とあったのは,「なお, 学校や地域の実態に応じて, 空手道やなぎなた, 弓道, 合気道, 少林寺拳法, 銃剣道などについても履修させることができること。」に変更された。

・(3) 内容の「A体つくり運動」から「Gダンス」までの領域及び運動の選択並びにその指導に当たっては,「また, 第3学年の領域の選択に当たっては, 安全を十分に確保した上で, 生徒が自由に選択して履修することができるよう配慮すること」が追加された。

▼中学校保健体育科の領域及び内容の取扱い

体育分野の領域及び内容の取扱い

領域及び領域の内容	1年	2年	内容の取扱い	領域及び領域の内容	3年	内容の取扱い
【A 体つくり運動】	必修	必修	ア，イ必修 （各学年7単位時間以上）	【A 体つくり運動】	必修	ア，イ必修 （7単位時間以上）
ア 体ほぐしの運動				ア 体ほぐしの運動		
イ 体の動きを高める運動				イ 実生活に生かす運動の計画		
【B 器械運動】	必修		2年間で，アを含む②選択	【B 器械運動】	B,C, D,G, から ①以上 選択	ア～エから選択
ア マット運動				ア マット運動		
イ 鉄棒運動				イ 鉄棒運動		
ウ 平均台運動				ウ 平均台運動		
エ 跳び箱運動				エ 跳び箱運動		
【C 陸上競技】	必修		2年間で，ア及びイのそれぞれから選択	【C 陸上競技】		ア及びイのそれぞれから選択
ア 短距離走・リレー，長距離走又はハードル走				ア 短距離走・リレー，長距離走又はハードル走		
イ 走り幅跳び又は走り高跳び				イ 走り幅跳び又は走り高跳び		
【D 水泳】	必修		2年間で，ア又はイを含む②選択	【D 水泳】		ア～オから選択
ア クロール				ア クロール		
イ 平泳ぎ				イ 平泳ぎ		
ウ 背泳ぎ				ウ 背泳ぎ		
エ バタフライ				エ バタフライ		
				オ 複数の泳法で泳ぐ又はリレー		
【E 球技】	必修		2年間で，ア～ウのすべてを選択	【E 球技】	E,F, から ①以上 選択	ア～ウから②選択
ア ゴール型				ア ゴール型		
イ ネット型				イ ネット型		
ウ ベースボール型				ウ ベースボール型		
【F 武道】	必修		2年間で，ア～ウから①選択	【F 武道】		ア～ウから①選択
ア 柔道				ア 柔道		
イ 剣道				イ 剣道		
ウ 相撲				ウ 相撲		
【G ダンス】	必修		2年間で，ア～ウから選択	【G ダンス】	B,C, D,G, から ①以上 選択	ア～ウから選択
ア 創作ダンス				ア 創作ダンス		
イ フォークダンス				イ フォークダンス		
ウ 現代的なリズムのダンス				ウ 現代的なリズムのダンス		
【H 体育理論】	必修	必修	(1)第1学年必修 (2)第2学年必修 （各学年3単位時間以上）	【H 体育理論】	必修	(1)第3学年必修 （3単位時間以上）
(1) 運動やスポーツの多様性				(1) 文化としてのスポーツの意義		
(2) 運動やスポーツの意義や効果と学び方や安全な行い方						

保健分野の領域及び内容の取扱い

1年	2年	3年	
(1) 健康な生活と疾病の予防 (2) 心身の機能の発達と心の健康	(1) 健康な生活と疾病の予防 (3) 傷害の防止	(1) 健康な生活と疾病の予防 (4) 健康と環境	3学年間で48単位時間程度

●保健分野の内容

(1) 健康な生活と疾病の予防

ポイントとして，①健康の保持増進や疾病の予防をするためには，調和のとれた食事，適切な運動，休養及び睡眠が必要であること，②生活行動と健康に関する内容として喫煙，飲酒，薬物乱用を取り上げ，これらと健康との関係を理解できるようにすること，③疾病は主体と環境が関わりながら発生するが，疾病はそれらの要因に対する適切な対策，例えば，保健・医療機関や医薬品を有効に利用することなどによって予防できること，④社会的な取り組みも有効であることなどがあげられる。

(2) 心身の機能の発達と心の健康

ポイントとして，①年齢に伴って身体の各器官が発育し，機能が発達することを呼吸器，循環器を中心に取り上げる，②発育・発達の時期や

程度には個人差があること，また，思春期は，身体的には生殖に関わる
機能が成熟し，精神的には自己形成の時期であること，③精神と身体は
互いに影響し合うこと，④心の健康を保つには欲求やストレスに適切に
対処することなどがあげられる。

(3) 傷害の防止

ポイントとして，①交通事故や自然災害などによる傷害は人的要因，
環境要因及びその相互のかかわりによって発生すること，②交通事故な
どの傷害の多くはこれらの要因に対する適切な対策を行うことによって
防止できること，③自然災害による傷害の多くは災害に備えておくこと，
④災害発生時及び発生後に周囲の状況に応じて安全に行動すること，⑤
災害情報を把握することで防止できること，⑥適切な応急手当は傷害の
悪化を防止することができることなどがあげられる。

(4) 健康と環境

ポイントとして，①主として身体に直接関わりのある環境を取り上げる，②人間の身体は環境の変化に対してある程度まで適応する生理的な機能を有すること，③身体の適応能力を超えた環境は生命や健康に影響を及ぼすことがあること，④飲料水や空気を衛生的に保ったり，生活によって生じた廃棄物は衛生的に処理したりする必要があることがあげられる。

●保健分野の主な改訂点

以下に，主な改訂点を示す。

〔内容の取扱い〕

・(1) 「(1)内容の(1)のアの(ア)及び(イ)は第1学年，(1)のアの(ウ)及び(エ)は第2学年，(1)のアの(オ)及び(カ)は第3学年で取り扱うものとし，(1)のイは全ての学年で取り扱うものとする。内容の(2)は第1学年，(3)は第2学年，(4)は第3学年で取り扱うものとする。」に改められた。

・(2) 内容の(1)のアについては，「疾病の回復についても取り扱う」が追加された。

・(3) 内容の(1)のアの(イ)及び(ウ)については，「がんについても取り扱う」が追加された。

・(11) 保健分野の指導に際しては，従前で「知識を活用する学習活動を取り入れる」とあったのが，「自他の健康に関心をもてるようにし，健康に関する課題を解決する学習活動を取り入れる」に変更された。

●指導計画の作成と内容の取扱い

以下の項目が新設された。

・1 (1)　単元など内容や時間のまとまりを見通して，その中で育む資質・能力の育成に向けて，生徒の主体的・対話的で深い学びの実現を図るようにすること。その際，体育や保健の見方・考え方を働かせながら，運動や健康についての自他の課題を発見し，その合理的な解決のための活動の充実を図ること。また，運動の楽しさや喜びを味わったり，健康の大切さを実感したりすることができるよう，留意すること。

・1 (3)　障害のある生徒などについては，学習活動を行う場合に生じる困難さに応じた指導内容や指導方法の工夫を計画的，組織的に行うこと。

・2 (1)　体力や技能の程度，性別や障害の有無等に関わらず，運動の多様な楽しみ方を共有することができるよう留意すること。

・2 (2)　言語能力を育成する言語活動を重視し，筋道を立てて練習や作戦について話し合う活動や，個人生活における健康の保持増進や回復について話し合う活動などを通して，コミュニケーション能力や論理的な思考力の育成を促し，自主的な学習活動の充実を図ること。

・2 (3)　第2の内容の指導に当たっては，コンピュータや情報通信ネットワークなどの情報手段を積極的に活用して，各分野の特質に応じた学習活動を行うよう工夫すること。

・2 (4)　体育分野におけるスポーツとの多様な関わり方や保健分野の指導については，具体的な体験を伴う学習の工夫を行うよう留意すること。

・2 (5)　生徒が学習内容を確実に身に付けることができるよう，学校や生徒の実態に応じ，学習内容の習熟の程度に応じた指導，個別指導との連携を踏まえた教師間の協力的な指導などを工夫改善し，個に応じた指導の充実が図られるよう留意すること。

・2 (7)　体育分野と保健分野で示された内容については，相互の関連が図られるよう留意すること。

━━━━━━━━━━ **例題 1** ━━━━━━━━━━

次の文章は，「中学校学習指導要領(平成29年3月告示) 第2章 各教科 第7節 保健体育 第1 目標」である。文中の(①)～(⑤)に適する語句を答えよ。ただし，同じ番号には同じ語句が入るものとする。

> 体育や保健の見方・考え方を働かせ，課題を発見し，合理的な(①)に向けた学習過程を通して，心と体を一体として捉え，生涯にわたって心身の健康を保持増進し豊かな(②)を実現するための資質・能力を次のとおり育成することを目指す。
>
> (1) 各種の運動の特性に応じた技能等及び(③)生活における健康・安全について理解するとともに，基本的な技能を身に付けるようにする。
> (2) 運動や健康についての自他の課題を発見し，合理的な(①)に向けて思考し判断するとともに，他者に(④)力を養う。
> (3) 生涯にわたって運動に親しむとともに健康の保持増進と(⑤)の向上を目指し，明るく豊かな生活を営む態度を養う。

解答 ① 解決 ② スポーツライフ ③ 個人 ④ 伝える
⑤ 体力

解説 教科の目標は，従来の内容を引き継ぎつつ(1)が「知識及び技能」を，(2)が「思考力，判断力，表現力等」を，(3)が「学びに向かう力，人間性等」を示す形に再編された。①「解決」や④「伝える」は新しく登場した文言であるので特によく確認しておきたい。学習指導要領の目標に関する問題は頻出であるため，どのような形式で出題されても正答できるようにしたい。

━━━━━━━━━━ **例題 2** ━━━━━━━━━━

あとの文章は，中学校学習指導要領(平成29年3月告示) 第2章 各教科 第7節 保健体育 第2 各学年の目標及び内容」に示されている〔保健分野〕」の目標である。文中の(①)～(③)に適する語句を答えよ。

> (1)　個人生活における健康・(　①　)について理解するとともに，基本的な技能を身に付けるようにする。
>
> (2)　健康についての(　②　)の課題を発見し，よりよい解決に向けて思考し判断するとともに，他者に伝える力を養う。
>
> (3)　生涯を通じて(　③　)の健康の保持増進を目指し，明るく豊かな生活を営む態度を養う。

解答　①　安全　　②　自他　　③　心身

解説　保健分野の目標は「第1　目標」に示される教科の目標と共通する文言が多く，比較的暗記しやすいといえる。取りこぼしのないよう熟読しておきたい。

───────────　**例題 3**　───────────

　次の文章は，中学校学習指導要領(平成29年3月告示)の第1章　総則第1の2(3)からの抜粋である。下の各問いに答えよ。

> 　学校における体育・健康に関する指導を，生徒の発達の(　①　)を考慮して，学校の教育活動全体を通じて適切に行うことにより，健康で安全な生活と(　②　)なスポーツライフの実現を目指した教育の充実に努めること。特に，学校における食育の推進並びに体力の向上に関する指導，安全に関する指導及び心身の健康の保持増進に関する指導については，保健体育科，技術・家庭科及び(　③　)の時間はもとより，各教科，道徳科及び総合的な学習の時間などにおいてもそれぞれの(　④　)に応じて適切に行うよう努めること。

(1)　文中の(　①　)～(　④　)に当てはまる語句をそれぞれ答えよ。

(2)　下線部「食育の推進」を進めるに当たり，保健学習や体育学習と関連づけて行う具体的な取組を2つ書け。

解答　(1)　①　段階　　②　豊か　　③　特別活動　　④　特質

　　　　(2)　(例)　・栄養教諭等の専門性を生かしたチームティーチング。

・栄養のバランスや食品の安全性について聞き取り調査をし，発表させたりすること。

解説 (2)　学校における食育の推進においては，偏った栄養摂取などによる肥満傾向の増加など，食に起因する健康課題に適切に対応するため，生徒が食に関する正しい知識と望ましい食習慣を身に付けることにより生涯にわたって健やかな心身と豊かな人間性をはぐくんでいくための基礎が培われるよう，栄養のバランスや規則正しい食生活，食品の安全性などの指導が一層重視されなければならない。そこで，食育の推進に当たっては，栄養教諭等の専門性を生かすなど教師間の連携に努めるとともに，地域の産物を学校給食に使用するなどの創意工夫を行いつつ，学校給食の教育的効果を引きだすよう取り組むことが重要である。

例題 4

次の文章は，中学校学習指導要領(平成29年3月告示)「第2章　各教科　第7節　保健体育　第3　指導計画の作成と内容の取扱い」の一部である。文中の(　①　)～(　④　)に当てはまる語句を，以下の1～5から1つずつ選べ。

1　指導計画の作成に当たっては，次の事項に配慮するものとする。
(2)　授業時数の配当については，次のとおり扱うこと。
ア　保健分野の授業時数は，3学年間を通じて(　①　)程度を配当すること。
ウ　体育分野の授業時数は，各学年にわたって適切に配当すること。その際，体育分野の内容の「(　②　)」については，各学年で(　③　)以上を，「H体育理論」については，各学年で(　④　)以上を配当すること。

---

①　1　40単位時間　　　2　42単位時間　　　3　44単位時間
　　4　46単位時間　　　5　48単位時間
②　1　A体つくり運動　　2　B器械運動　　　3　D水泳

335

　　　　4　Ｆ武道　　　　　　　5　Ｇダンス
　③　1　3単位時間　　　　　2　5単位時間　　　　3　7単位時間
　　　　4　9単位時間　　　　　5　11単位時間
　④　1　3単位時間　　　　　2　5単位時間　　　　3　7単位時間
　　　　4　9単位時間　　　　　5　11単位時間

解答　①　5　　②　1　　③　3　　④　1

解説　中学校学習指導要領(平成29年3月告示)「第2章　第7節　保健体育」
　　　　より必ず出題されるので,「第1　目標」,「第2　各分野の目標及び
　　　　内容」,「第3　指導計画の作成と内容の取扱い」を完全に正しく理
　　　　解しておくことが重要である。現行の学習指導要領に改訂する際授
　　　　業時数を増やしたため,体力の低下傾向には歯止めがかかっている。
　　　　しかし,体力水準が高かった昭和60年頃と比較すると依然として低
　　　　い状況が見られる。このことから,授業時数は従前のまま変更はさ
　　　　れていない。

高等学校学習指導要領

●改善の方向性

　中教審答申(平成28年12月21日)に示された，高等学校保健体育科の改訂の方向性は下記の通りである。

> ○高等学校科目体育については，生涯にわたって豊かなスポーツライフを継続し，スポーツとの多様な関わり方を状況に応じて選択し，卒業後も継続して実践することができるよう，「知識・技能」，「思考力・判断力・表現力等」，「学びに向かう力・人間性等」の育成を重視する観点から内容等の改善を図る。また，科目保健との一層の関連を図った内容等について改善を図る。
>
> ・各領域で身に付けたい具体的な内容を，資質・能力の三つの柱に沿って明確に示す。特に，「思考力・判断力・表現力等」及び「学びに向かう力・人間性等」の内容の明確化を図る。また，体力や技能の程度，年齢や性別及び障害の有無等にかかわらず，運動やスポーツの多様な楽しみ方を社会で実践することができるよう配慮する。
>
> ・体を動かす楽しさや心地よさを味わうとともに，健康や体力の状況に応じて自ら体力を高める方法を身に付け，運動やスポーツの習慣化につなげる観点から，体つくり運動の内容等について改善を図る。
>
> ・スポーツの意義や価値等の理解につながるよう，内容等について改善を図る。特に，東京オリンピック・パラリンピック競技大会がもたらす成果を次世代に引き継いでいく観点から，知識に関する領域において，オリンピック・パラリンピックの意義や価値及びドーピング等の内容等について改善を図る。
>
> ○科目保健については，個人及び社会生活における健康・安全についての総合的な「知識・技能」，「思考力・判断力・表現力等」，「学びに向かう力・人間性等」の育成を重視する観点から内容等の改善を図る。その際，少子高齢化や疾病構造の変化による現代的な健康課題の解決に関わる内容や，ライフステージにおける健康の

保持増進や回復に関わる内容及び一次予防のみならず，二次予防や三次予防に関する内容を改善するとともに，人々の健康を支える環境づくりに関する内容の充実を図る。また，科目体育と一層の関連を図り，心身の健康の保持増進や回復とスポーツとの関連等の内容等について改善を図る。

●教科の目標

教科の目標は，次のように設定された。

体育や保健の見方・考え方を働かせ，課題を発見し，合理的，計画的な解決に向けた学習過程を通して，心と体を一体として捉え，生涯にわたって心身の健康を保持増進し豊かなスポーツライフを継続するための資質・能力を次のとおり育成することを目指す。

(1) 各種の運動の特性に応じた技能等及び社会生活における健康・安全について理解するとともに，技能を身に付けるようにする。

(2) 運動や健康についての自他や社会の課題を発見し，合理的，計画的な解決に向けて思考し判断するとともに，他者に伝える力を養う。

(3) 生涯にわたって継続して運動に親しむとともに健康の保持増進と体力の向上を目指し，明るく豊かで活力ある生活を営む態度を養う。

平成30年の改訂では，小学校，中学校と同様，学習指導要領の第1章総則第1の2に示される3つの事項を反映した形で目標が示されるようになった。(1)が「知識及び技能」を，(2)が「思考力，判断力，表現力等」を，(3)が「学びに向かう力，人間性等」を反映している。

●各科目の目標

〔体育〕

体育の見方・考え方を働かせ，課題を発見し，合理的，計画的な解決に向けた学習過程を通して，心と体を一体として捉え，生涯にわたって豊かなスポーツライフを継続するとともに，自己の状況

に応じて体力の向上を図るための資質・能力を次のとおり育成することを目指す。

(1) 運動の合理的，計画的な実践を通して，運動の楽しさや喜びを深く味わい，生涯にわたって運動を豊かに継続することができるようにするため，運動の多様性や体力の必要性について理解するとともに，それらの技能を身に付けるようにする。

(2) 生涯にわたって運動を豊かに継続するための課題を発見し，合理的，計画的な解決に向けて思考し判断するとともに，自己や仲間の考えたことを他者に伝える力を養う。

(3) 運動における競争や協働の経験を通して，公正に取り組む，互いに協力する，自己の責任を果たす，参画する，一人一人の違いを大切にしようとするなどの意欲を育てるとともに，健康・安全を確保して，生涯にわたって継続して運動に親しむ態度を養う。

〔保健〕

保健の見方・考え方を働かせ，合理的，計画的な解決に向けた学習過程を通して，生涯を通じて人々が自らの健康や環境を適切に管理し，改善していくための資質・能力を次のとおり育成する。

(1) 個人及び社会生活における健康・安全について理解を深めるとともに，技能を身に付けるようにする。

(2) 健康についての自他や社会の課題を発見し，合理的，計画的な解決に向けて思考し判断するとともに，目的や状況に応じて他者に伝える力を養う。

(3) 生涯を通じて自他の健康の保持増進やそれを支える環境づくりを目指し，明るく豊かで活力ある生活を営む態度を養う。

「体育」の内容構成については，従前，(1) 技能（「体つくり運動」は運動），(2) 態度，(3) 知識，思考・判断としていたものを，(1) 知識及び技能（「体つくり運動」は知識及び運動），(2) 思考力，判断力，表現力等，(3) 学びに向かう力，人間性等の内容構成とした。

また，「保健」については，「保健については，『保健の見方・考え方』を働かせて，3つの資質・能力を育成する観点から，健康に関する『知識・

技能』，健康課題の発見・解決のための『思考力・判断力・表現力等』，
主体的に健康の保持増進や回復に取り組む態度等の『学びに向かう力・
人間性等』に対応した目標，内容に改善された。

●各教科の内容

　なお，各教科等の内容については，内容のまとまりごとに，生徒が身
に付けることが期待される資質・能力の3つの柱に沿って示すこととし
ているが，特に「学びに向かう力，人間性等」については，目標におい
て全体としてまとめて示し，内容のまとまりごとに指導内容を示さない
ことを基本としている。

　保健体育科に属する科目は，「体育」及び「保健」の2科目である。
「体育」は運動に関する領域である「体つくり運動」，「器械運動」，「陸上
競技」，「水泳」，「球技」，「武道」，「ダンス」の7つの領域と，知識に関
する領域である「体育理論」の計8つの領域で構成されている。

　運動に関する領域である「体つくり運動」，「器械運動」，「陸上競技」，「水
泳」，「球技」，「武道」，「ダンス」の7つの領域については，(1)知識及び
技能（「体つくり運動」は知識及び運動），(2)思考力，判断力，表現力等，
(3)学びに向かう力，人間性等を内容として示している。

　また，知識に関する領域である「体育理論」については，(1)スポーツ
の文化的特性や現代のスポーツの発展，(2)運動やスポーツの効果的な学
習の仕方，(3)豊かなスポーツライフの設計の仕方の内容のまとまりごと
に，「ア　知識」，「イ　思考力，判断力，表現力等」，「ウ　学びに向か
う力，人間性等」を内容として示すとともに，(ア)，(イ)，(ウ)，(エ)に具体
的な指導内容を示している。

　「保健」は，「現代社会と健康」，「安全な社会生活」，「生涯を通じる健康」
及び「健康を支える環境づくり」の四つの項目で構成されており，内容の
まとまりごとに，「ア　知識及び技能」，「イ　思考力，判断力，表現力等」
を内容として示すとともに，(ア)，(イ)，(ウ)，(エ)，(オ)に具体的な指導内
容を示している。保健体育科の科目及び内容構成は次表のとおりである。

保健体育科	
「体育」	「保健」
体つくり運動 (1) (2) (3) 器械運動 (1) (2) (3) 陸上競技 (1) (2) (3) 水泳 (1) (2) (3) 球技 (1) (2) (3) 武道 (1) (2) (3) ダンス (1) (2) (3)	現代社会と健康　ア　イ 安全な社会生活　ア　イ 生涯を通じる健康　ア　イ 健康を支える環境づくり　ア　イ
体育理論　ア　イ　ウ	

例題 1

　次の文章は，高等学校学習指導要領(平成30年3月告示)　第2章　第6節 「保健体育」の一部である。文中の(①)～(⑤)に適する語句を答えよ。ただし，同じ番号には同じ語句が入るものとする。

　　体育や保健の見方・考え方を働かせ, 課題を発見し, 合理的, (①)な解決に向けた学習過程を通して, 心と体を一体として捉え, 生涯にわたって心身の健康を(②)し豊かなスポーツライフを継続するための資質・能力を次のとおり育成することを目指す。

(1)　各種の運動の(③)に応じた技能等及び社会生活における健康・安全について理解するとともに, 技能を身に付けるようにする。

(2)　運動や健康についての自他や社会の課題を発見し, 合理的, (①)な解決に向けて思考し判断するとともに, (④)に伝える力を養う。

(3)　生涯にわたって継続して運動に親しむとともに健康の(②)と体力の向上を目指し, 明るく豊かで(⑤)ある生活を営む態度を養う。

解答　①　計画的　　②　保持増進　　③　特性　　④　他者
　　　　⑤　活力

341

解説 教科の目標は，中学校学習指導要領保健体育科と同様，(1)が「知識及び技能」を，(2)が「思考力，判断力，表現力等」を，(3)が「学びに向かう力，人間性等」を示す形に再編された。①「計画的」や⑤「活力」は中学校学習指導要領保健体育科における目標と異なる部分であるので，よく比較しておこう。

━━━━━━━━━━ **例題 2** ━━━━━━━━━━

高等学校学習指導要領(平成30年3月告示)に関する各問いに答えよ。

問1　次の文章は，高等学校学習指導要領　第2章　第6節　「保健体育」の「第2款　第1　1　目標」の抜粋である。文中の（　①　）～（　③　）に適する語句を答えよ。

○　運動の合理的，計画的な実践を通して，運動の楽しさや喜びを深く味わい，生涯にわたって運動を豊かに継続することができるようにするため，運動の（　①　）や体力の必要性について理解するとともに，それらの技能を身に付けるようにする。

○　生涯にわたって運動を豊かに継続するための課題を発見し，合理的，計画的な解決に向けて思考し判断するとともに，自己や（　②　）の考えたことを他者に伝える力を養う。

○　運動における競争や協働の経験を通して，公正に取り組む，互いに協力する，自己の責任を果たす，（　③　）する，一人一人の違いを大切にしようとするなどの意欲を育てるとともに，健康・安全を確保して，生涯にわたって継続して運動に親しむ態度を養う。

問2　科目「体育」と科目「保健」の標準単位数をそれぞれ答えよ。

解答　問1　①　多様性　　②　仲間　　③　参画　　問2　体育…7～8単位　　保健…2単位

解説　問1　科目の目標の出題頻度は非常に高い。出題の「体育」だけでなく「保健」の目標も文言を必ず確認しよう。また，目標は受験対策だけでなく，教員としての指針にもなるので全文を暗記するだけで

342

なく，その意味なども把握しておこう。　問2　「体育」及び「保健」を必履修科目として履修させる単位数は，原則として下ってはならない標準単位数である(体育…7〜8単位，保健…2単位)ため，注意すること。

■■■■■■■■■■■■■■■■ **例題 3** ■■■■■■■■■■■■■■■■

次の文章は，高等学校学習指導要領(平成30年3月告示)に示されている第1章総則　第1款の2から一部を抜粋したものである。以下の各問いに答えよ。

> 　学校における体育・健康に関する指導を，生徒の(　①　)の段階を考慮して，学校の教育活動全体を通じて適切に行うことにより，健康で安全な生活と豊かな(　②　)の実現を目指した教育の充実に努めること。特に，学校における(　③　)の推進並びに体力の向上に関する指導，安全に関する指導及び心身の健康の保持増進に関する指導については，保健体育科，家庭科及び特別活動の時間はもとより，各教科・科目及び(　④　)などにおいてもそれぞれの特質に応じて適切に行うよう努めること。また，それらの指導を通して，家庭や地域社会との連携を図りながら，(　⑤　)において適切な体育・健康に関する活動の実践を促し，生涯を通じて健康・安全で活力ある生活を送るための基礎が培われるよう配慮すること。

問1　文中の(　①　)〜(　⑤　)に適する語句を答えよ。
問2　体育で，各年次において全ての生徒に履修させることとなっている領域名は何か，2つ書け。

解答　問1　①　発達　②　スポーツライフ　③　食育　④　総合的な探究の時間　⑤　日常生活　問2　体つくり運動，体育理論

解説　問1　高等学校学習指導要領　第1章　第1款「高等学校教育の基本と教育課程の役割」の(3)「学校における体育・健康に関する指導」は，非常に出題頻度が高い。　問2　「A　体つくり運動」及び

「H　体育理論」については，各年次において全ての生徒に履修させることになっている。

―――――――――――― 例題 4 ――――――――――――

次の文章は，高等学校学習指導要領(平成30年3月告示)「第2章　第6節　保健体育　第2款　各科目　第1　体育　3　内容の取扱い」の一部である。文中の(①)～(③)に適する語句を答えよ。

○「D水泳」の(1)の運動については，アからオまでの中から選択して履修できるようにすること。なお，「保健」における応急手当の内容との関連を図ること。また，泳法との関連において水中からのスタート及び(①)を取り上げること。なお，入学年次の次の年次以降は，安全を十分に確保した上で，学校や生徒の実態に応じて段階的な指導を行うことができること。
○「F武道」については，柔道，剣道，相撲，空手道，なぎなた，弓道，合気道，少林寺拳法，(②)などを通して，我が国固有の伝統と文化により一層触れることができるようにすること。また，(1)の運動については，ア又はイのいずれかを選択して履修できるようにすること。
○「H体育理論」については，(1)は入学年次，(2)はその次の年次，(3)はそれ以降の年次で取り上げること。その際，各年次で(③)以上を配当すること。

解答　①　ターン　　②　銃剣道　　③　6単位時間
解説　出題はいずれも今回の改訂で付け加えられた文言である。④は「銃剣道」の他，合気道，少林寺拳法が追加された競技である。

―――――――――――― 例題 5 ――――――――――――

あとの文章は，高等学校学習指導要領(平成30年3月告示)「第3章　第10節　体育　第3款　各科目にわたる指導計画の作成と内容の取扱い」の

一部である。文中の（　①　）〜（　⑥　）に適する語句を答えよ。

○単元など内容や時間のまとまりを見通して，その中で育む資質・能力の育成に向けて，生徒の主体的・対話的で深い学びの実現を図るようにすること。その際，体育の見方・考え方を働かせ，課題を発見し，主体的，合理的，計画的な解決に向けた学習過程を通して，心と体を一体として捉え，健やかな心身の育成に資するとともに，生涯を通してスポーツの推進及び（　①　）に寄与することができるよう留意すること。

○体育に関する学科においては，「スポーツ概論」，「スポーツⅤ」，「スポーツⅥ」及び「（　②　）」については，原則として，全ての生徒に履修させること。

○体育に関する学科においては，「スポーツⅠ」，「スポーツⅡ」，「スポーツⅢ」及び「スポーツⅣ」については，これらの中から生徒の興味や適性等に応じて（　③　）以上を選択して履修できるようにすること。

○各科目の指導に当たっては，公正，協力，責任，参画，共生に対する意欲及び思考力，判断力，表現力等を育成するとともに，生徒の健康・安全を確保し，（　④　）を図ること。

○（　⑤　）については，計画的に実施し，各科目の指導及び体力の向上に活用するようにすること。

○学外の認定資格等の取得と関連付けるなど，より専門的かつ（　⑥　）な知識及び技術の習得が図られるようにすること。

解答　①　発展　②　スポーツ総合演習　③　1科目　④　事故防止　⑤　体力の測定　⑥　実践的

解説　体育科は，スポーツについての専門的な理解及び高度な技能の習得を目指す生徒が，主体的，合理的，計画的なスポーツ実践を通して，健やかな心身をはぐくみ，生涯を通してスポーツの振興発展に寄与する資質や能力の育成を目指して設定された教科である。出題頻度は高くないが，保健体育の教員を目指す者として基本的な内容であり，高等学校学習指導要領を正しく理解しておきたい。

●書籍内容の訂正等について

　弊社では教員採用試験対策シリーズ（参考書，過去問，全国まるごと過去問題集），公務員試験対策シリーズ，公立幼稚園・保育士試験対策シリーズ，会社別就職試験対策シリーズについて，正誤表をホームページ（https://www.kyodo-s.jp）に掲載いたします。<u>内容に訂正等，疑問点がございましたら，まずホームページをご確認ください。</u>もし，正誤表に掲載されていない訂正等，疑問点がございましたら，下記項目をご記入の上，以下の送付先までお送りいただくようお願いいたします。

> ① **書籍名，都道府県（学校）名，年度**
> 　（例：教員採用試験過去問シリーズ　小学校教諭 過去問　2026年度版）
> ② **ページ数**（書籍に記載されているページ数をご記入ください。）
> ③ **訂正等，疑問点**（内容は具体的にご記入ください。）
> 　（例：問題文では"ア～オの中から選べ"とあるが，選択肢はエまでしかない）

〔ご注意〕
○ 電話での質問や相談等につきましては，受付けておりません。ご注意ください。
○ 正誤表の更新は適宜行います。
○ いただいた疑問点につきましては，当社編集制作部で検討の上，正誤表への反映を決定させていただきます（個別回答は，原則行いませんのであしからずご了承ください）。

●情報提供のお願い

　協同教育研究会では，これから教員採用試験を受験される方々に，より正確な問題を，より多くご提供できるよう情報の収集を行っております。つきましては，教員採用試験に関する次の項目の情報を，以下の送付先までお送りいただけますと幸いでございます。お送りいただきました方には謝礼を差し上げます。
（情報量があまりに少ない場合は，謝礼をご用意できかねる場合があります）。
◆あなたの受験された面接試験，論作文試験の実施方法や質問内容
◆教員採用試験の受験体験記

| 送付先 | ○電子メール：edit@kyodo-s.jp
○FAX：03-3233-1233（協同出版株式会社　編集制作部 行）
○郵送：〒101-0054　東京都千代田区神田錦町2-5
　　　　　　協同出版株式会社　編集制作部 行
○HP：https://kyodo-s.jp/provision（右記のQRコードからもアクセスできます） | |

　※謝礼をお送りする関係から，いずれの方法でお送りいただく際にも，「お名前」「ご住所」は，必ず明記いただきますよう，よろしくお願い申し上げます。

教員採用試験「参考書」シリーズ

東京都の
保健体育科 参考書

編　集　ⓒ 協同教育研究会

発　行　令和 6 年 7 月 25 日

発行者　小貫　輝雄

発行所　協同出版株式会社
　　　　〒 101 − 0054
　　　　東京都千代田区神田錦町 2 − 5
　　　　　電話　03 − 3295 − 1341
　　　　　振替　東京00190 − 4 − 94061

印刷所　協同出版・POD 工場

落丁・乱丁はお取り替えいたします
